Hochbegabung

Hochbegabung

Forschungsergebnisse und Fördermöglichkeiten

von
Heinz Holling und
Uwe Peter Kanning

unter Mitarbeit von
Anna Julia Wittmann
und Franzis Preckel

Hogrefe · Verlag für Psychologie
Göttingen · Bern · Toronto · Seattle

Prof. Dr. Heinz Holling, geb. 1950. 1969-1976 Studium der Psychologie, Soziologie und Mathematik in Würzburg und Berlin. 1980 Promotion. 1987 Habilitation. Seit 1993 Professor für Psychologie an der Westfälischen Wilhelms-Universität Münster.

Dr. phil. Uwe Peter Kanning, geb. 1966. 1987-1993 Studium der Psychologie, Pädagogik und Soziologie in Münster. 1993/94 Studium an der University of Kent at Canterbury, England, als Stipendiat des DAAD. Ab 1994 DFG-Promotionsstipendium. 1997 Promotion. Seit 1997 Wissenschaftlicher Mitarbeiter am Psychologischen Institut IV in Münster.

Die Deutsche Bibliothek - CIP-Einheitsaufnahme

Holling, Heinz:
Hochbegabung: Forschungsergebnisse und Fördermöglichkeiten / von Heinz Holling und Uwe Peter Kanning. Unter Mitarb. von Anna Julia Wittmann und Franzis Preckel.- Göttingen ; Bern ; Toronto ; Seattle : Hogrefe, Verl. für Psychologie, 1999
ISBN 3-8017-1294-X

© Hogrefe-Verlag GmbH & Co. KG, Göttingen · Bern · Toronto · Seattle 1999
   Rohnsweg 25, D-37085 Göttingen

Umschlaggrafik: Julia von Strauß und Torney, Göttingen
Druck: Dieterichsche Universitätsbuchdruckerei
W. Fr. Kaestner GmbH & Co. KG, D-37124 Göttingen-Rosdorf
Printed in Germany
Auf säurefreiem Papier gedruckt

ISBN 3-8017-1294-X

Vorwort

Seit einigen Jahren rückt das Thema Hochbegabung verstärkt in die Aufmerksamkeit einer breiteren Öffentlichkeit. Auf der einen Seite gibt es eine zunehmend umfangreiche Literatur, die sich unmittelbar an die Eltern hochbegabter Kinder, an Lehrer und andere interessierte Leser wendet. Auf der anderen Seite findet sich gerade in der amerikanischen Psychologie - mehr und mehr aber auch in Deutschland - eine vielgestaltige Forschungsaktivität, die einer größeren Öffentlichkeit kaum zugänglich ist. Die Hochbegabungsliteratur wendet sich entweder an interessierte Laien oder aber an Wissenschaftler und professionelle Berater. Das Ziel der vorliegenden Abhandlung ist es, die bestehende Lücke zwischen Forschung und Praxis zu schließen. Unsere Abhandlung richtet sich sowohl an interessierte Laien, die ein wenig mehr über die wissenschaftlichen Erkenntnisse der Hochbegabtenforschung erfahren möchten, als auch an einen Leserkreis aus dem Bereich der Wissenschaft.

Die Grundlage unserer Analyse bildete ein Gutachten zur Forschung und Förderung im Bereich der Hochbegabung, das im Jahre 1998 im Auftrag des Bundesministeriums für Bildung, Wissenschaft, Forschung und Technologie erstellt wurde. Für ihre Mitarbeit an der Erstellung dieses Gutachtens sprechen wir den angehenden Psychologen Frau Miriam Vock sowie Herrn Jens Tangenberg unseren Dank aus. Wir danken Herrn Dr. Michael Breland, Bonn, für wertvolle Hinweise und Verbesserungsvorschläge. Darüber hinaus möchten wir uns herzlich bei Frau Margret Unger bedanken, die die mühsame Aufgabe der Manuskriptgestaltung übernommen hat. Schließlich möchten wir auch besonders die Mitarbeit von Frau Dipl.-Psych. Anna Julia Wittmann sowie Frau Dipl.-Psych. Franzis Preckel hervorheben, die beide im Bereich der Hochbegabungsforschung promovieren.

Münster, im Sommer 1999

Heinz Holling
Uwe P. Kanning

Inhaltsverzeichnis

1. Einleitung

Hochbegabung ist noch immer ein Thema, das - zumindest in Deutschland - die Gemüter leicht erregt. Auf der einen Seite werfen Kritiker der Hochbegabtenforschung und -förderung vor, eine Elitebildung zu betreiben, die sich weder mit den Grundprinzipien demokratischer Staatsordnung noch mit den Spezifika der deutschen Geschichte in Einklang bringen läßt. Befürworter halten dem entgegen, daß hochbegabte ebenso wie minderbegabte Menschen einen Anspruch darauf haben, daß die Gesellschaft ihnen eine faire Chance zur Entwicklung ihrer Fähigkeiten bietet.

Während die Hochbegabtenforschung und -förderung in den Vereinigten Staaten von Amerika schon seit vielen Jahrzehnten fest verankert ist, gewinnt sie in der BRD erst in den letzten 10 bis 20 Jahren verstärkt an Bedeutung. Hierin spiegeln sich sowohl kulturelle als auch politische Unterschiede zwischen den verschiedenen Ländern wieder, die nicht nur weltweit (Braggett, 1993; Taylor, 1993; Zixiu, 1993), sondern auch innerhalb von Europa zu beobachten sind (Urban & Sekowski, 1993).

Gegenstand der nachfolgenden Abhandlung ist die Hochbegabtenforschung, wie sie sich in der deutsch- und englischsprachigen Fachliteratur darstellt, sowie die Hochbegabtenförderung innerhalb der BRD. Analog zur Forschungspraxis steht dabei die intellektuelle Hochbegabung im Vordergrund der Betrachtung.

Wir beginnen zunächst mit einem kurzen historischen Überblick, der die grundlegenden Veränderungen im Verständnis der Hochbegabung über die letzten 100 Jahre nachzeichnet. Anschließend werden verschiedene einflußreiche Theorien und Modelle der Hochbegabung in der chronologischen Abfolge ihrer Entstehung dargestellt. Es wird sich zeigen, daß im Laufe der Zeit neben der Betonung genetischer Faktoren mehr und mehr Aufmerksamkeit auf die Bedeutung der Lebensumgebung hochbegabter Kinder gerichtet wurde. Heute besteht Einigkeit darüber, daß außergewöhnliche Leistungen fast nie allein auf eine genetische Disposition zurückgeführt werden können. Das (möglicherweise) vorhandene Potential muß auf förderliche Bedingungen im Elternhaus, im Kindergarten oder der Schule treffen, um sich optimal entfalten zu können. Trotz der Vielschichtigkeit der neueren Modelle der Hochbegabung dominiert in der Forschung immer noch das Thema Intelligenz. Andere Facetten der Hochbegabung, wie z.B. Kreativität und Sozialverhalten, werden in neueren Theorien zwar benannt, spielen in der Forschung aber eine vergleichsweise untergeordnete Rolle.

Das vierte Kapitel ist der Hochbegabungsdiagnostik gewidmet. In Anbetracht ihrer großen Bedeutung beschäftigen wir uns intensiv mit der testgestützten Intelligenzdiagnostik. Im Vordergrund steht dabei die Frage nach den Chancen und Problemen der Intelligenzmessung. Es folgt eine kritische Betrachtung alternativer Diagnoseverfahren, die in die Feststellung mündet, daß eine umfassende Diagnose intellektueller Hochbegabung sicherlich nicht auf den Einsatz von Intelligenztests verzichten darf, durch alternative Verfahren aber sinnvoll ergänzt werden kann.

Kapitel fünf beschäftigt sich mit sozial- und persönlichkeitspsychologischen Aspekten der Hochbegabung. Wenngleich diese bislang nicht im Zentrum der Forschung stehen, kommt ihnen doch eine große Bedeutung für das Verständnis des hochbegabten Menschen in seiner Vielschichtigkeit, jenseits einer hohen Intelligenz, zu. So wie das Verhalten eines jeden Menschen nicht nur über seinen Intellekt gesteuert wird, so gilt auch für Hochbegabte, daß ihr Handeln in soziale Kontexte eingebettet ist und durch Faktoren wie das eigene Selbstkonzept oder die Persönlichkeit beeinflußt wird. Es wird dargelegt, daß die einschlägige Forschung mit zahlreichen methodischen Problemen behaftet ist, woraus sich ein entsprechender Forschungsbedarf ableitet.

In Kapitel sechs verlassen wir den Bereich der Forschung und wenden uns verschiedenen Fördermaßnahmen zu, die Hochbegabten prinzipiell zur Verfügung stehen. Zu den wichtigsten Erkenntnissen in diesem Bereich gehört die Einschätzung, daß entsprechende Förderprogramme unzureichend oder gar nicht evaluiert werden. Die Chancen, die in einer systematischen Analyse der ablaufenden Prozesse liegen, werden kaum genutzt. Stattdessen verläßt man sich offenbar weitestgehend auf die subjektive Einschätzung durch die involvierten Personen vor Ort. Folgerichtig existieren auch keine gesicherten Erkenntnisse darüber, welchen Kindern mit welcher Maßnahme wie gut geholfen werden kann.

Nach einem Ausflug in drei Bereiche der spezifischen Hochbegabung - Sport, Musik und berufliche Hochbegabung - (Kapitel sieben), folgt in Kapitel acht schließlich eine umfassende Beurteilung des bisherigen Forschungsgeschehens. Im Zentrum steht dabei nicht nur die Frage nach möglichen Lücken in der Themenwahl, sondern auch nach ganz konkreten Maßnahmen zur Verbesserung der Qualität entsprechender Studien. Den Abschluß bilden Überlegungen und Wünsche für die zukünftige Forschung und Förderung auf dem Gebiet der Hochbegabung.

2.   Geschichte der Hochbegabtenforschung

Die inhaltliche Beschäftigung mit dem Phänomen der Hochbegabung läßt sich in ihren Ursprüngen bis vor unsere Zeitrechnung zurückverfolgen. Hinter den außergewöhnlichen Fähigkeiten Hochbegabter wurde dabei oft das Wirken einer göttlichen Fügung vermutet. Allerdings besaß man nur sehr vage Vorstellungen darüber, was die Hochbegabung in ihrem Kern ausmacht. Eine systematische Auseinandersetzung fand bis in die zweite Hälfte des 19. Jahrhunderts nicht statt.

Den Beginn der Hochbegabungsforschung markiert eine Untersuchung von Galton (1869), in der er die genetische Ausstattung des Individuums als entscheidende Determinante intellektueller Fähigkeiten identifizierte. Bereits in diesem frühen Beitrag wurde die in späteren wissenschaftlichen Arbeiten vielfach kontrovers geführte Diskussion aufgeworfen, ob eine spezifische Begabung allein auf genetische Faktoren zurückzuführen ist oder Umweltfaktoren in den Prozeß der Begabungsentfaltung eingreifen. Darüber hinaus ist die Arbeit Galtons in Bezug auf die enge konzeptionelle Anlehnung des Begabungsbegriffs an das Konstrukt der Intelligenz zu würdigen. Bis in die heutige Zeit wird bei der Definition von Begabung die Intelligenz als Kerngröße hinzugezogen.

Eine längere Zeit beherrschten allerdings zunächst Arbeiten die Szenerie, die sich aus einer psychiatrischen Perspektive mit der sog. „Divergenzhypothese der Hochbegabung" beschäftigten. Untersuchungen von Lambroso (1891), Ellis (1927) oder aber Kretschmer (1931) gehen dabei der Frage nach, inwieweit in der Persönlichkeitsstruktur Hochbegabter „Genie und Wahnsinn" miteinander verflochten sind. Eine derartige Verquickung sehr ungewöhnlicher Begabungen mit einem instabilen und disharmonischen Persönlichkeitsbild konnte jedoch über die Schilderung von Einzelfällen hinaus niemals überzeugend nachgewiesen werden.

Einen Meilenstein in der Geschichte der Intelligenz- und Begabungsforschung stellte die Konzeption des Intelligenzquotienten (IQ) als standardisiertes Maß für intellektuelle Leistung durch Stern (1911) dar. Bereits wenige Jahre zuvor bereiteten Binet und Simon (1908) einem theoretischen Ansatz den Weg, nach dem intellektuelle Ressourcen einer Einzelperson nicht absolut, sondern nur im Verhältnis zu einer repräsentativen Stichprobe von Personen des gleichen Alters einzuschätzen sind. Auch nach Jahren der konzeptionellen Auseinandersetzung, der vielfältigen Variation und Modifikation gilt der IQ-Wert noch heute als wesentlicher Maßstab bei der Diagnostik intellektueller Potentiale.

Als erster Test zur Erfassung von Intelligenz ging im Jahre 1916 der „Stanford-Binet Individual Test of Intelligence" in die Geschichte ein. Dieser Test bildete auch das methodische Instrumentarium, mit dem Terman (1925) die erste Längsschnittuntersuchung im Bereich der Hochbegabung durchführte, in der er unter anderem die Divergenzhypothese widerlegte. Im Ergebnis zeichneten sich die rund 1500 von ihm untersuchten hochbegabten Kinder nicht nur durch überragende Intelligenz, sondern auch durch breiter angelegte Interessen und Hobbies sowie ein überlegenes Sozialverhalten aus.

Während in der Frühphase der Hochbegabungsforschung eine Vielzahl von Artikeln im anglo-amerikanischen Sprachraum publiziert wurden, blieb dieser Forschungsgegenstand von deutschen Wissenschaftlern nahezu unberührt. Zwar wurde 1925 die „Studienstiftung des deutschen Volkes" mit dem Ziel der Förderung und Unterstützung Begabter und Hochbegabter ins Leben gerufen, jedoch fiel die Stiftung schon bald den institutionellen Umstrukturierungen durch die Nationalsozialisten zum Opfer, so daß hier, wie auch weltweit seit Ende der 30er Jahre, die Hochbegabungsforschung stagnierte.

Ein Wiederaufleben einer nun weltweit intensiveren Forschungstätigkeit erfuhr die Begabungsforschung mit Beginn der 70er Jahre. Sichtbarstes Resultat dieser neuen Ära bildete der 1975 in London zum ersten Mal stattfindende Weltkongreß zur Hochbegabung. Bis dahin waren primär Intelligenzstudien en vogue, die sich schwerpunktmäßig mit der Anlage-Umwelt-Debatte sowie der Struktur der Intelligenz auseinandersetzten. Mehr und mehr äußerten sich jedoch auch kritische Stimmen.

Zum einen flammte eine bildungspolitisch motivierte Debatte zu der Frage auf, ob sich eine exklusive Förderung hochbegabter Kinder und Jugendlicher mit dem demokratischen Gleichheitsideal in Einklang bringen läßt oder nur einer Elitebildung Vorschub leistet. Ferner wird kritisch angemerkt, daß eine Förderung allein aufgrund von Intelligenzverfahren faktisch eine Benachteiligung von Kindern und Jugendlichen mit einem niedrigeren sozioökonomischen Status darstellt.

Zum anderen diente die offensichtlich zu starke Einschränkung des Begabungsund Hochbegabungsbegriffs auf das Intelligenzmaß als Ansatzpunkt, vorherrschende Definitionen unter dem Validitätsaspekt neu zu diskutieren. Ausgehend von der Beobachtung, daß man auch von einer künstlerischen, musischen, beruflichen oder aber auch sportlichen Hochbegabung sprechen kann, wurde eine Ablösung einer eindimensionalen durch eine multidimensionale Konzeption der Hochbegabung eingefordert. Insbesondere wurde diskutiert, Kreativität als einen zentralen Teilaspekt der Hochbegabung aufzufassen.

Im Sinne dieser multidimensionalen Perspektive entwickelte Renzulli (1979) das sogenannte „Drei-Ringe-Modell", in dem Hochbegabung als Schnittmenge folgender Merkmale konzeptualisiert wird: Intellektuelle Leistungsfähigkeit, Problemorientierung bzw. Leistungsantrieb und Kreativität (s. Kap. 3). Denselben Ansatz verfolgen unter anderem das „Komponentenmodell der Hochbegabung" von Wieczerkowski & Wagner (1985), das „Triadische Interdependenzmodell" von Mönks (1990), das „Mehrdimensionale Begabungskonzept" von Urban (1993) und das „Münchener Hochbegabungsmodell" von Heller (1992).

3.   Theorien und Modelle

Die Bedeutung des Begriffs Hochbegabung ist abhängig von der Definition, die man dem Phänomen Hochbegabung zugrunde legt. Die Definitionen wiederum gründen explizit oder implizit auf bestimmten Modellvorstellungen von Hochbegabung, die ihrerseits Theorien zur allgemeinen psychischen Entwicklung und zur spezifischen Entwicklung von Begabung beeinflussen. Um zu einer schrittweisen Klärung des Forschungsgegenstands „Hochbegabung" zu gelangen, erfolgt zunächst ein Überblick über relevante Definitionen und Theorien. Es schließt sich eine Darstellung der wichtigsten Modellvorstellungen zur Hochbegabung an. Sie bilden die Basis für die Diagnostik von Hochbegabten, für deren Förderung sowie für weitere Forschungsbemühungen und werden daher relativ ausführlich behandelt.

3.1   Definitionen von Hochbegabung

Die Definitionen, die zu dem Begriff „Hochbegabung" existieren, sind mittlerweile so zahlreich, daß zur besseren Überschaubarkeit die folgende Klassifikation vorgeschlagen wird (nach Davis & Rimm, 1985):

1. Ex-post-facto-Definitionen:
Diesen Definitionen zufolge wird jemand als hochbegabt bezeichnet, wenn er etwas Hervorragendes geleistet hat. Mit einer solchen Definition werden vornehmlich Erwachsene oder Kinder höheren Alters erfaßt.

2. IQ-Definitionen:
Diese Definitionen spezifizieren einen bestimmten Grenzwert der Intelligenz, meist einen IQ von 130. Wer oberhalb dieses Wertes liegt, gilt als hochbegabt.

3. Talentdefinitionen:
Durch diese Definitionen sollen Sonderbegabungen und Begabungen in einer Vielzahl von Bereichen mit einbezogen werden. Als hochbegabt werden solche Personen bezeichnet, die in einem spezifischen künstlerischen oder akademischen Bereich besondere Leistungen erbringen.

4. Prozentsatzdefinitionen:
Hier wird ein bestimmter Prozentsatz der Bevölkerung als hochbegabt definiert, z.B. 15 - 20% aller Schüler der Sekundarstufe II. Bei dem Kriterium kann es sich um Noten, um Schulleistungstests oder auch um Werte in Intelligenztests handeln.

5. Kreativitätsdefinitionen:
Diese Klasse von Definitionen betont originelle und produktive Leistungen als kennzeichnend für Hochbegabung und lehnt eine reine Definition nach dem IQ ab.

   Die genannten Definitionsklassen schließen sich nicht gegenseitig aus, so daß eine große Zahl der bestehenden Definitionen zur Hochbegabung und auch der auf ihnen beruhenden Modelle, die die Entstehung von Hochbegabung erklären wollen, gleichzeitig mehreren Klassen zugeordnet werden kann. Für einige Autoren ist Begabung nahezu identisch mit intellektuellen Fähigkeiten. Gelegentlich erwähnen diese Autoren, daß ihre Definition *intellektuelle* Hochbegabung betrifft und erkennen so implizit an, daß auch andere Arten von Hochbegabung möglich sind. Einige Modelle schließen explizit eine Vielzahl anderer Fähigkeiten ein: Physische Fähigkeiten, künstlerische Fähigkeiten etc.

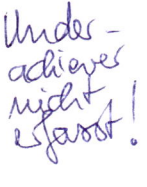

   Als Beispiel für eine bereichsunspezifische Definition kann hier Sternberg (1993) angeführt werden. Demnach gilt eine Person als hochbegabt, wenn sie eine zuverlässig und gültig nachweisbare Leistung erbringt, die in Relation zu einer geeigneten Bezugsgruppe exzellent, selten, produktiv und wertvoll ist. Der letzte Punkt verweist dabei auf die Bedeutung gesellschaftlicher Werte.

3.2   Hochbegabungsmodelle

In vereinfachter Form lassen sich die bestehenden Modelle in zwei Kategorien einteilen:

1. *„Hochbegabung als Leistung"*: Modelle, die Hochbegabung für prinzipiell beobachtbar halten. Hier gilt nur die sichtbare, weit überdurchschnittliche Leistung als Hochbegabung (s. Abb. 1). Nach diesen Modellen zählen „underachiever", die zwar einen hohen IQ haben, aber in der Schule nur schwache Leistungen erzielen, nicht zu den Hochbegabten.

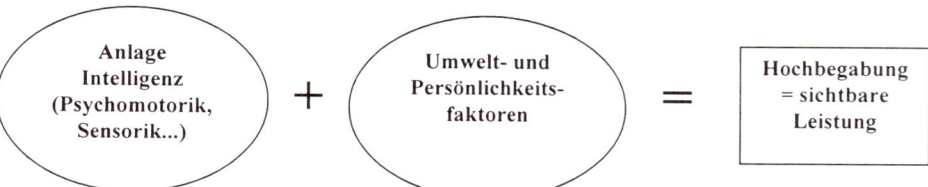

Abbildung 1: Kategorie „Hochbegabung als Leistung"

2. *„Disposition": Modelle, die Hochbegabung als eine Disposition zu hohen intellektuellen (musikalischen, künstlerischen, sportlichen ...) Fähigkeiten betrachten (s. Abb. 2).*
   Hochbegabung meint also lediglich die Anlage, wie man sie im intellektuellen Bereich mit einem Intelligenztest messen kann. Diese Anlage muß sich nicht im Verhalten manifestieren. „Underachiever" zählen nach Modellen dieser Kategorie auch zu den Hochbegabten.

Underachiever (+)

Abbildung 2: „Hochbegabung als Disposition"

Lange Zeit haben Psychologen darüber gestritten, ob die psychische Entwicklung im allgemeinen und so auch die Entwicklung von Begabung[1] im speziellen (stärker) durch biologische oder durch Umweltfaktoren bestimmt werden. Besonders in Bezug auf die Förderung ist diese Frage wichtig. Nähme man an, daß Hochbegabung eine feste Eigenschaft wäre, die ererbt wird und sich unabhängig von Umwelteinflüssen manifestiert, würde dies bedeuten, daß Förderung überflüssig wäre. Förderung erscheint hingegen von enormer Wichtigkeit, wenn man das Auftreten von Hochbegabung als von der Umwelt bestimmt oder zumindest von ihr beeinflußbar betrachtet (Rottenberg, 1996).

Bis zu Beginn dieses Jahrhunderts überwog bei der Betrachtung der Begabungsentwicklung der biologische Determinismus: Viele Forscher hingen dem Glauben an, daß intellektuelle Hochbegabung gleichzusetzen sei mit einer hohen erblich festgelegten Intelligenz, die (automatisch) zu außergewöhnlichen Leistungen führt (Hany & Nickel, 1992). Dieser Ansicht war auch der amerikanische Intelligenzforscher Terman (1925). Er propagierte eine Einfaktorentheorie der Hochbegabung, nach der hohe Intelligenz (und nur diese) ausschlaggebend für hohe Leistung sei. Erst aufgrund der Ergebnisse seiner Langzeitstudie, die über mehrere Jahrzehnte lief, revidierte er seine Theorie dahingehend, daß auch soziale Faktoren und Persönlichkeitsmerkmale entscheidend zur Realisierung von Begabungen beitragen.

---

[1] Die Begriffe „Begabung" und „Hochbegabung" werden im folgenden als Synonyme verwendet.

Heutzutage nehmen die meisten Psychologen ein Zusammenwirken von Anlage- und Umweltfaktoren an. Die entscheidende Frage ist nicht mehr, ob Anlage oder Umwelt mehr Gewicht haben, sondern in welcher Interaktion sie stehen und wie dies die Entwicklung beeinflußt. Die am häufigsten in der Literatur erwähnten Modelle, die diese Interaktionen unterschiedlich darstellen, sollen im folgenden vorgestellt werden, und zwar in der zeitlichen Abfolge ihrer Entstehung.

3.2.1   3-Ringe-Modell von Renzulli (1979)

Ende der 70er Jahre entwickelte Renzulli aus seiner Sichtung bisheriger Untersuchungen zu Personen mit herausragenden Leistungen das „3-Ringe-Modell" der Hochbegabung. Dieses Modell postuliert, daß *Begabung als Schnittmenge dreier Personenmerkmale* aufzufassen sei (s. Abb. 3).

- *Überdurchschnittliche Fähigkeiten*: Diese umfassen sowohl allgemeine kognitive Fähigkeiten, wie z.B. ein hohes Niveau im abstrakten Denken und im sprachlichen Geschick, als auch spezielle Fähigkeiten in verschiedenen Wissensgebieten.
- *Kreativität*: Unter Kreativität versteht Renzulli eine bestimmte Form des Lösungsverhaltens für Aufgaben, nämlich originelles, produktives, flexibles und individuell-selbständiges Vorgehen. Allgemein wurde in der Forschung eine Trennung von „kreativem" (= divergentem) und „intelligentem" (= konvergentem) Denken vorgenommen. Während konvergentes Denken das Auffinden der einen wahren Lösung eines Problems zum Ziel hat, ist divergentes Denken darauf gerichtet, möglichst viele Ideen und damit verschiedene Möglichkeiten zur Lösung eines Problems zu entwickeln. Flexibilität meint dabei das Ausmaß der inhaltlichen Differenzierung der gefundenen Ideen und Originalität die Seltenheit einer Idee (Feger, 1988).
- *Aufgabenverpflichtung (Aufgabenorientierung)*: Hiermit ist die Fähigkeit einer Person gemeint, sich intensiv und über längere Zeit einer Aufgabe zuzuwenden. Aufgabenverpflichtung beinhaltet eine kognitive, eine emotionale und eine motivationale Komponente. Um ein Ziel zu erreichen, muß man sich gedanklich damit auseinandersetzen, sich gefühlsmäßig von diesem Ziel angezogen fühlen und es mit Einsatz und Willensstärke verfolgen. Die motivationale Komponente schließt auch eine Zukunftsperspektive ein, d.h. daß man Pläne zur Erreichung bestimmter Ziele über einen längeren Zeitraum machen kann. Je jünger ein Kind ist, desto kürzer sind die Zeiträume, an denen es sich orientieren kann.

Mit dem 3-Ringe-Modell möchte Renzulli seine stärker entwicklungsorientierte denn statische Position gegenüber dem Phänomen Hochbegabung verdeutlichen. Nach Renzullis Auffassung wird eine Person nicht hochbegabt geboren, sondern entwickelt hochbegabtes Verhalten. Dies geschieht jedoch nur dann, wenn es zu einer gelungenen Verbindung von überdurchschnittlichen allgemeinen oder spezifischen Fähig-

keiten, hoher Aufgabenorientierung und hoher Kreativität kommt Nur so können
allgemeine oder spezifische Leistungen ausgebildet werden. Renzulli selbst bezeichnet als wichtigstes Ziel seiner Hochbegabungskonzeption, eine möglichst breite
Gruppe von potentiell Hochbegabten zu erreichen und z.B. für Förderprogramme
auszuwählen. Es soll vermieden werden, nur Intelligenztests zur Diagnostik von
Hochbegabung zu verwenden, Faktoren wie Kreativität und Aufgabenorientierung
müßten zur Identifikation mit berücksichtigt werden. Andernfalls würden nur die
sogenannten „Schulbegabten" entdeckt, während die sogenannten „kreativ-produktiv
Begabten" übersehen würden.

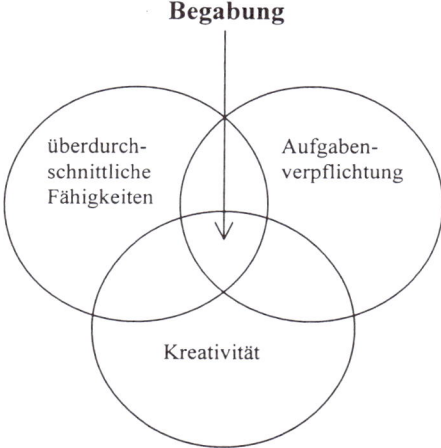

Abbildung 3: Drei-Ringe-Modell der Begabung von Renzulli (1979)

Das 3-Ringe-Modell hat in Forschungskreisen viel Beachtung gefunden und wird in
der Literatur häufig zitiert, hat aber auch einige Kritik erfahren (vgl. Gagné, 1993).
Hauptkritikpunkte sind die Gleichsetzung von Begabung und Leistung in Renzullis
Modell sowie die Tatsache, daß neben überdurchschnittlichen Fähigkeiten auch Aufgabenverpflichtung und Kreativität als notwendige Bedingungen für Begabung betrachtet werden. Die Gleichsetzung von Begabung mit Leistung übersieht die Tatsache, daß es viele Schüler gibt, die trotz in Intelligenztests nachgewiesener herausragender Fähigkeiten nur schwache Schulleistungen erbringen (sog. „underachiever").
Nach Renzulli dürften diese Personen trotz ihrer Fähigkeiten nicht als hochbegabt
bezeichnet werden, weil ihnen die als notwendig postulierte Motivation (Aufgabenverpflichtung) fehlt. Dies widerspricht Renzullis eigenem Anliegen, gerade die seiner
Meinung nach große Gruppe der zu unrecht nicht als hochbegabt Identifizierten zu
entdecken und zu fördern.
      Daß Motivation zur Erbringung von Leistungen unabdingbar ist, wird von den
Kritikern nicht bestritten. Gagné (1993) schlägt vor, die Begriffe Begabung und Talent zu unterscheiden und so zwischen Leistungspotential (das auch ein „underachie-

ver" besitzt) und tatsächlich realisiertem Leistungsverhalten zu trennen (s. Kap. 3.2.5). Nach Renzullis Modell können wenig kreative Personen ebenfalls nicht hochbegabt sein. Gagné (1985) führt dagegen an, daß es berühmte Sportler gibt, wie den Weltmeister im Sprinten, die selten besonders kreativ sind, aber dennoch als außerordentlich begabt betrachtet werden. Die Begabungsdefinition Renzullis widerspricht also dem Alltagsverständnis von Begabung.

Das 3-Ringe-Modell wurde von mehreren anderen Forschern als Grundlage einer eigenen Modellkonzeption verwendet und läßt sich in den folgenden drei Modellen in mehr oder weniger modifizierter Form wiedererkennen.

3.2.2   Komponentenmodell der Talententwicklung von Wieczerkowski & Wagner (1985)

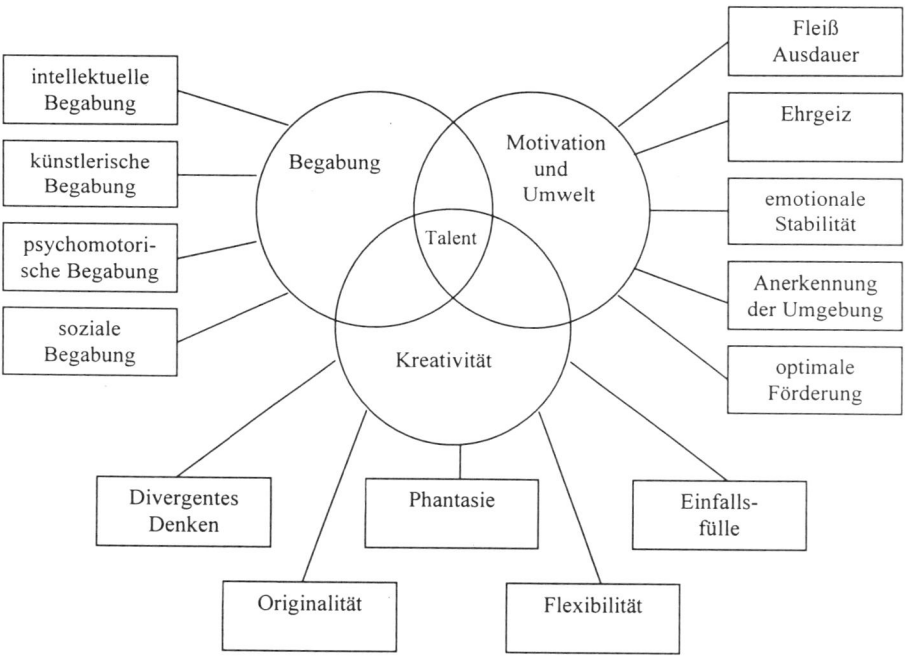

Abbildung 4: Komponentenmodell der Talententwicklung von Wieczerkowski & Wagner (1985)

Wieczerkowski und Wagner haben das Modell von Renzulli weiterentwickelt, indem sie die drei Komponenten seines Modells ausdifferenzieren und eine Unterscheidung zwischen den Begriffen „Begabung" und „Talent" einführen. *Als „Begabung" bezeichnen sie lediglich den Ring des 3-Ringe-Modells, den Renzulli „überdurchschnittliche Fähigkeiten" nennt. „Begabung" stellt nach ihrer Auffassung die Vor-*

aussetzung zur Entwicklung von „Talent" dar. Nach ihrem Modell können also auch „underachiever", die kein Talent entwickelt haben, als begabt bezeichnet werden. Kritisch anzumerken ist, daß der Begriff „Talent" im deutschen Sprachraum stark mit einer genetischen Disposition assoziiert ist. Der Brockhaus (1993) definiert Talent als Gabe, Begabung, von Gott anvertrautes Gut und (biologische) Anlage einer Leistung. Gerade dies wollen Wieczerkowski und Wagner aber eben nicht ausdrücken. Hilfreicher wäre es in diesem Zusammenhang z.B. von Leistung zu sprechen.

Zur Weiterentwicklung des Renzullischen Modells gehört außerdem die Erweiterung der Komponente Aufgabenverpflichtung (die hier als Motivation bezeichnet wird) um „Umwelteinflüsse", womit Anerkennung durch Bezugspersonen und Förderung des Kindes gemeint sind. Die Ausdifferenzierung der Komponenten „Begabung", „Kreativität" und „Motivation" sind Abbildung 4 zu entnehmen.

3.2.3 Triadisches Interdependenzmodell der Hochbegabung von Mönks (1990)

Bei diesem Modell handelt es sich ebenfalls um eine Erweiterung bzw. Modifikation des 3-Ringe-Modells von Renzulli durch die zusätzliche Berücksichtigung des sozialen Umfeldes (s. Abb. 5). Mönks geht in seinem Modell von der heute in der Entwicklungspsychologie vorherrschenden Auffassung aus, daß das richtige Zusammentreffen von individuellen Anlagen und Bedürfnissen mit einer verständnisvollen und förderlichen Umwelt für die Entwicklung von entscheidender Bedeutung ist (s. Kap. 3.1). Das von einer Person gezeigte Verhalten und die in ihr aktualisierten und manifesten Motive sind Ergebnis der Interaktion zwischen individuellen Anlagen und sozialer Umgebung. *Deswegen muß neben den Personenmerkmalen „überdurchschnittliche intellektuelle Fähigkeiten" (Intelligenz), „Kreativität" und „Aufgabenzuwendung", wie sie von Renzulli konzipiert wurden, auch die soziale Umwelt berücksichtigt werden, die den Nährboden für die Entwicklung einer Anlage darstellt* (Mönks, 1992). Die drei wichtigsten Bereiche der sozialen Umgebung eines Kindes sind seine Familie, Schule und Freunde (hier Peers genannt). Voraussetzung einer gelingenden Interaktion zwischen einer Person und ihrer sozialen Umwelt ist, daß die Person genügend soziale Kompetenz besitzt. Mönks (1992) macht darauf aufmerksam, daß gerade hochbegabte Kinder im Erwerb sozialer Kompetenz benachteiligt sind, weil sie wegen des großen Entwicklungsunterschieds wenig Anschluß an ihre Alters- und Klassenkameraden finden.

Als überdurchschnittliche intellektuelle Fähigkeiten spezifiziert Mönks einen Intelligenzquotienten von 130 oder höher. Die Komponenten „Aufgabenzuwendung" und „Kreativität" wurden bereits im Modell von Renzulli erläutert und sind von Mönks in gleicher Weise konzipiert.

Die Hauptfrage der Forschergruppe um Mönks ist die nach der Optimierung der Entwicklung von hochbegabten Kindern. Das Modell ist deshalb auf Begabungsentwicklung zugeschnitten. Kritisch anzumerken ist, daß unklar bleibt, wie die wechselseitigen Beziehungen zwischen den drei inneren und äußeren Komponenten aussehen sollen. Es wird nicht präzisiert, wie und zu welchen Zeitpunkten in der Entwicklung des Kindes sich welche Interaktionen auf die kognitive und psychosoziale Entwicklung von Hochbegabten auswirken (Tettenborn, 1996). Die Variable „soziale Kompetenz" wurde aufgrund neuerer empirischer Ergebnisse als weitere Komponente der Begabungsentwicklung genannt, wurde jedoch zumindest bislang noch nicht in das Modell integriert. Rost (1991a) kritisiert an dem Modell von Mönks seine fehlende (Hoch-) Begabungsspezifität. Die Entwicklung jeder Fähigkeit, Verhaltensweise und Eigenschaft findet im familiären und weiteren sozialen Umfeld statt, insofern ist die „Mönksche Pyramide" in keiner Weise eine spezifische Erklärungsvariable für die Entstehung von Hochbegabung.

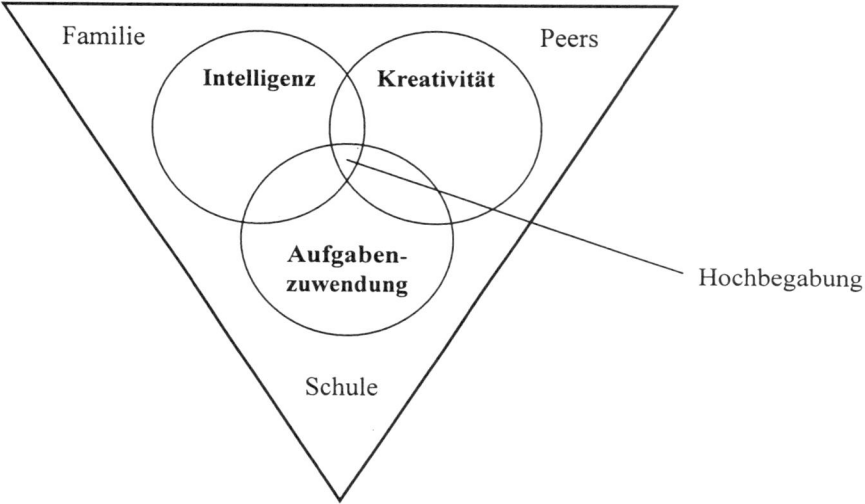

Abbildung 5: Triadisches Interdependenzmodell der Hochbegabung von Mönks (1990)

3.2.4   Mehrdimensionales Begabungskonzept von Urban (1990)

Auch Urbans Konzept von Hochbegabung verbindet die Intelligenz (oder künstlerische, soziale etc. Fähigkeiten) mit Faktoren der Persönlichkeit und der sozialen Umwelt. Darüber hinaus betont Urban die „dynamische Lernfähigkeit", d.h. die Fähigkeit, in effektiver Weise schnell, intensiv und selbständig zu lernen (Urban, 1990). *Als hochbegabt gilt nicht nur, wer in der Lage ist, Informationen von hohem Niveau intensiv und effektiv aufzunehmen, zu verarbeiten und anzuwenden, sowie kritisch zu bewerten und daraus neue Informationen zu produzieren, sondern auch, wer hierzu in die Lage versetzt werden kann.* Um ein Kind in diese Lage zu versetzen, bedarf es der Förderung von seiten der Umwelt sowie Kreativität und Anstrengungsbereitschaft von seiten des Kindes (s. Abb. 6).

Die Begabungskomponente wurde von Urban in hohe abstrakt-intelligente Begabungen, praktisch-instrumentelle, künstlerische und soziale Begabungen unterteilt, wobei vom Autor angemerkt wird, daß sich daneben weitere Begabungen differenzieren ließen wie psycho-physio-motorische Begabungen oder Teilbegabungen wie verbale, mathematische, musikalische oder bildnerische Begabungen (Urban, 1996). Neben dieser Konzeption von Hochbegabung hat Urban auch ein „Ganzheitliches und mehrdimensionales Konzept des hochbegabten Individuums" entworfen. Dieses Konzept bezieht sich nicht auf isolierte Talente, sondern auf vielseitige Hochbegabung. Hierbei wird der Hochbegabte als Individuum mit spezifischen biologisch-neurophysiologischen Voraussetzungen betrachtet, die auf eine bestimmte (von Urban in verschiedene Bereiche aufgegliederte) Umwelt treffen.

Die sich in der Interaktion von Individuum und Umwelt entwickelnden Fähigkeiten unterteilt Urban in folgende Kategorien:

- Kognitive Fähigkeiten: Hiermit ist die oben ausgeführte Informationsverarbeitung und -produktion gemeint.
- Emotional-affektive Fähigkeiten: Das hochbegabte Individuum wird als sehr sensibel und empathisch charakterisiert.

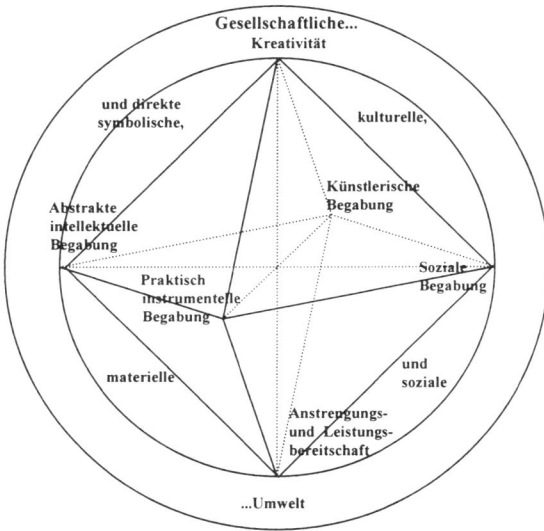

Abbildung 6: Mehrdimensionales Begabungskonzept nach Urban (1996, S. 15)

- Konative Fähigkeiten: Das hochbegabte Individuum zeichnet sich nach Urban durch starke intellektuelle Neugier, ausdauernde Motivation, vielfältiges Interesse und originelles und schöpferisches Handeln aus.

- Soziale Fähigkeiten: Auf dieser Dimension wird das hochbegabte Individuum als altruistisch und kooperativ bezeichnet.

Kritisch an diesem Modell ist anzumerken, daß die Charakterisierung hochbegabter Personen wie die Beschreibung von Idealmenschen klingt: Sie sind dazu in der Lage, ganz Außergewöhnliches zu leisten und sind zudem noch ausgesprochen sozial eingestellt, stets auf das Wohl anderer bedacht etc. Daß Menschen mit hohen intellektuellen Fähigkeiten diese anderen gesellschaftlich und menschlich hoch zu schätzenden Fähigkeiten quasi automatisch auch besitzen sollen, ist nicht unbedingt einsichtig (s. dazu auch die Auffassung von Gagné (1993) in Kap. 3.2.6).

3.2.5   Differenziertes Begabungs- und Talentmodell[2] von Gagné (1993)

Wie im Rahmen der kritischen Bewertung des 3-Ringe-Modells von Renzulli(1979) erwähnt, bemängelt Gagné die Tatsache, daß in diesem Modell nicht zwischen Begabung und manifestierter außergewöhnlicher Leistung (= Talent) differenziert wird. Aufgrund seiner Unzufriedenheit mit diesem Modell und auch dessen Weiterentwicklungen (das „Komponentenmodell der Talententwicklung" von Wieczerkowski & Wagner führt allerdings bereits in eine ähnliche Richtung wie Gagnés Konzeption) hat er ein eigenes Modell zur Hochbegabung entwickelt. *Gagné differenziert zwischen Begabungen, unter denen er weitgehend angeborene, noch nicht systematisch entwickelte Fähigkeiten in unterschiedlichen Bereichen versteht, und Talenten, die er als systematisch entwickelte Fähigkeiten oder Fertigkeiten bezeichnet, die eine Person zum Experten auf einem bestimmten Gebiet machen.* Begabung definiert er als weit überdurchschnittliche Kompetenz und Talent als weit überdurchschnittliche Performanz auf einem oder mehreren Gebieten. *Ein Talent entsteht dadurch, daß Begabungen in einem bestimmten Tätigkeitsfeld verwendet werden und hierbei eine systematische Übung erfolgt, so daß die Person Kenntnisse und Fertigkeiten auf diesem Feld gewinnt. Notwendig ist dazu die Unterstützung durch intrapersonale (z.B. Motivation, Selbstvertrauen) und Umgebungs-Katalysatoren (z.B. Familie, Freunde, Schule).* Abbildung 7 veranschaulicht Gagnés Modellvorstellung.

Begabungen zeigen sich hauptsächlich dadurch, daß die Person leicht und schnell lernen kann. Gagné betont, daß Begabungen zwar eine starke genetische Komponente haben, ihr Wachstum jedoch keinesfalls nur durch Reifungsprozesse bestimmt wird, wie dies vom biologischen Determinismus angenommen wurde (s.o.). Umweltstimulation spielt nach Gagné eine genauso wichtige Rolle. Kreativität wird hier also als eine Begabungskategorie neben anderen geführt und hat nicht die konstituierende Rolle wie in Renzullis Modell und dessen Nachfolgern (s.o.). Wie oben schon angeführt, ist für Gagné Kreativität nicht bei allen Talenten Voraussetzung (z.B. Sport).

---

2 Auch hier ergibt sich das Problem, daß „Talent" im deutschen Sprachraum im Sinne einer genetischen Disposition definiert wird (s.o.). Vorzuziehen wäre der weniger mißverständliche Begriff „Leistung".

Sozio-affektive Begabungen umfassen die von Urban (1990) genannten Begabungsbereiche emotional-affektive Fähigkeiten und soziale Fähigkeiten. Sie beinhalten
konkret z.B. die Fähigkeit zur Empathie, Führungskompetenzen, manipulatives Geschick etc. Dieser Begabungsbereich wurde bislang noch sehr wenig untersucht.

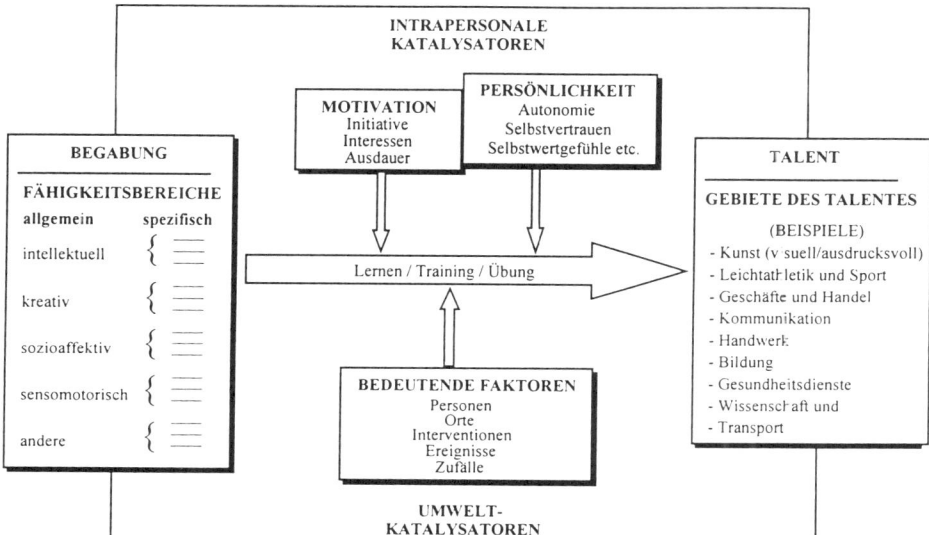

Abbildung 7: Differenziertes Begabungs- und Talentmodell von Gagné (1993)

Sensomotorische Begabungen können sehr viele unterschiedliche Formen annehmen:
Auf der sensorischen Seite z.B. die Klangdifferenzierung des Musikers, die Geruchs-
erkennung des Parfümherstellers, die Geschmacksdifferenzierung des Weinkenners
usw. Auf der motorischen Seite sind dies Schnelligkeit, Ausdauer, Kraft, Gleichge-
wicht usw.

Die letzte Kategorie „andere Begabungen" dient als Erweiterungsmöglichkeit des
Modells für bislang weniger untersuchte Begabungen (z.B. außersensorische Wahrnehmung, Fähigkeit zu heilen etc.).

Wie durch die Pfeile in Abbildung 7 verdeutlicht, stellt Gagné in seinem Modell
den Prozeßcharakter der Talententwicklung besonders heraus. Motivation und Um-
weltvariablen stellen in diesem Prozeß die entscheidenden internen bzw. externen
Katalysatoren dar. Im Gegensatz zu Renzulli sieht Gagné den Einfluß von Motivation nicht nur in einer hohen Aufgabenverpflichtung, sondern in der Ausbildung von
spezifischen Interessen und von Initiative. Weitere Katalysatoren stellen nach Gagné
neben Motivation Persönlichkeitsfaktoren wie Selbstvertrauen, Autonomie, Kontrollüberzeugung (zur Erklärung dieses Begriffs s. Kap. 5.5), moralische Beurteilung,
emotionale Reife etc. dar. Gagné (1993) bemerkt dazu jedoch, daß durch diese Fakto-

ren nur ein kleiner Teil der Unterschiede zwischen Hochbegabten und durchschnittlich Begabten erklärt werden kann und daß die Unterschiede bezüglich solcher Persönlichkeitsfaktoren auch innerhalb der Gruppe gleich Begabter stark differieren.
Außerdem ist die kausale Richtung des Einflusses zwischen Persönlichkeitsfaktoren
und Talenten nicht klar (zur Frage der Persönlichkeitsmerkmale von Hochbegabten s.
Kap. 5.3).

Die bei der Talententwicklung wirksamen Umweltkatalysatoren unterteilt Gagné in:

a) Bedeutende Personen: Die Rolle von bedeutenden Personen in der Lebensumwelt
   begabter Kinder ist eine der am besten bewiesenen Quellen des Einflusses auf die
   Talententwicklung. Zu diesen Personen gehören Eltern, Lehrer, Trainer usw.
b) Physikalische Umwelt: Kinder in ländlichen Gebieten oder in Entwicklungslän-
   dern haben gewöhnlich weniger Zugang zu Umweltressourcen, die ihre Talententwicklung fördern.
c) Interventionen: Hierunter faßt Gagné alle möglichen Förderprogramme wie Sommercamps, Wochenendkurse, besondere Begabtenschulen etc.
d) Bedeutsame Ereignisse: Damit sind spezifische Momente im Leben eines Individuums gemeint, die einen dauerhaften Einfluß auf seine Berufsentscheidung oder
   eine andere Entscheidung bezüglich einer (Freizeit-)Tätigkeit haben, die zukünftig
   mit Energie ausgeführt wird.
e) Glück: Hiermit meint Gagné beispielsweise das Glück, die richtige Person zur
   richtigen Zeit am richtigen Ort zu treffen oder zu sein, was Einfluß auf das weitere
   Leben und die Talententwicklung haben kann.

Unter „Talente" faßt Gagné eine große Vielfalt an außergewöhnlichen Leistungen,
seien dies solche im akademischen Bereich (Sozialwissenschaften, Naturwissenschaften, Mathematik etc.), im künstlerischen Bereich (Schauspiel, Musik, Malerei,
Tanz etc.) und auch in Bereichen wie Sport, Unterhaltung, Verwaltung etc. Der übliche Weg, um Talente in einem Bereich auszubilden, ist systematisches und formales
Training. Aufgrund der scheinbaren Leichtigkeit, mit der sehr talentierte Personen
ihre Fertigkeiten ausführen, wird häufig übersehen, daß Tausende Stunden an Übung
notwendig waren, um dieses Talent schrittweise auszubilden.[3]
Jede Komponente des Modells kann auf alle anderen Einfluß ausüben. Ein Beispiel dafür ist die gegenseitige Beeinflussung von intellektuellen Begabungen und
akademischen Interessen: Begabtere Schüler sind stärker intrinsisch motiviert zu lernen. Im Hinblick auf die Beziehung zwischen intrapersonalen und Umweltkatalysatoren wurde festgestellt, daß Eltern (oder Lehrer) solchen Kindern mehr Unterstützung geben, die intensives Interesse in ihrem Talentbereich zeigen. Zur Beziehung
zwischen Begabung und Talent erklärt Gagné, daß jede Begabung zur Entwicklung
von vielen verschiedenen Talenten beitragen kann und daß jedes Talent seine zu-

---

[3] Hierzu führt Gagné Edisons berühmten Kommentar an, daß ein Genie „1% inspiration and
99% perspiration" sei („1% Eingebung und 99% Schweiß").

grundeliegenden Fähigkeiten aus verschiedenen Begabungsbereichen ziehen kann. Im Gegensatz zu Renzullis Modell behauptet Gagné, daß es keine einzelne Begabung gibt, die grundsätzlich Voraussetzung für jedes Talent sei. Überdurchschnittliche intellektuelle Fähigkeiten sind z.B. keine Voraussetzung für die Ausbildung eines sportlichen Talents. Außerdem betont Gagné, daß eine talentierte Person immer auch begabt, jedoch nicht jede begabte Person auch talentiert ist, wie man an den sog. „underachievern" (s.o.) erkennen kann.

Nach dieser ausführlichen Erläuterung des Hochbegabungsmodells von Gagné sollen nun noch einmal explizit die Unterschiede zwischen diesem und den vorangegangenen Modellen aufgezeigt werden, weil hierdurch allgemeine Schwächen und Streitpunkte der Hochbegabungskonzeptionen deutlich werden. In viele Hochbegabungsdefinitionen werden „fähigkeitsexterne" oder Persönlichkeitsfaktoren aufgenommen, wie z.B. bei Renzulli die Aufgabenverpflichtung. Gagné hält dagegen, daß solche Faktoren nicht zu den konstituierenden Elementen von Begabung gehören. Wenn akzeptiert wird, daß Begabung als natürliche Fähigkeit betrachtet wird, müssen alle Faktoren ausgeschlossen werden, die nichts mit solchen Fähigkeiten zu tun haben. Intellektuelle Hochbegabung liegt somit immer dann vor, wenn eine Person in einem Intelligenztest einen IQ von 130 oder mehr (s. dazu Kap. 4) erreicht, auch dann, wenn der Schüler in der Schule nicht motiviert ist, kein Selbstbewußtsein hat, unselbständig ist usw. Gleiches gilt für körperliche Kondition, außergewöhnliche Kraft usw. als alleinige Indikatoren für eine physische Begabung, unabhängig davon, ob die Person jemals Sport betrieben hat. Für die Definition von Talent gilt dann entsprechend, daß einzig die weit überdurchschnittliche Performanz entscheidend ist. Von Gagné wird nicht bezweifelt, daß sich talentierte Personen von durchschnittlich talentierten auch in einigen Persönlichkeitsmerkmalen unterscheiden, jedoch sind diese Merkmale keine konstituierenden Faktoren für das Talent, sondern spielen die Rolle von Katalysatoren. Die Entwicklung des Talents bedarf unabdingbar dieser Faktoren, sie sind jedoch keine Komponenten des Talentes selbst.

Des weiteren kritisiert Gagné die Einbeziehung eines Wertesystems in die Definition von Hochbegabung, wodurch automatisch sozial verwerfliche Begabungen oder Talente ausgeschlossen werden. Dies würde bedeuten, daß ein Mafia-Führer mit seinen intellektuellen Fähigkeiten oder ein erfolgreicher Drogendealer nicht als begabt oder talentiert gelten dürfen. Außergewöhnliche Fähigkeiten dieser Art zu leugnen, verhindert jedoch in keiner Weise, daß sich solche Talente entwickeln. Talent ist nach Gagné eine herausragende, weit überdurchschnittliche Leistung, egal in welchem Aktivitätsbereich. Begabung ist eine überdurchschnittliche natürliche Fähigkeit, in welcher Art auch immer sie sich entwickelt. Ein Wertesystem sei nützlich, um zu entscheiden, welche Talente gefördert werden sollen, aber nicht dazu geeignet, um ihre Natur und ihre Ansiedlung in bestimmten Tätigkeitsbereichen zu definieren.

Wie diese Ausführungen zeigen, enthält Gagnés Modell wichtige Implikationen für die weitere Forschung und auch die Förderung von Hochbegabten. Gagnés Abrücken von einer einseitigen Betonung kognitiver Fähigkeiten in der Hochbegabungsdefinition und damit auch -diagnostik ist einerseits zu begrüßen, andererseits wird der Terminus „Hochbegabung" dadurch jedoch noch komplexer, wenn darunter

sowohl besondere Dispositionen zu kognitiven als auch handwerklichen oder musikalischen Leistungen gefaßt werden. Da es bislang noch keine befriedigenden Diagnoseinstrumente gibt, um Kreativität, Musikalität und Psychomotorik zu identifizieren (s. Kap. 4), konnte auch noch keine empirische Überprüfung der Mehrdimensio-
nalität von Hochbegabung erfolgen.

3.2.6   Münchener (Hoch-)Begabungsmodell von Heller, Perleth & Hany (1994)

Entstanden ist dieses Modell aus dem Unbehagen gegenüber eindimensionalen IQ-
Definitionen von Hochbegabung, die bestimmte Begabungsbereiche ausschließen,
und der sich hieraus ableitenden Identifikationsmethode von Hochbegabten in der
Forschung und Praxis. Das mehrdimensionale Klassifikationskonzept, das Heller et
al. (1992) ihrer Hochbegabtenstudie zugrunde legen, ähnelt stark dem Modell von
Gagné und ist ebenfalls der zweiten Kategorie („Hochbegabung als Disposition")
zuzurechnen. *In diesem Konzept werden (angeborene) Begabungsfaktoren ange-
nommen, die bei günstigen nicht-kognitiven Persönlichkeitsmerkmalen und beim
Vorliegen günstiger sozialer Faktoren in Leistungen umgesetzt werden können* (s.
Abb. 8).

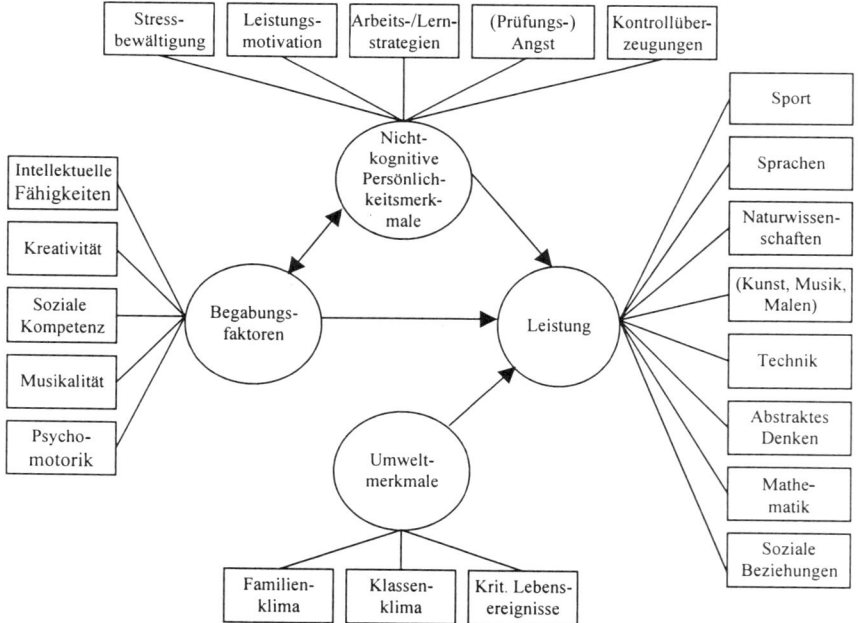

Abbildung 8: Münchener (Hoch-)Begabungsmodell von Heller, Perleth und Hany (1994,
              S. 19)

Das Münchener Hochbegabungsmodell verzichtet auf den von Gagné 1993) einge-
führten Begriff „Talent" und ersetzt ihn durch „Leistung". Was im Modell von
Gagné als intrapersonale Katalysatoren bezeichnet wird, heißt hier „nichtkognitive
Persönlichkeitsmerkmale".

Unter den Begabungsfaktoren werden intellektuelle Fähigkeiten als ein Begabungsbereich neben vier anderen genannt. Den intellektuellen Fähigkeiten wird bei
den meisten Forschern dennoch eine gewisse Vormachtstellung eingeräumt. Deshalb
ist es kein Zufall, daß die Intelligenz immer an oberster Stelle in den Modellabbil-
dungen steht (Tettenborn, 1996). Hochbegabung wird von der Münchener For-
schungsgruppe entsprechend ihres Modells als individuelle kognitive, motivationale
und soziale Möglichkeit betrachtet, Höchstleistungen in einem oder mehreren Be-
reich/en zu erbringen, z.B. auf mathematischem, sprachlichem oder künstlerischem
Gebiet (Heller, 1990).

Kritisch anzumerken ist zu dem Münchener Hochbegabungsmodell, was auch
schon bei Gagné gesagt wurde: Die Fassung von so unterschiedlichen Fähigkeiten
unter dem Begriff Begabung (musikalische, psychomotorische etc.) macht es in der
Praxis schwer, Hochbegabung zu erfassen und dehnt diesen Begriff u.U. auf sehr
viele Personen aus. Gleiches ist im übrigen auch dem Modell von Wieczerkowski &
Wagner (1985) anzulasten.

3.2.7   Zusammenfassung und Fazit

In diesem Kapitel wurden mehrere Modelle der Hochbegabung vorgestellt. Aus ihrer
chronologischen Anordnung läßt sich eine allgemeine Entwicklungslinie in der jüng-
sten Forschungsgeschichte zur Hochbegabung erkennen.

Das erste Modell, das weite Verbreitung gefunden hat, ist das 3-Ringe-Modell von
Renzulli (1979). Renzulli war mit diesem Modell von der reinen Intelligenzdefinition
der Hochbegabung durch Terman (1925) abgerückt und hatte die Persönlichkeitsmerkmale „Aufgabenorientierung" und „Kreativität" als hinzukommende, notwendige Bedingungen zur Entstehung von Hochbegabung definiert.

Nachfolgende Autoren haben ihren Modellen Umweltfaktoren hinzugefügt, die
die menschliche Entwicklung im allgemeinen und so auch die Entwicklung von Begabung beeinflussen und die in günstiger Konstellation vorliegen müssen, damit sich
Hochbegabung entwickeln bzw. in hoher Leistung manifestieren kann. Die Frage, ob
die spezifizierten Persönlichkeits- und Umweltfaktoren als definierende Komponenten von Hochbegabung betrachtet werden (wie bei Renzulli) oder nur als notwendige
Bedingungen, um hohe Begabung in hohe Leistung umsetzen zu können, ist dahingehend entscheidend, ob „underachiever" - Personen mit hohem IQ, aber geringen
Leistungen - als hochbegabt bezeichnet werden oder nicht. Nicht in allen Modellen
wird diese Frage eindeutig beantwortet.

Die beiden zuletzt dargestellten Modelle, das Modell von Gagné und das Münchener Hochbegabungsmodell, treffen diesbezüglich eine klare Unterscheidung zwischen Begabungsfaktoren, die angeboren und somit unabhängig von sozialen und

Persönlichkeitsfaktoren entweder vorhanden sind oder nicht, und Persönlichkeits-
und Umweltfaktoren, die hinzukommen müssen, um eine vorhandene Begabung in
Leistung umsetzen zu können. Während die ersten drei Modelle unter Begabung in
erster Linie intellektuelle Begabung verstehen, dehnen die letzten drei Modelle den
Begabungsbegriff auch auf musikalische, künstlerische, psychomotorische und weitere Leistungsbereiche aus.

Aus den vorgestellten Modellen kann folgendes Fazit gezogen werden:

- Voraussetzung für Hochbegabung sind angeborene Leistungsdispositionen. Zwischen verschiedenen Autoren besteht Uneinigkeit darüber, ob unter diese Leistungsdispositionen ausschließlich intellektuelle Variablen, also Intelligenz, zu
  fassen sind oder auch soziale, psychomotorische etc.

- Damit sich diese Dispositionen in Leistungen manifestieren können, bedarf es
  weiterer Voraussetzungen, kurz gesagt der richtigen Motivation und Ausdauer der
  Person sowie der adäquaten Förderung durch die Umgebung. Die bisherigen Modelle unterscheiden sich dahingehend, ob diese Persönlichkeits- und Umweltfaktoren als konstituierende Elemente der Hochbegabung an sich oder lediglich als
  Voraussetzung der Umsetzung von Hochbegabung in (sichtbare) Leistungen betrachtet werden.

- Für die Frage der adäquaten Diagnostik ist dieser Unterschied entscheidend: Entweder reicht ein Intelligenztest aus, um die Diagnose „Hochbegabung" zu stellen,
  oder es müssen weitere Diagnostika eingesetzt werden (s. Kap. 4). Für praktische
  pädagogische Zwecke ist dieser Unterschied nicht unbedingt entscheidend, denn
  darin stimmen alle modernen (Hoch-)Begabungsforscher überein: Eine adäquate
  Förderung der Person ist von großer Wichtigkeit, sei es nun, um hohe Begabungen
  überhaupt erst entstehen zu lassen oder um vorhandene hohe Begabungen zur Entfaltung zu bringen.

4.   Diagnostik der Hochbegabung

Bei der Darstellung der unterschiedlichen Modelle zur Hochbegabung im Kapitel 3 ist bereits angeklungen, daß die Diagnostik der Hochbegabung untrennbar mit ihrer Definition verbunden ist. Wenn in einem Modell beispielsweise, wie es in den Ursprüngen der Hochbegabungsforschung üblich war, als einziges Unterscheidungskriterium zwischen Hochbegabten und Normalbegabten ein bestimmter Intelligenzwert festgelegt ist, so wird sich die Identifikation von Hochbegabten darauf beschränken, jene Kandidaten herauszufiltern, die diese Norm erfüllen. Modelle hingegen, die einem multifaktoriellen Ansatz anhängen (s. Kap. 3), erfordern eine breiter angelegte Diagnostik. In diesem Fall wären über die Intelligenz hinaus auch noch kreative Fähigkeiten und motivationale Komponenten (s. Kap. 4.1.5) zu erheben. Diese Merkmale sind jedoch noch wesentlich schwerer zu erfassen als Intelligenz. Da außerdem auch in komplexeren Modellen zur intellektuellen Hochbegabung die kognitiven Fähigkeiten den Dreh- und Angelpunkt darstellen, werden diese Fähigkeiten bei der Diagnostik von intellektueller Hochbegabung häufig am stärksten fokussiert.

Dieses Kapitel befaßt sich mit den verschiedenen diagnostischen Verfahren, die in der Praxis zur Anwendung kommen. Da - wie oben ausgeführt - die intellektuellen Fähigkeiten meist im Mittelpunkt der Betrachtung stehen und Intelligenztests am besten dazu geeignet sind, die intellektuellen Fähigkeiten einer Person zu erfassen, gehören diese Tests zu den mit Abstand am häufigsten eingesetzten Verfahren. Deshalb wird die Intelligenztestdiagnostik hier am ausführlichsten vorgestellt und diskutiert. Des weiteren werden folgende Verfahren beschrieben: Lehrerurteile, Peernominationen, Elternurteile, Selbstnominationen und kombinierte Verfahren.

Zunächst soll allerdings auf einige Gesichtspunkte eingegangen werden, die bei der Auseinandersetzung mit der Diagnose von Hochbegabung bedeutsam sind.

Unter einer entwicklungspsychologischen Perspektive ist die Frage nach dem richtigen Zeitpunkt für die Identifikation von Hochbegabung zu stellen. Sollten potentiell hochbegabte Kinder bereits im Grund- oder Vorschulalter diagnostisch untersucht werden oder sollten entsprechende Untersuchungen erst zu einem späteren Zeitpunkt eingesetzt werden? Um diese Frage ist eine kontroverse Debatte entbrannt,

in der Befürworter einer späten Idenitifikation als Hauptargument die Gewährleistung der individuellen „Entfaltung und Gestaltung der Begabung" (Feger, 1988) des
hochbegabten Kindes anführen. Dabei werden Befürchtungen zum Ausdruck gebracht, daß eine frühzeitige „Etikettierung" als hochbegabt insgesamt zu einer un-
günstigen Persönlichkeitsentwicklung führen kann. Befürworter einer möglichst
frühzeitigen Identifikation halten dem als Gegenargument entgegen, daß Früherkennung und Frühförderung besonders befähigter Kinder vor allem im Hinblick auf die
Ermöglichung angemessener Lernumwelten bzw. außerordentlich günstiger Soziali-
sationsbedingungen von großer Bedeutung sind (vgl. Heller, 1992).

Um die Qualität von Diagnoseverfahren zu beurteilen, werden in der Regel die Indikatoren „Effizienz" (engl.: „efficiency") und „Effektivität" (engl.: „effectivity")
herangezogen (nach Pegnato & Birch, 1965). Ein Diagnoseverfahren ist um so trennschärfer, je größer der Anteil wirklich hochbegabter Personen an der Gesamtheit aller
durch das Verfahren nominierten Personen ist. Die Effektivität eines Verfahrens wird
bestimmt durch die Menge der korrekt identifizierten Hochbegabten, d.h. je mehr
hochbegabte Personen durch einen bestimmten Test erkannt werden können, desto
effektiver arbeitet der Test.

Üblicherweise wird zur Identifikation Hochbegabter ein Grenzwertkriterium eingesetzt, nach dem eine Zuordnung der getesteten Person zur Kategorie „hochbegabt"
erfolgt. Dabei kann es neben einer korrekten Zuweisung auch zu zwei unterschiedlichen Formen der fehlerhaften Identifikation kommen (Selektionsproblem).

Identifikation als...		Entsprechend ihrer Fähigkeiten ist die Person ...	
		hochbegabt	nicht-hochbegabt
	hochbegabt	**Treffer**	**Fehler (I)**
	nicht-hochbegabt	**Fehler (II)**	**korrekte Abweisung**

Abbildung 9: Vier-Felder-Tafel zum Selektionsproblem

Entweder wird eine Person als „hochbegabt" eingestuft, obwohl sie aufgrund ihrer
Fähigkeiten nicht hochbegabt ist - man spricht in diesem Fall von einem Fehler erster
Art (Fehler I) - , oder sie wird ungerechtfertigterweise als „nicht hochbegabt" beurteilt (Fehler II). In Abbildung 9 sind nochmals alle möglichen Fälle zum Selektionsproblem überblicksartig zusammengestellt.

Ein gutes Diagnoseinstrument zeichnet sich dadurch aus, daß sein Einsatz möglichst oft zu einer richtigen und möglichst selten zu einer fehlerhaften Zuordnung
führt. So trivial dieser Grundsatz zunächst auch erscheinen mag, so schwierig gestaltet sich die Umsetzung dieser Zielsetzung:

Angenommen, zum Zweck der Hochbegabtendiagnostik soll ein sehr trennschar-
fes Testverfahren eingesetzt werden, d.h. nur die Person soll als hochbegabt gelten,
die einen verhältnismäßig hohen kritischen Wert erreicht. Auf diese Weise ist ge-

währleistet, daß diejenigen, die als hochbegabt klassifiziert werden, mit großer Sicherheit auch hochbegabt sind. Bei diesem Vorgehen besteht jedoch die Gefahr, daß
eine nicht unerhebliche Zahl wirklich Hochbegabter schlichtweg übersehen wird
(Fehler II). Es gilt also: Je trennschärfer ein diagnostisches Instrument arbeitet, um so
größer ist die Gefahr des Fehlers zweiter Art.

Geht man anders herum vor und setzt ein relativ weiches Instrument ein - d.h. die
„Meßlatte" wird im sprichwörtlichen Sinn gesenkt -, so ist es viel wahrscheinlicher,
daß eine Vielzahl der tatsächlich Hochbegabten entsprechend getestet wird. Das ein-
gesetzte Instrumentarium arbeitet effektiv. Gleichzeitig jedoch setzt man sich hierbei
der Gefahr aus, daß sich auch Nicht-Hochbegabte in dem ermittelten Pool befinden.
In diesem Zusammenhang gilt also: Je effektiver ein diagnostisches Instrument arbeitet, um so größer ist die Gefahr eines Fehlers erster Art.

Wie man sieht, stehen Effizienz und Effektivität in einem gegenläufigen Verhältnis. Die Verwirklichung des Kriteriums der Trennschärfe setzt harte Verfahren voraus, wohingegen die Verwirklichung von Effektivität nach weichen Instrumenten
verlangt. Beide Vorgehensweisen haben ihre Vorzüge und Nachteile, so daß die
Diagnostik in der Praxis an dem herrschenden Bedarf ausgerichtet werden muß. Nach
der zur Zeit geübten Praxis wird der Gewährleistung von Effektivität ein höherer
Stellenwert beigemessen, um möglichst wenige Hochbegabte zu übersehen.

Unabhängig von der Frage der Effizienz und Effektivität eines konkreten Ent-
scheidungsverfahrens steht und fällt die Qualität des Vorgehens mit der Güte des
Grenzwertes. Der Grenzwert teilt ein Kontinuum in zwei voneinander getrennte
Klassen. Bei der Intelligenzmessung hat sich der Grenzwert IQ = 130 durchgesetzt.
Personen, die oberhalb dieses Wertes liegen, werden als hochbegabt bezeichnet.
Aufgrund des so gewählten Grenzwertes, der lediglich eine Konvention darstellt,
werden gut 2% der Bevölkerung als hochbegabt klassifiziert. Dieser Zusammenhang
wird im folgenden kurz erklärt.

Das Merkmal Intelligenz ist in der Bevölkerung normalverteilt. Stellt man die re-
lative Häufigkeit der Intelligenzquotienten in einer Bevölkerung graphisch dar, erhält
man eine glockenförmige Kurve, die sogenannte Normalverteilungskurve (s. Abb.
10).

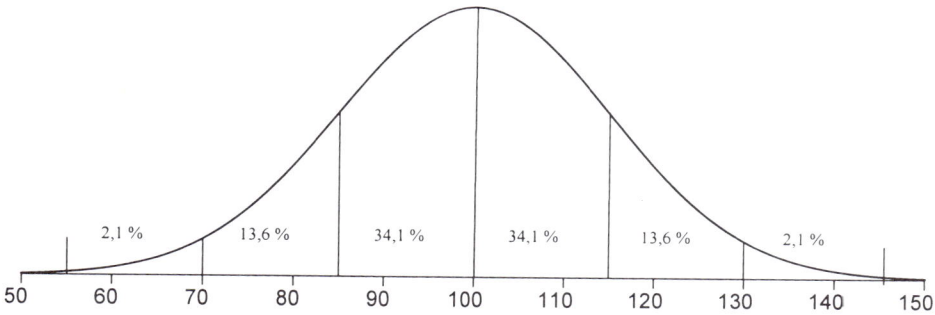

Abbildung 10: Normalverteilung der Intelligenzquotienten

Die horizontale Achse zeigt die Ausprägung der Intelligenz - ausgedrückt in IQ-Punkten - an. Die vertikalen Achsen zeigen, wie viele Individuen auf jeden Wert des Intelligenzquotienten fallen. Die abgeteilten Flächen unter der Kurve verdeutlichen die prozentuale Häufigkeit, mit der die jeweiligen Wertebereiche auftreten. So ist zu erkennen:

- Der Mittelwert der abgebildeten Verteilung beträgt 100.
- Die meisten Menschen, ca. zwei Drittel der Bevölkerung (68%), erreichen einen IQ zwischen 85 und 115. Dies wird als Normalbereich der Intelligenz bezeichnet.
- Etwa 95% der Bevölkerung haben einen IQ zwischen 70 und 130.
- Extrem niedrige oder hohe Leistungen sind gleichermaßen selten: Jeweils rund zwei Prozent der Bevölkerung haben einen sehr niedrigen IQ (unter 70) oder einen sehr hohen IQ (über 130). Wie oben bereits erwähnt, spricht man von intellektueller Hochbegabung meistens dann, wenn eine Person eine extrem hohe Intelligenz besitzt, die sich in einem IQ von 130 oder höher ausdrückt.

Im folgenden sollen nun der Reihe nach die gebräuchlichsten diagnostischen Verfahren vorgestellt werden.

4.1   Intelligenztests

Dieses Kapitel gibt Einblick in den Aufbau und die Grundlagen von Intelligenztests und beschäftigt sich mit den Stärken, Schwachpunkten und der praktischen Relevanz dieser Verfahren.

Intelligenz ist kein physikalisches Merkmal wie Größe oder Gewicht, das man sehen oder tasten und mit einem Meßinstrument direkt erfassen kann. Intelligenz ist ein Konstrukt, d.h. ein von Wissenschaftlern geprägter Begriff zur Beschreibung kognitiver Fähigkeiten, die nicht direkt beobachtbar sind, sondern nur aus bestimmten Anzeichen erschlossen werden können (Ingenkamp, 1997). Ein Intelligenztest ist somit eine Sammlung von Aufgaben, bei denen die Testentwickler davon ausgehen, daß sie Aufschluß über die Intelligenzleistung des Getesteten geben können. Boring (1923) hat diesen Sachverhalt folgendermaßen auf den Punkt gebracht: „Intelligenz ist das, was der IQ-Test mißt."

4.1.1   Der Intelligenzquotient (IQ)

Zu Anfang des Jahrhunderts wurde der erste Intelligenztest von Binet und Simon (1911) in Frankreich entwickelt (s.o.), um ein objektives Instrument zur Verfügung zu haben, das die Eignung von Kindern für verschiedene Schulformen feststellt. Dazu stellten Binet und Simon verschiedene Aufgaben zusammen und prüften, welche davon Kinder einer bestimmten Altersgruppe in der Regel lösen können. Diese alterstypischen Aufgaben wurden jeweils zu einer Aufgabenreihe zusammengefaßt.

Bewältigte nun ein Kind bei der Testung die Aufgaben seiner Altersstufe (und die der darunterliegenden), wurde ihm ein Intelligenzalter bescheinigt, das seinem Lebensalter entsprach (Jäger & Petermann, 1992). Löste es auch Aufgaben über die seiner Altersstufe hinaus, bekam es ein Intelligenzalter zugeschrieben, das über seinem Lebensalter lag. Entsprechendes galt, wenn das Kind weniger Aufgaben lösen konnte, als für seine Altersklasse vorgesehen waren. Der intellektuelle Entwicklungsstand eines Kindes wurde somit als Differenz zwischen Intelligenz- und Lebensalter ausgedrückt. Diese Form der Intelligenzangabe hatte jedoch einen entscheidenden Nachteil: Ein Intelligenzrückstand oder auch -vorsprung von zwei Jahren hat bei einem 4jährigen eine ganz andere Bedeutung als bei einem 14jährigen. Im ersten Fall handelt es sich um eine extreme Abweichung. Das Kind wäre bei einem solchen Rückstand geistig behindert bzw. bei einem solchen Vorsprung höchstbegabt. Im zweiten Fall handelt es sich um eine weit weniger starke Abweichung. Der Jugendliche würde sich sowohl bei einem Rückstand als auch einem Vorsprung dieses Ausmaßes noch an den Grenzen zur Normalbegabung befinden (Jäger & Petermann, 1992).

Um dieses Manko zu beheben, entwickelte William Stern (1912) den Intelligenzquotienten (IQ), bei dem das Intelligenzalter durch das Lebensalter geteilt wird. Dadurch hatte er eine Maßzahl für Intelligenz gefunden, anhand derer Kinder unterschiedlichen Alters bezüglich ihrer intellektuellen Fähigkeiten miteinander verglichen werden konnten. Spätere Forscher multiplizierten diesen Bruch dann mit dem Faktor 100, um Kommazahlen zu vermeiden. Ein Intelligenzquotient von 100 bedeutet, daß eine Übereinstimmung von Lebensalter und Intelligenzalter vorliegt und kennzeichnet damit den durchschnittlichen IQ (Ingenkamp, 1997). Doch auch bei dieser Berechnung blieb noch ein Problem: Das Lebensalter steigt immer weiter, während das Intelligenzalter ab einem gewissen Zeitpunkt konstant bleibt. Es gibt keine Intelligenztestaufgaben, die bei einem Lebensalter über 16 Jahren einen Fortschritt im Intelligenzalter repräsentieren. Deshalb berechnet sich für ältere Menschen nach dieser Formel ein geringerer IQ. Oder anders ausgedrückt: Für Erwachsene läßt sich nach dieser Formel die Ausprägung der Intelligenz nicht mehr sinnvoll berechnen.

Dieses Problem konnte schließlich Wechsler beseitigen, indem er 1955 den sog. Abweichungs-IQ entwickelte (Wechsler, 1964). Dabei handelt es sich um eine Formel, in die das individuelle Testergebnis einer Person sowie Kennzahlen ihrer Altersgruppe eingesetzt werden. Daraus berechnet sich dann ein Intelligenzwert. Dieser Wert gibt das Ausmaß der positiven oder negativen Abweichung der entsprechenden Person vom Mittelwert der Altersgruppe an und stellt dar, was man *heute* (begrifflich nicht mehr korrekt) als IQ bezeichnet. Auf diese Weise lassen sich die Leistungen von Kindern *und* Erwachsenen unterschiedlichen Alters vergleichen. Ein siebenjähriges und ein elfjähriges Kind, die bei ihrer Testung beide einen IQ von 130 erreicht haben, konnten im Test unterschiedlich viele Aufgaben lösen - das elfjährige Kind mehr als das siebenjährige Kind. Sie sind jedoch beide ihren jeweiligen Altersgenossen gleich weit voraus, gehören in beiden Fällen zu den 2% Besten ihrer Altersgruppe.

Prozent rang

Neben der Angabe eines Testergebnisses in IQ-Punkten ist der Prozentrang eine übliche Maßzahl für das Abschneiden einer getesteten Person, wobei IQ-Punkte in Prozentränge umgerechnet werden können. Ein IQ von 100 entspricht einem Prozentrang von 50. Dies bedeutet: Die betreffende Person hat besser oder genauso gut abgeschnitten wie 50% ihrer Altersgruppe. Ein IQ von 130 entspricht einem Prozentrang von 97,6%. Das bedeutet: Die betreffende Person hat besser oder gleich gut abgeschnitten wie 97,6% ihrer Altersgruppe. Oder anders ausgedrückt: Nur 2,4 % der Altersgruppe erreichen ein noch besseres Ergebnis als die getestete Person.

4.1.2   Intelligenztheorien

Die spezifischen Definitionen, die verschiedene Testentwickler für Intelligenz erstellt haben, unterscheiden sich geringfügig von einander. „Gemeinsam ist indessen den meisten Definitionen, daß sie als das wesentliche Moment der Intelligenz die Fähigkeit bezeichnen, sich in neuen Situationen auf Grund von Einsichten zurechtzufinden oder Aufgaben mit Hilfe des Denkens zu lösen, ohne daß hierfür die Erfahrung, sondern vielmehr die Erfassung von Beziehungen das Wesentliche ist." (Dorsch Psychologisches Wörterbuch, 1998, S. 403). Einige der bekanntesten Theorien, auf deren Grundlagen verschiedene Intelligenztests entwickelt wurden, sind im folgenden kurz dargestellt.

4.1.2.1   Faktorenanalytische Modelle der Intelligenz

Die in diese Rubrik einzuordnenden Intelligenztheorien sind mit Hilfe von faktorenanalytischen Untersuchungen aufgestellt worden. Die Faktorenanalyse ist ein statistisches Verfahren, das miteinander zusammenhängende, individuell unterschiedliche Einzelleistungen zu Faktoren gruppiert. Unter Berücksichtigung der in ihnen zusammengefaßten Einzelaufgaben werden diese Faktoren dann verbal interpretiert, d.h. möglichst aussagekräftig benannt.

Das erste Modell dieser Art, das sogenannte „Zweifaktorenmodell", wurde bereits 1904 von Spearman konzipiert (Spearman, 1927). Danach teilt sich die Intelligenz in zwei Komponenten auf:

a)   In einen allgemeinen Faktor, der in jeder Intelligenzleistung wirksam wird. Dieser Faktor wird als „general factor", abgekürzt g-Faktor, bezeichnet.
b)   In mehrere spezifische Intelligenzfaktoren, die bei einzelnen kognitiven Anforderungen zusammen mit dem g-Faktor wirksam werden. Diese Faktoren werden als „special factors", abgekürzt s-Faktoren, bezeichnet.

Mit der Zwei-Faktoren-Theorie kann erklärt werden, warum manche Menschen generell bessere intellektuelle Leistungen erbringen können als andere. Ihr g-Faktor ist hoch ausgeprägt. Spezifische Begabungen erklärt die Theorie dagegen damit, daß hierbei bestimmte s-Faktoren besonders stark ausgeprägt sind. Spätere Forschung zeigte allerdings, daß die s-Faktoren nicht unabhängig voneinander sind, so daß die Theorie von Spearman später revidiert werden mußte.

Thurstone konzipierte in den 30er Jahren das sogenannte Gruppenfaktorenmodell (Thurstone, 1938). Damit gab er die Theorie eines allgemeinen Intelligenzfaktors auf. Stattdessen gliederte er Intelligenz in sieben sogenannte „Primärfaktoren", die in Kombination die Leistung einer geistigen Funktion ausmachen sollen. Bei diesen sieben Primärfunktionen handelt es sich um

- rechnerisches Denken
- schlußfolgerndes Denken
- Wortverständnis (passiver Wortschatz)
- Wortflüssigkeit (aktiver Wortschatz)
- räumliche Vorstellung
- Wahrnehmungstempo
- Gedächtnis (Merkfähigkeit)

Im Laufe der Zeit wurden immer mehr geistige Funktionen differenziert. Guilford zählte 1964, nachdem er 50 Jahre in der Intelligenzforschung tätig war, bereits knapp 60 unterschiedliche Faktoren, die er in drei Sorten von Klassen einteilte (Guilford, 1967):

- Inhaltsklassen: Hiermit ist das Material gemeint, das verarbeitet wird, z.B. Sprache, Bilder etc.
- Operationsklassen: Diese Klassen geistiger Funktionen stellen die unterschiedlichen Arten der geistigen Verarbeitung von Inhalten dar, z.B. erkennen, bewerten, erinnern und kombinieren.
- Produktklassen: Sie enthalten, was durch die geistige Verarbeitung der Inhalte als Produkte herauskommt, z.B. Beziehungen oder Implikationen.

Ein anderes hierarchisches Faktorenmodell der Intelligenz entwickelte Cattell (1963). Er nahm an, daß es zwei verschiedene Formen von Intelligenzen gibt: Die „fluide" und die „kristalline" Intelligenz. Als fluide Intelligenz definierte er eine von der Funktionstätigkeit hirnphysiologischer Prozesse abhängige, vorwiegend erbbedingte und wenig durch Lernen beeinflußbare Intelligenz. Unter kristalliner Intelligenz verstand er dagegen einen von Lernen und Umwelt, also von der Kultur, abhängigen Intelligenzfaktor.

An den vorgestellten Faktorenmodellen der Intelligenz wurde kritisiert, daß sie unzulässige Vereinfachungen vornehmen. Defizite dieser Modelle sind insbesondere, daß sie es nicht ermöglichen, bei einer richtigen Lösung auf bestimmte Lösungswege zu schließen, sowie die Unzulänglichkeit eines einzigen Intelligenzmaßes zur Abbildung des menschlichen Intellekts. In Antwort auf diese Kritik wurden neue Wege der Intelligenzforschung beschritten, die im nächsten Abschnitt dargestellt werden.

4.1.2.2 Informationsverarbeitungsansätze

In den letzten zwei Jahrzehnten wandten Intelligenzforscher ihre Aufmerksamkeit zunehmend auf die geistigen *Prozesse* bei der Lösung *komplexer* Probleme.

So hat die Arbeitsgruppe um Dörner seit Ende der 70er Jahre umfangreiche Studien zu komplexem Problemlösungsverhalten durchgeführt (Dörner, 1979). Dabei wurden Probanden mit computersimulierten Problemsituationen konfrontiert, z.B. mit der Führung eines Betriebes („Schneiderwerkstatt", siehe Funke, 1986; Putz-Osterloh, 1981), einer Kleinstadt („Lohhausen", Dörner, Reither, Kreuzig & Stäudel, 1983) oder eines Entwicklungslandes. Die Anforderungen solcher Problemsituationen unterscheiden sich von denen vieler Intelligenztests. In herkömmlichen Intelligenztests (s.u.) werden meist klare, abgrenzbare Aufgaben gestellt, die zu einer zweifelsfrei richtigen Entscheidung führen sollen. In komplexen Problemsituationen, die den Problemsituationen des realen Lebens näher kommen als typische Intelligenztestaufgaben, gibt es oft keine eindeutige und einzig richtige Lösung. Dies ist auch ein Kritikpunkt an vielen Intelligenztests (s.u.). Deshalb stellen computergestützte Planspiele eine Alternative zu Intelligenztests dar (s. Kap. 4.4).

Sternberg (1980, 1984, 1985) verfolgte das Ziel, elementare kognitive Prozesse zu erkennen und stellte einen Komponentenansatz der Intelligenz auf. Danach hängt die Schwierigkeit einer Aufgabe davon ab, welche und wie viele elementare Informationsverarbeitungsschritte zur Lösung notwendig sind. Die Lösungskompetenz einer Person hängt dementsprechend davon ab, ob das kognitive System der Person über die elementaren Prozeduren verfügt oder nicht. Außerdem müssen Metakomponenten vorhanden sein, die die einzelnen Sequenzen sinnvoll zu mentalen Operationen zusammenfügen. Intelligenz wird also in diesem Modell mit dem Ausmaß der Verfügung über prozedurales Wissen gekennzeichnet. Durch die Erklärung der ablaufenden kognitiven Prozesse ist die Intelligenzforschung einen entscheidenden Schritt vorangekommen. Mit dem Komponentenmodell kann erklärt werden, warum selbst zwischen stark verschiedenen Aufgaben positive Zusammenhänge bezüglich ihrer Lösbarkeit bestehen: Diese Aufgaben erfordern ähnliche kognitive Operationen.

Neben diesem atomaren Ansatz der Intelligenz, der auf die elementaren kognitiven Prozesse fokussiert, wurde in den letzten beiden Jahrzehnten hauptsächlich dahingehend geforscht, bestimmte Fähigkeiten mit Variablen des kognitiven Systems gleichzusetzen. Eine solche Variable ist das Arbeitsgedächtnis (s. Exkurs S. 30).

Aufgrund der Tatsache, daß die beiden Faktoren Verarbeitungsgeschwindigkeit und -kapazität des Arbeitsgedächtnisses, die menschliche Denkleistungen begrenzen, interindividuell unterschiedlich ausgeprägt sind, können Intelligenzunterschiede zwischen Personen erklärt werden. Eine Intelligenztheorie, die diesem Ansatz begrenzender Faktoren zuzurechnen ist und auf der das momentan aktuellste Intelligenztestverfahren aufbaut (s.u.), ist das Berliner Intelligenzstrukturmodell (Jäger, 1982). In diesem Modell werden zwei Ebenen der Intelligenz unterschieden: Eine allgemeine Intelligenz (= integrale Fähigkeit), die bei jeder Leistung zu einem unterschiedlich großen Anteil beteiligt ist und eine strukturierte Menge einzelner Fähigkeiten. Diese einzelnen Fähigkeiten sind teilweise durch breite Inhaltsbereiche (z.B. „verbal") bestimmt und voneinander unterschieden, teilweise durch kognitive Faktoren (z.B. „Verarbeitungskapazität"). Die Inhaltsbereiche umfassen die Faktoren „verbal", „numerisch" und „figural". Bei den kognitiven Faktoren, die auch als operative Fähigkeiten bezeichnet werden, werden „Bearbeitungsgeschwindigkeit", „Merkfähigkeit", „Einfallsreichtum" und „Verarbeitungskapazität" unterschieden. Die Anordnung dieser Faktoren in einer Kreuztabelle ergibt ein Strukturmodell mit zwölf Zellen (s. Abb. 11).

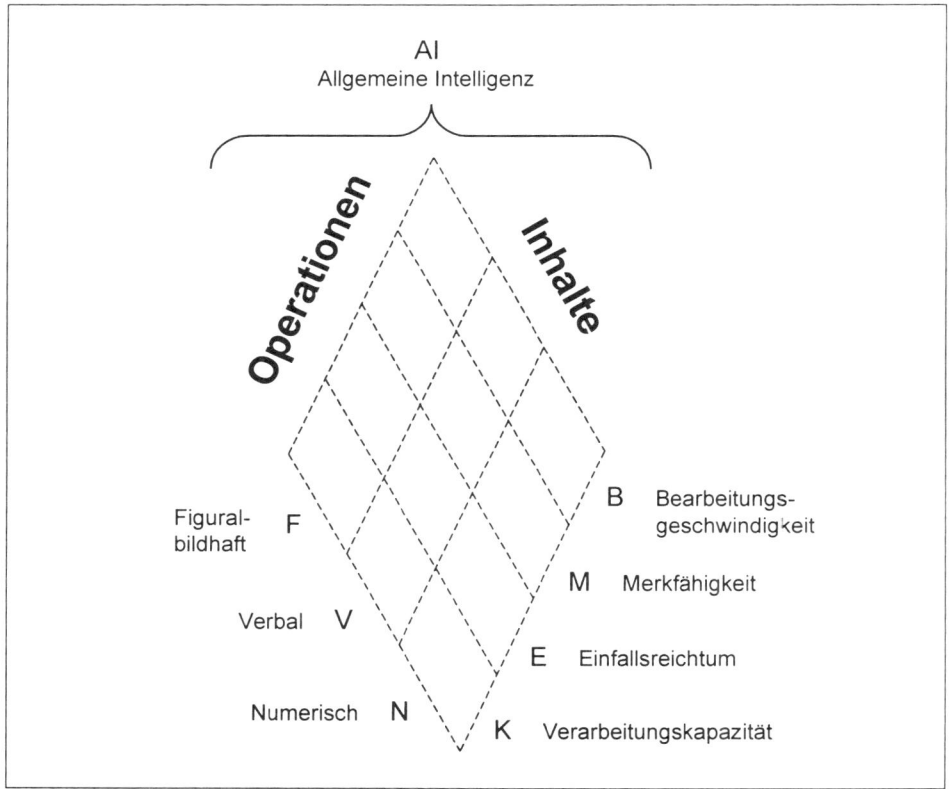

Abbildung 11: Berliner Intelligenzstrukturmodell

Es konnte nachgewiesen werden, daß sich die meisten älteren Strukturmodelle der Intelligenz als Teilstrukturen des Berliner Intelligenzgstrukturmodells replizieren lassen (Jäger, 1984). Dies zeigt, daß das BIS ein vergleichsweise umfangreiches Spektrum intellekueller Fähigkeiten repräsentiert. Außerdem hat das Berliner Intelligenzstrukturmodell gegenüber anderen Intelligenzmodellen den Vorteil, daß die kognitiven Faktoren, die mit Variablen des kognitiven Systems wie Arbeitsgedächtniskapazität und Verarbeitungsgeschwindigkeit korrespondieren, unabhängig von den jeweiligen Inhaltsbereichen definiert werden.

Exkurs: Arbeitsgedächtnis

Nach einem Modell von Braddeley (1992) stellt man sich das Arbeitsgedächtnis als eine Zusammensetzung aus drei Einheiten vor: Einer zentralen Ausführungsinstanz und zwei Speicherschleifen, die der Aufbewahrung von visuellen und phonologischen Informationen dienen. Das Arbeitsgedächtnis führt einfache geistige Funktionen aus. Hier werden Informationen verglichen, miteinander verknüpft, es werden elementare Rechenoperationen und anderes durchgeführt. Die Leistungsfähigkeit des Arbeitsgedächtnisses wird durch seine Verarbeitungsgeschwindigkeit und seine Verarbeitungskapazität bestimmt, die bei verschiedenen Menschen unterschiedlich ausgeprägt sind. So läßt sich die Tatsache, daß manche Menschen bestimmte geistige Aufgaben lösen können und andere nicht, auf zwei Arten am Modell des Arbeitsgedächtnisses erklären:
1. Die Verarbeitungs*geschwindigkeit* ist unterschiedlich hoch: In der Ausführungsinstanz des Arbeitsgedächtnisses werden die für die Aufgabe relevanten Informationen verarbeitet. In den Speicherschleifen werden diese Informationen aufgehoben, verfallen aber nach einiger Zeit. Wenn die Informationsverarbeitung abgeschlossen werden kann, bevor der Verfall eine kritische Grenze erreicht hat, wird die Aufgabe gelöst, andernfalls nicht.
2. Die Verarbeitungs*kapazität* ist bei manchen Menschen größer als bei anderen: Die Verarbeitung der Informationen macht es notwendig, daß diese Informationen in den Speicherschleifen verfügbar gehalten werden. Dies ist v.a. für Zwischenergebnisse wichtig, die bei komplexen Problemen auf dem Wege zu ihrer Lösung anfallen. Wenn nun mehr Information zwischengespeichert werden muß, als die Speicherschleifen aufnehmen können, geht die Information verloren und die Aufgabe kann nicht gelöst werden.

4.1.2.3 Erweiterung des Intelligenzbegriffs auf nicht-intellektuelle Bereiche

Während in der Wissenschaft die Aufmerksamkeit z.Z. sehr auf Forschungen zum Arbeitsgedächtnis gerichtet ist (s.o.), macht in letzter Zeit populärwissenschaftlich vor allem die Theorie der Multiplen Intelligenzen von Gardner (1991) auf sich aufmerksam. Nach dieser Theorie kann man sechs Intelligenzsysteme unterscheiden, die relativ unabhängig voneinander arbeiten:

- sprachliche Intelligenz
- logisch-mathematische Intelligenz
- räumliche Intelligenz
- musikalische Intelligenz
- soziale Intelligenz
- Körperbeherrschung

Wie an der Aufnahme der drei letztgenannten Intelligenzsysteme in die Theorie zu erkennen ist, wird Intelligenz hier nicht nur auf kognitive Bereiche bezogen. Gardner wendet sich mit seiner Theorie gegen die in seinen Augen zu einseitige „Hochschätzung des Wissens" (Gardner, 1991, S. 19) und damit einhergehende Vernachlässigung anderer Fähigkeiten des Menschen zur Lösung von Problemen. Gardner (1991) schreibt, daß er sich der Existenz der oben genannten verschiedenen intellektuellen Kompetenzen ziemlich sicher sei, räumt jedoch gleichzeitig ein, daß es sich dabei nicht um wissenschaftlich gesicherte Tatsachen handelt.

4.1.3 Gütekriterien von Intelligenztests

Bevor im nächsten Kapitel die Intelligenztests vorgestellt werden, die heutzutage häufig verwendet werden, wird zunächst auf die Bedingungen eingegangen, denen Intelligenztests genügen müssen, damit sie zuverlässige und gültige Ergebnisse erzielen. Eine Theorie über Intelligenz reicht nicht aus, um einen guten Intelligenztest zu entwickeln. Die Aufgaben des Tests müssen in Voruntersuchungen auch beweisen, daß sie bestimmte Voraussetzungen erfüllen, die in der Psychologie als Gütekriterien bezeichnet werden (Rauchfleisch, 1994). Hauptgütekriterien sind Objektivität, Reliabilität und Validität eines Tests:

- *Objektiv* ist ein Test, wenn verschiedene Testleiter und Testauswerter bei der gleichen Testperson zu dem gleichen Ergebnis kommen. Die Forderung, daß ein Test objektiv sein soll, bedeutet also, daß die Person des Testleiters - seine Art, den Test durchzuführen - bzw. die Person des Auswerters - sowie Vorgehensweise bei der Interpretation der Antworten der getesteten Person - keinen Einfluß auf das Testergebnis haben sollen.

- *Reliabel* ist ein Test, wenn er bei der gleichen Person über mehrere Messungen hinweg zu etwa gleichen Ergebnissen führt (Amelang & Zielinski, 1997). Dies gilt natürlich nur für die Messung von Eigenschaften, die relativ stabil sind, was bei der Intelligenz der Fall ist. Wenn sich ein Erwachsener im Abstand von einigen Wochen zweimal einem Intelligenztest unterzieht, sollte das Ergebnis ungefähr gleich sein.

- *Valide* ist ein Test, wenn er auch tatsächlich das mißt, was er zu messen vorgibt (Amelang & Zielinski, 1997). Eine Stoppuhr mag z.B. sehr präzise sein und wäre somit ein reliables Meßinstrument. Mit ihr kann man jedoch keine Temperatur messen. Dafür wäre eine Stoppuhr ein nicht valides Instrument. Bei der Entwicklung eines Intelligenztests gilt es nun zu prüfen, inwieweit er das mißt, was seine Entwickler als Intelligenz definiert haben. Zum einen untersucht man deshalb, inwieweit die Ergebnisse des neu entwickelten Tests mit bereits bestehenden IQ-Tests, die auf ähnlichen Definitionen beruhen, übereinstimmen. Zum anderen sucht man nach sogenannten „Außenkriterien", wie z.B. Schulnoten, und überprüft deren Übereinstimmung mit den Testergebnissen. Gerade Schulnoten haben sich jedoch als schlechtes Kriterium erwiesen, da sie nur wenig über das Intelligenzniveau eines Schülers aussagen.

Nachdem nun die Hauptgütekriterien von psychologischen Tests vorgestellt worden sind, wird zusätzlich auf ein wichtiges „Nebengütekriterium" eingegangen, und zwar auf das der Normierung. Darunter versteht man, daß aus der Anzahl der Lösungen einer Person eine Kennzahl errechnet werden kann (z.B. der IQ), die das Verhältnis des individuellen Ergebnisses zu den Ergebnissen einer Bezugsstichprobe (meist Probanden des gleichen Alters) zum Ausdruck bringt (Rauchfleisch, 1994). Nur so kann die intellektuelle Leistungsfähigkeit einer Person mit anderen verglichen werden. Ein Beispiel soll dies verdeutlichen: Wenn ein 15jähriger in einem Intelligenztest 40 Aufgaben löst, liegt er damit vielleicht genau im Durchschnitt seiner Altersgruppe und bekäme damit einen IQ von 100. Löst nun ein 8jähriger ebenfalls diese 40 Aufgaben, gehört er damit vielleicht schon zu den 2% Besten seiner Altersgruppe und bekäme einen Intelligenzquotienten von über 130. Um Normen für einen Test zu erstellen, wird an einer großen Stichprobe (einer sogenannten Eichstichprobe) untersucht, wieviele Personen einer Altersgruppe jeweils wieviele Aufgaben des Tests lösen können. Bei der Anzahl von Aufgaben, welche die Hälfte einer Altersgruppe lösen kann, wird für diese Gruppe dann der IQ-Wert 100 vergeben. Entsprechendes gilt für die Werte darüber und darunter. Da sich die Fähigkeiten einer Altersgruppe, Intelligenztestaufgaben zu lösen, mit den gesellschaftlichen sowie schulischen Bedingungen im Laufe der Zeit ändern, ist es notwendig, in gewissen Abständen neue Normierungen bestehender Tests vorzunehmen. Häufig wird dies vernachlässigt, was dazu führt, daß sich der tatsächliche Mittelwert des IQ, den die Population, für die ein Test ausgelegt ist, erzielt, um einige Punkte verschiebt. So liegt der durchschnittliche IQ mancher Intelligenztests, die längere Zeit nicht neu normiert wurden, mittlerweile bei etwas über 100 Punkten (Fay, 1996; Schallberger, 1991). Dies führt dann zu einer Überschätzung des tatsächlichen Intelligenzniveaus durch die Testung mit diesen Verfahren.

4.1.4 Intelligenztestung in der heutigen Praxis

In diesem Kapitel sollen die Verfahren vorgestellt werden, die in der heutigen psychologischen Praxis zur Feststellung der Intelligenz von Kindern und Jugendlichen am häufigsten eingesetzt werden. Die Zuordnung der einzelnen Verfahren zu den in Kapitel 4.1.2 dargestellten Intelligenztheorien wird jeweils genannt. Die meisten bislang verwendeten und auch überhaupt existierenden Intelligenztests beruhen auf faktorenanalytischen Modellen.

- *Hamburg-Wechsler-Intelligenztest für Kinder, Revision 1983 (HAWIK-R)*

  Dieser Test ist das Standardverfahren der psychologischen Beratungsstellen (Amelang & Zielinski, 1997) und wird hier deshalb ausführlicher vorgestellt. Wechsler, der diesen Test entwickelt hat, definiert Intelligenz als „die zusammengesetzte oder globale Fähigkeit des Individuums, zweckvoll zu handeln, vernünftig zu denken und sich mit seiner Umwelt wirkungsvoll auseinanderzusetzen" (Wechsler, 1964). Der HAWIK basiert auf dem Zwei-Faktoren-Modell von

Spearman (1927) (s.o.). Diesem Konzept entsprechend enthalten die elf Untertests nicht nur den Generalfaktor (g-Faktor), sondern erfassen jeweils auch spezifische Fähigkeiten (s-Faktoren). Alle Aufgaben sind nach aufsteigender Schwierigkeit angeordnet. Der Gesamttest untergliedert sich in einen Verbalteil und einen Handlungsteil. Bei der Bestimmung des Testergebnisses werden ein ge-
trennter Verbal-IQ, ein Handlungs-IQ sowie ein Gesamt-IQ berechnet. Außerdem
läßt sich anhand der sogenannten Wertpunkte für die verschiedenen Untertests
ein Begabungsprofil mit Stärken und Schwächen in den unterschiedlichen spezifischen Fähigkeiten erstellen.

Der Verbalteil besteht aus folgenden Untertests:
- *Allgemeines Wissen*: Mit Hilfe von 33 Testfragen wird der Wissensumfang
  des Kindes ermittelt. Beispiele: „Wie viele Beine hat ein Hund?", „Warum
  donnert es beim Gewitter?"
- *Allgemeines Verständnis*: Mit 20 Fragen werden die Fähigkeit zur ethischen
  Wertung und die praktische Urteilsfähigkeit überprüft. Beispiele: „Warum
  gibt es bei Sportwettkämpfen Schiedsrichter?", „Warum sehen Gegenstände
  und Personen in der Ferne kleiner aus?"
- *Rechnerisches Denken*: Anhand von 29 Aufgaben wird die Rechenfähigkeit
  des Kindes ermittelt. Beispiele: „Klaus hat zwei Buntstifte und bekommt
  noch drei hinzu. Wie viele hat er dann?", „Klaus und Peter wollen zusammen
  verreisen und benötigen dazu 230 DM. Klaus hat 17 DM und Peter hat 56
  DM. Wieviel Geld fehlt ihnen noch?"
- *Gemeinsamkeiten finden*: Bei 25 Wortpaaren soll das Kind jeweils angeben,
  was das Gemeinsame dieser Begriffe ist. Auf diese Weise prüft der Test die
  Abstraktionsfähigkeit. Beispiele: „Säge – Kneifzange", „Baum – Gras".
- *Wortschatz-Test*: Dieser Untertest prüft die Größe des kindlichen Wortschat-
  zes. Das Kind soll die Bedeutung von 44 Begriffen erklären. Beispiele:
  „Brot", „immun".
- *Zahlennachsprechen*: Dieser fakultative Test prüft das Kurzzeitgedächtnis.
  Das Kind soll sieben (maximal neunstellige) Zahlenreihen vorwärts und sie-
  ben (maximal achtstellige) Zahlenreihen rückwärts wiedergeben.

Der Handlungsteil besteht aus folgenden Untertests:
- *Zahlen-Symbol-Test*: Einem bestimmten Schlüssel entsprechend soll das Kind
  den Zahlen 1 bis 9 jeweils ein bestimmtes Symbol zuordnen. Dieser Untertest
  gibt Auskunft über das Arbeitstempo, die visuell-motorische Koordination,
  die Lernfähigkeit und das Konzentrationsvermögen.
- *Bilderergänzen*: Den Kindern werden nacheinander 33 Bilder vorgelegt, auf
  denen ein wichtiger Teil fehlt, der erkannt und benannt werden soll. Dadurch
  wird die visuelle Auffassung, die Differenzierung zwischen wesentlichen und
  unwesentlichen Elementen, die Realitätskontrolle und die geistige Beweglichkeit geprüft.

- *Bilderordnen*: Die Kinder sollen die Bildkarten mehrerer Bildserien in die richtige Reihenfolge bringen, so daß sich eine sinnvolle Reihenfolge - eine Bildergeschichte - ergibt. Dadurch wird die soziale Intelligenz erfaßt, d.h. die Fähigkeit, soziale Gesamtsituationen zu erfassen.
- *Mosaik-Test*: Dem Kind werden 17 Vorlagen präsentiert, die es mit neun Würfeln, deren Seiten verschiedenfarbig bemalt sind, nachbauen soll. Mit diesem Untertest werden Kombinationsfähigkeit, räumliches Vorstellungsvermögen und visuell-motorische Koordination geprüft.
- *Figurenlegen*: Das Kind soll nacheinander zehn in verschiedene Teile zerschnittene Figuren richtig zusammensetzen. Dieser Untertest prüft die visuell-motorische Koordination und die Fähigkeit, Beziehungen zu erfassen.

Die Durchführung des HAWIK dauert etwa eineinhalb bis zwei Stunden. Der HAWIK kann nur in Einzeltestung durchgeführt werden. Er ist für Kinder im Alter zwischen 6 und 16 Jahren geeignet. Es gibt auch eine Version dieses Tests für Kinder im Vorschulalter (HAWIVA). Problematisch am HAWIK ist die Tatsache, daß Intelligenzleistung und Schulwissen innerhalb des Verbalteils nicht ausreichend voneinander getrennt sind.

Eine Alternative zum HAWIK, die das Problem der Schulgebundenheit umgeht, ist die KAUFMAN-ASSESSMENT-BATTERY FOR CHILDREN K-ABC (deutsche Bearbeitung durch Melchers & Preuß, 1994). In diesem Test werden Untertests, die schulische Fertigkeiten wie Wortschatz, Lesen und Rechnen prüfen, von Skalen zur Erfassung intellektueller Fähigkeiten getrennt. Mit dem Test wird angestrebt, prozessuale Aspekte der Aufgabenlösung zu erfassen. Es soll also die Art und Weise ermittelt werden, auf die ein Individuum ein Problem löst, um daraus Leistungsbesonderheiten abzuleiten (Amelang & Zielinski, 1997). Das K-ABC ist für Kinder zwischen 2;6 und 12;5 Jahren geeignet. Es hat sich bislang als reliables und valides Verfahren erwiesen.

- *Adaptives Intelligenz Diagnostikum (AID)*:

Dieser Intelligenztest wurde von Kubinger und Wurst (1991) entwickelt und gründet auf dem gleichen theoretischen Hintergrund wie der HAWIK. Das AID ist insofern ein besonderes Verfahren, als die Testung adaptiv erfolgt, d.h. sie orientiert sich an dem Fähigkeitsniveau des individuellen Kindes. Das bedeutet: Die Auswahl der Aufgaben, die einem Kind vorgegeben werden, richtet sich nach den Leistungen dieses Kindes in vorangegangenen Aufgaben. Dadurch kann eine besondere Testgenauigkeit erreicht werden. In Anlehnung an den HAWIK wurden 11 Untertests konzipiert. Aufgrund der Ergebnisse in diesen Untertests lassen sich die (Gesamttest-) Intelligenz, die verbal-akustische und die manuell-visuelle Intelligenz bestimmen (Amelang & Zielinski, 1997). Die Testdauer beträgt 20 bis 60 Minuten. Mit diesem Test können Kinder zwischen 6 und 15 Jahren untersucht werden.

- *Raven-Matrizen-Tests*

a) *Standard Progressive Matrices (SPM)*: Dieser Test wurde in den 50er Jahren von Raven entwickelt (dt. Fassung: Kratzmeier & Horn, 1979) und gründet auf der Zwei-Faktoren-Theorie von Spearman (1927). Er soll neben dem g-Faktor induktives Denken (= vom Einzelnen zum Allgemeinen führendes Schlußfolgern) und räumliches Vorstellungsvermögen erfassen. Die Raven-Matrizen sind sprachfrei. Die Aufgaben bestehen aus geometrischen Figuren, die Lücken enthalten. Aus jeweils sechs vorgegebenen Mustern muß dasjenige ausgesucht werden, das die Lücke sinnvoll schließt (s. ein Beispiel hierfür in Abb. 12). Die Lösung der Aufgaben unterliegt keiner zeitlichen Beschränkung. Im allgemeinen dauert die Testdurchführung 45 Minuten. Der Test ist für Kinder ab 10 Jahren und Erwachsene bis 65 Jahren geeignet.

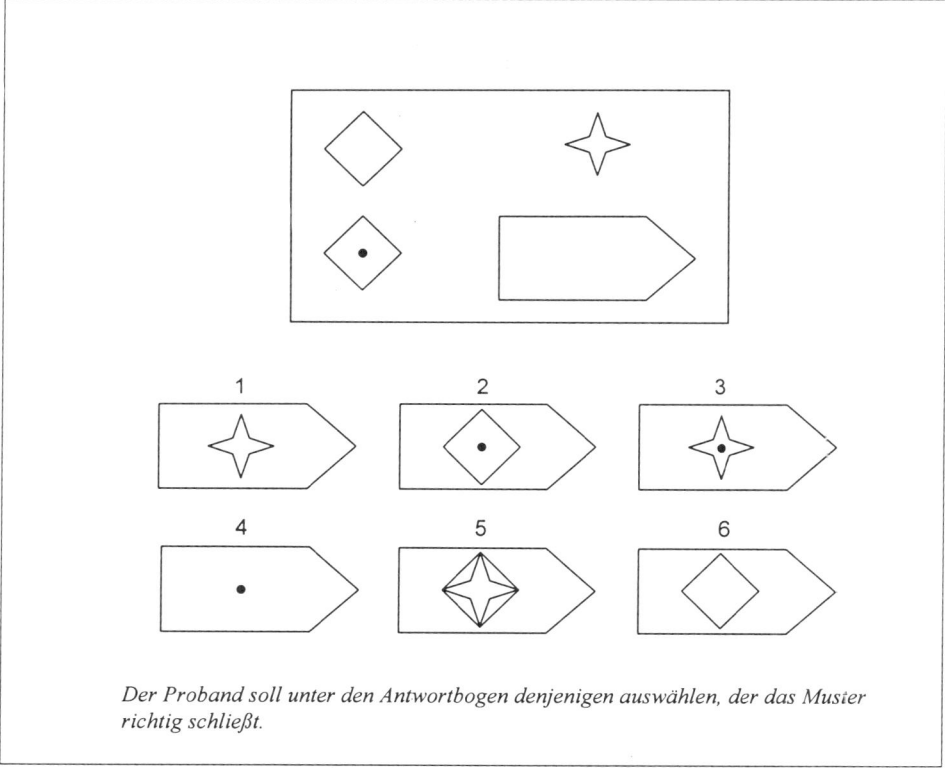

Der Proband soll unter den Antwortbogen denjenigen auswählen, der das Muster richtig schließt.

Abbildung 12: Beispielaufgabe aus den SPM

Neben diesem Test hat Raven noch zwei weitere Matrizentests entwickelt, die in ihrem Aufbau den Standard Progressive Matrices entsprechen, jedoch in ihrer Schwierigkeit darüber bzw. darunter liegen.

b) *Coloured Progressive Matrices (CPM)*: Dies ist die leichteste Version der Matri-
zen-Tests von Raven (dt. Fassung: Becker, Schaller & Schmidtke, 1980) und ist
für Kinder zwischen 4, 9 und 11 Jahren konzipiert. Er eignet sich für die Diagnostik von hochbegabten Kindern im Vorschulalter. Die lückenhaften geometrischen Figuren sowie die vorgegebenen Antwortalternativen sind hierbei jedoch
farbig gestaltet. Die Testdurchführung unterliegt keiner zeitlichen Beschränkung.

c) *Advanced Progressive Matrices (APM)*: Die APM stellen die schwierigste Version der Raven-Matrizen-Tests dar (dt. Fassung: Kratzmeier, 1980). Es handelt sich
dabei ebenfalls um einen sprachfreien und aus geometrischen Figuren aufgebau-
ten Intelligenztest. Er ist speziell zur Erfassung des Intelligenzpotentials von
Menschen mit überdurchschnittlichen kognitiven Fähigkeiten bestimmt. Der Test
besteht aus zwei Sets mit 12 bzw. 36 Aufgaben, die wahlweise mit oder ohne
Zeitbegrenzung vorgegeben werden können. Mit Zeitbegrenzung dauert die
Durchführung eine Stunde, ohne Zeitbegrenzung entsprechend länger. Die APM
können bei Jugendlichen und jungen Erwachsenen ab 15 Jahren angewendet werden.

- *Grundintelligenztest Skala 2 (CFT 20 = Culture Fair Test)*

  Dieser Test wurde von Cattell (1963) auf der Grundlage seines hierarchischen
  Faktorenmodells der Intelligenz entwickelt. Ziel des CFT ist es, den Faktor der
  flüssigen Intelligenz zu erfassen, die stärker als die kristalline Intelligenz kul-
  turunabhängig sein soll (s. Kap. 4.1.2.1). Deshalb besteht der Test nur aus non-
  verbalen Aufgaben, enthält also nicht das Element Sprache, das spezifisch für
  Kulturen ist. Der CFT gliedert sich in vier Untertests, bei denen Figuren fortge-
  setzt, Figuren klassifiziert, Figurenmatrizen vervollständigt und topologische
  Schlußfolgerungen gezogen werden sollen. In Abbildung 13 ist für jeden Untertest ein Beispiel dargestellt.

  Der Test ist für Kinder ab 9 Jahren geeignet. Er besteht aus zwei gleich aufge-
  bauten Hälften, deren Durchführung jeweils ca. 30 Minuten dauert. Der CFT 20
  ist weniger dazu geeignet, eine Hochbegabung festzustellen, sondern dient eher
  dazu, bei sprachretadierten Kindern und Kindern mit geringen Deutschkenntnissen
  eine Unterschätzung ihrer intellektuellen Fähigkeiten zu verhindern.

- *Intelligenz Struktur Test (IST 70)*

  Dieser Test wurde 1953 von Amthauer entwickelt und 1970 überarbeitet (Amthauer, 1953, 1970). Der IST war der erste Test, der auf der Grundlage der Theorie der Primärfaktoren von Thurstone (s.o.) entwickelt wurde. Deshalb läßt sich
  mit dem IST 70 ein detailliertes Begabungsprofil erstellen, das z.B. zur Prognose
  von beruflichem Erfolg herangezogen wird. Der IST 70 gliedert sich in neun
  Untertests. Vier davon erfassen sprachliche, zwei numerische, zwei anschauungsgebundene Fähigkeiten und einer prüft die sprachliche Merkfähigkeit (s.
  Abb. 14, S. 38).

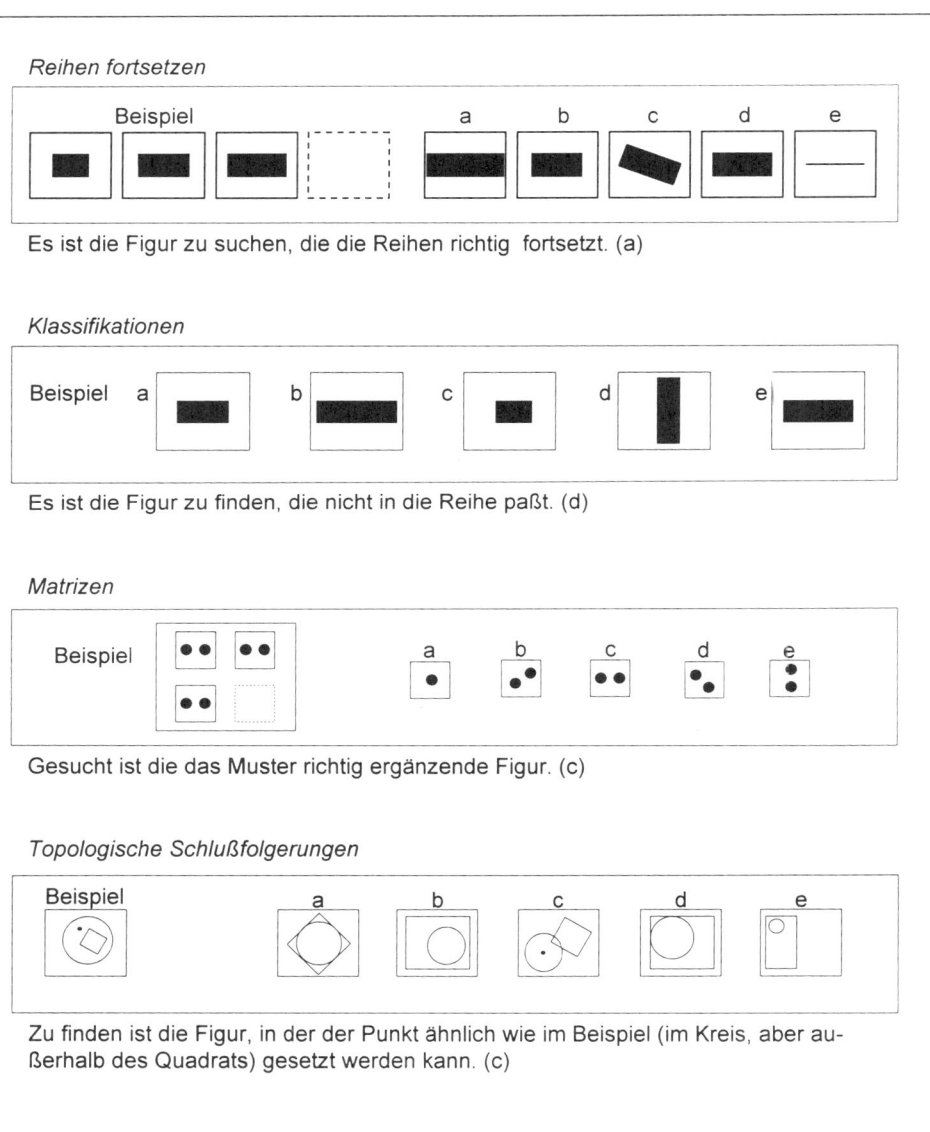

Abbildung 13: Beispielaufgaben des Culture Fair Test (CFT 20

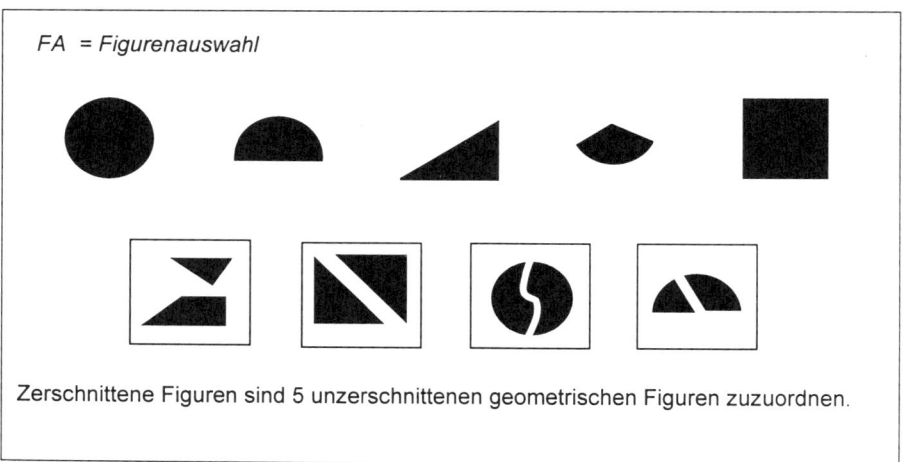

FA = Figurenauswahl

Zerschnittene Figuren sind 5 unzerschnittenen geometrischen Figuren zuzuordnen.

Abbildung 14: Beispiel für eine anschauungsgebundene Aufgabe, ähnlich den
anschauungsgebundenen Aufgaben im IST 70

Der IST 70 ist ein Gruppentest, d.h. er kann mit mehreren Personen gleichzeitig durchgeführt werden, was seine Anwendung ökonomischer macht. Jedoch ist mit dem IST auch eine Einzeltestung möglich. Er eignet sich für Kinder ab 12 Jahren sowie für Erwachsene. Die Durchführungsdauer beträgt ca. 90 Minuten. Dieser Test ist in der psychologischen Praxis sehr beliebt und wird - zumindest bei Erwachsenen - sehr häufig eingesetzt.

• *Berliner Intelligenzstruktur-Test (BIS-Test)*

Dieser noch junge Test wurde von Jäger, Süss und Beauducel (1996) auf der Grundlage des Berliner Intelligenzstrukturmodells (s.o.) entwickelt. Im Ergebnis dieses Tests wird zusätzlich zu einem allgemeinen Wert für den Intelligenzquotienten ein umfassendes Profil der intellektuellen Fähigkeiten erstellt. Das intellektuelle Potential einer Person wird im BIS durch acht Talente beschrieben (s.o. operative, inhaltsgebundene und integrale Fähigkeit): Einfallsreichtum, Geschwindigkeit, Merkfähigkeit, Verarbeitungskapazität, verbales Denken, numerisches Denken, figurales Denken und die allgemeine Intelligenz (etwa dem herkömmlichen IQ entsprechend). Mit der Fähigkeit „Einfallsreichtum" wird in diesem Test also auch eine Kreativitätskomponente erfaßt. Der Test besteht aus 45 Aufgaben, die aus bekannten Intelligenz- und Kreativitätsaufgabentypen so ausgewählt wurden, daß alle Komponenten des Berliner Intelligenzstrukturmodells optimal repräsentiert werden. Aufgaben, die Einfallsreichtum testen, werden wie Aufgaben herkömmlicher Kreativitätstests (s. Kap. 4.1.6) nach den Aspekten der Ideenflüssigkeit (Anzahl instruktionsmäßiger Lösungen) und der Ideenflexibilität (Anzahl unterschiedlicher Kategorien, aus denen die Lösungen stammen) ausgewertet. Der Test kann bei Jugendlichen und jungen Erwachsenen zwischen 15 und 25 Jahren angewendet werden. Bislang existieren jedoch nur Normen für 16-19jährige. Der Test kann als Einzeltest oder in Gruppen bis zu 30 Personen durchgeführt werden. Die Durchführung dauert etwa zwei Stunden und zehn Minuten. Es gibt auch eine Kurzform, die nur die allgemeine Intelligenz und die Verarbeitungskapazität erfaßt. Abbildung 15 (s. S. 40) zeigt Beispielaufgaben, die denen des BIS ähnlich sind.

4.1.5   Kritik am Einsatz von Intelligenztests

Der große Vorteil von Intelligenztests - unabhängig von dem speziellen Verfahren, das zur Anwendung kommt - ist der, daß diese Tests die intellektuellen Fähigkeiten von Personen in Zahlenwerten abbilden. Dadurch können verschiedene Personen hinsichtlich ihrer intellektuellen Fähigkeiten miteinander verglichen werden. Erst dadurch ist es möglich zu erkennen, ob und wie ausgeprägt ein Individuum überdurchschnittlich intelligent ist. Verhaltensbeobachtungen (s. Kap. 4.2) können eine Einschätzung der Intelligenz mit einer solchen Präzision nicht leisten.

Intelligenzdiagnostik durch Tests hat jedoch auch Nachteile und wird vielfach kritisiert. Zum einen werden die Tests als solche bemängelt. Meist bezieht sich diese Kritik darauf, daß Intelligenztests die geforderten Gütekriterien nicht erfüllen, also nicht wirklich bzw. völlig objektiv, reliabel und valide sind (s.o). Diese Kritik ist berechtigt, und gilt für manche Tests mehr als für andere. Zu bedenken ist jedoch, daß die wissenschaftlich überprüften und anerkannten Intelligenztests trotz ihrer Mängel objektiver, reliabler und valider sind als alle anderen Intelligenzeinschätzungen z.B. durch Eltern, Lehrer etc. und somit die brauchbarsten Verfahren zur Intelligenzmessung darstellen, die es zur Zeit gibt.

Zum anderen wird der (alleinige) Einsatz von Intelligenztests zur Ermittlung einer Hochbegabung kritisiert. Mit Intelligenztests können nur intellektuelle Fähigkeiten erkannt werden, andere Begabungen wie musische oder sportliche Begabungen können damit nicht erfaßt werden. Zur Feststellung musischer oder sportlicher Hochbegabung gibt es jedoch andere Methoden, die, wie auch die auf ihr begründeten Fördermaßnahmen, bereits eine längere Tradition haben. Ein größeres Problem stellt die Tatsache dar, daß Intelligenztests nur einen bestimmten Ausschnitt intellektueller Fähigkeiten prüfen, und zwar den, der sich aus der jeweiligen Definition von Intelligenz ergibt, die die Testentwickler ihrem Test zugrunde legen. Dieser Kritikpunkt berührt die zu Anfang des Kapitels angesprochene Crux: „Intelligenz ist das, was der IQ-Test mißt." Daß Intelligenztests nicht wirklich völlig unterschiedliche Merkmale messen, zeigen die signifikant positiven Korrelationen zwischen den verschiedenen Tests. Außerdem können Intelligenztests trotz aller Einschränkungen einen beträchtlich größeren Teil der intellektuellen Fähigkeiten des Menschen erfassen und dies zudem wesentlich genauer, als dies die reine Beobachtung ermöglicht. So kann ein Test z.B. zwischen der visuellen Auffassungsfähigkeit und der numerischen Verarbeitungskapazität eines Kindes differenzieren, was z.B. bei der bloßen Betrachtung des kindlichen Verhaltens verborgen bleibt.

VERBAL   Wörter finden

Finden Sie in den folgenden Buchstabenreihen alle versteckten **vierbuchstabigen Hauptwörter**
und unterstreichen Sie diese. Bitte unterstreichen Sie keine Eigennamen oder Abkürzungen und nur
Hauptwörter innerhalb einer Zeile.   *Sie haben 30 Sekunden Zeit!*

Beispiel: B M O F E N A K P L A N K S T U G D R I O L W U R M T Y V N O T P

> **Testaufgabe:**
>
> H W A N D O F P L V A S T O A P I B A S T M U R N E K O B R O T L
> L A U B U S T I K I N D O P W I N D A R F A L S O H N D A F E R D E
> S T O W U R M A L O C H O P S T L A U S K V O B I T E G A N S A F

NUMERISCH   Additionstest

Lösen Sie möglichst viele der folgenden Rechenaufgaben.
Beispiel: 4 + 7 + 12 = 23   *Sie haben 30 Sekunden Zeit!*

> **Testaufgabe:**
>
> 5 + 4 + 3 =   4 + 9 + 2 =
> 8 + 2 + 6 =   2 + 8 + 14 =
> 7 + 12 + 5 =   11 + 2 + 6 =
> 8 + 5 + 9 =   7 + 8 + 15 =

FIGURAL   Komplexe Flächenabwicklungen

Die linke der beiden Zeichnungen stellt ein Papierstück dar, das an den gestrichelten Linien
geknickt werden kann, so daß der rechts dargestellte Körper entsteht. Finden Sie heraus, welche
der mit Buchstaben versehenen Kanten des rechten Körpers dieselben sind wie die numerierten
Kanten des Papierstücks links.

Bitte beachten Sie: Die mit X versehene Seite des auseinandergefalteten Papierstücks links
entspricht immer der mit X gekennzeichneten Seite des Körpers rechts. Deshalb muß das Papier
immer so gefaltet werden, daß X auf der Außenseite des Körpers liegt. *Sie haben 2 Minuten Zeit!*

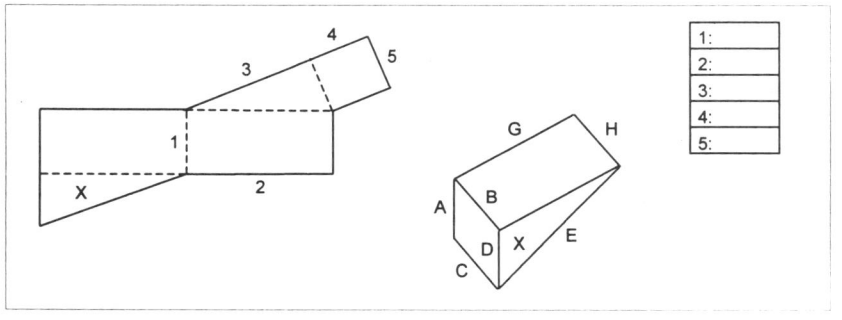

1:	
2:	
3:	
4:	
5:	

Abbildung 15: Beispielaufgaben, die denen des BIS ähneln

Intelligenztests erlauben keine Aussage darüber, ob ein Mensch besondere Leistungen erbringen wird, sondern sie erfassen lediglich das intellektuelle Potential einer Person. Dieses Potential - unabhängig von der Leistung - entspricht der Definition von Hochbegabung, auf die sich die meisten Forscher geeinigt haben. Damit ein Mensch mit einem hohen intellektuellen Potential außergewöhnliche Leistungen erbringen kann, muß er u.a. auch hoch motiviert sein. Aufgrund der Lernerfahrungen eines Kindes differenziert sich seine Leistungsmotivation im Laufe der Zeit zunehmend in Richtung auf Erfolgsorientiertheit bzw. Mißerfolgsvermeidung. Ein erfolgsorientiertes Kind strebt in seiner Arbeit - bei allen Unsicherheiten, die es dabei erleben mag - direkt Erfolg an. Ein mißerfolgsvermeidendes Kind hat in erster Linie Angst vor einem möglichen Versagen und ist insofern vor allem darauf bedacht, Fehler zu vermeiden. Es hat sich gezeigt, daß Erfolgsorientiertheit zu besserer Leistung führt als Mißerfolgsvermeidung. Herkömmliche Intelligenztests messen keine motivationalen Variablen. Handelt es sich jedoch um einen Einzeltest, in dem der Testleiter im direkten persönlichen Kontakt zur getesteten Person steht, bekommt er durch Beobachtung des Verhaltens der Testperson auch Aufschlüsse über ihre Motivation. Wichtig ist, daß der Testleiter ein Experte ist, der in der Anwendung der diagnostischen Verfahren des Testens und der Verhaltensbeobachtung ausgebildet ist.

In vielen Modellen zur Hochbegabung ist neben Motivation auch Kreativität ein wichtiger Faktor, der zu hohen intellektuellen Fähigkeiten hinzutreten muß, damit sich die hohe Begabung auch in Form besonderer intellektueller Leistung entfalten kann. Kreativität wird jedoch mit den meisten Intelligenztests nicht erfaßt. So prüfen herkömmliche Intelligenztests meist nur, ob jemand eine einzige richtige Lösung in einer für ihn neuen Problemsituation durch streng logisches Nachdenken findet. Im Alltag sind schöpferische Leistungen aber oft gerade dadurch gekennzeichnet, daß ein Problem überhaupt erst einmal erkannt werden muß (Guthke, 1996). Insofern und auch aufgrund der Tatsache, daß Probleme in der Realität meist eine hohe Komplexität aufweisen und verschiedene Lösungen ermöglichen, sind die bisher üblicherweise verwendeten Intelligenztestaufgaben nicht repräsentativ für intelligentes Alltagshandeln (Jäger & Petermann, 1992). Daher wurden spezifische Kreativitätstests entwickelt. In solchen Tests sollen z.B. möglichst viele Einfälle dazu produziert werden, was man mit einem bestimmen Gegenstand (z.B. einem Eimer) alles machen kann. Meistens werden zur Auswertung solcher Kreativitätstests drei Aspekte beachtet: Flüssigkeit (= Gesamtzahl der produzierten Lösungen), Flexibilität (= Anzahl der benutzten unterschiedlichen Lösungsklasssen) und Originalität (= statistische Seltenheit der Nennungen). Nachteil von Kreativitätstests ist der große Interpretationsspielraum, dem die Auswertung unterliegt. Festzuhalten bleibt jedoch, daß Kreativität als wesentlicher Teil intelligenten Alltagshandelns und Problemlösens in Intelligenzbatterien stärker berücksichtigt werden müßte (Guthke, 1996). Dies ist bereits im BIS-Test (s.o.) geschehen, der u.a. auch Einfallsreichtum erfaßt.

Eine weitere Schwierigkeit von Intelligenztests liegt in der Tatsache begründet, daß die meisten der im Rahmen der Hochbegabtendiagnostik eingesetzten Verfahren ursprünglich entwickelt wurden, um eine damit getestete Personen über die gesamte Bandbreite möglicher Intelligenzwerte einstufen zu können. Deshalb messen diese

Tests am genauesten im mittleren Intelligenzbereich, also bei einem IQ zwischen 85 und 115. Im Bereich eines IQs von über 130 wird die Messung unschärfer. Außerdem beginnt die Testdurchführung immer mit sehr einfachen Aufgaben, was auf Hochintelligente demotivierend wirken kann und zu einer unnötigen Testverlängerung führt (Guthke, 1996). Hier können adaptive Tests wie der AID (s.o.) Abhilfe verschaffen. Es bedarf außerdem der Entwicklung neuer Tests, die spezifisch zur Erfassung von Hochbegabung entwickelt werden. Ein schon älteres Beispiel hierfür sind die Advanced Progressive Matrices von Raven (Kratzmeier, 1980).

4.1.6   Testen oder nicht?

Nach diesen ausführlichen Erörterungen zum Thema „Intelligenztestdiagnostik" ist es Zeit, eine zum Teil umstrittene und häufige Frage vieler Eltern in Beratungskontexten aufzugreifen: Ist eine (frühe) Identifikation einer Hochbegabung des Kindes durch einen Intelligenztest zu empfehlen oder nicht? Während einige Experten den Intelligenzquotienten über 130 als hinreichendes Kriterium für Hochbegabung heranziehen (Rost, 1993a) und daher für das Testen plädieren, begründen andere ihre Ablehnung des Testens durch die Gefahr der Etikettierung als „hochbegabt", die zu falschen Erwartungen führen kann, da ein Testergebnis kaum für die Prognose der weiteren Entwicklung des Kindes herangezogen werden kann (Weinert, 1992). „Die Bereitstellung günstiger Entwicklungsangebote, ausreichender Lernangebote und vielfältiger Gestaltungsmöglichkeiten sollte eigentlich möglich und selbstverständlich sein, auch wenn keine Frühdiagnose hoher Begabung vorliegt." (Weinert, 1992). Diese Aussage ist sicherlich richtig, stellt aber einen idealen Zustand dar, der voraussetzt, daß die Bedürfnisse und die Begabungen des Kindes bekannt sind. Das Nicht-Erkennen einer Hochbegabung kann fatale Folgen haben. Gerade zur Entdeckung von Underachievern, bei denen Lehrer häufig nicht in Betracht ziehen, daß sie hochbegabt sein könnten, kann ein Test vor solchen Folgen schützen. Dies gilt auch für hochbegabte Mädchen, die in der Schule oftmals dazu tendieren, ihre Fähigkeiten zu verstecken und so ihre Begabungen nicht zur Entfaltung bringen können (s.u.).

Unter Einbezug der kritischen Auseinandersetzung mit den Möglichkeiten und Defiziten psychologischer Intelligenztests, wie sie im vorhergehenden Abschnitt vorgenommen worden ist, läßt sich zur Frage der Sinnhaftigkeit der Intelligenztestung bei möglicherweise hochbegabten Kindern folgendes Fazit ziehen:

1.   Damit Intelligenztests verwertbare Ergebnisse liefern, müssen sie wissenschaftlichen Kriterien genügen: Sie sollten objektiv, reliabel und valide sein und eine aktuelle Normierung aufweisen. Zukünftige Testentwicklungen werden sicherlich darauf hinarbeiten, diese Gütekriterien gegenüber den bisher existierenden Tests zu verbessern. Doch auch die bislang verfügbaren Tests führen zu verläßlicheren Aussagen über die Intelligenz einer Person als andere Einschätzungen, z.B. die Beobachtung durch Lehrer, Eltern etc. Sie stellen also bis heute das

nützlichste Meßinstrument dar, das wir zur Feststellung intellektueller Fähigkeiten besitzen. Intelligenztests sollten nur von erfahrenen Diplom-Psychologen durchgeführt werden, die in Anwendung und Auswertung solcher Tests ausgebildet wurden.

2. (Die mit einem Intelligenztest erhobene) Intelligenz spiegelt die intellektuelle Begabung eines Menschen wider, ist jedoch nicht mit sich in besonderen Leistungen manifestierenden Talenten gleichzusetzen (vgl. Gagné, 1993; Heller, Perleth & Hany, 1994; Wieczerkowski & Wagner, 1985). Ein IQ-Wert sagt also noch nichts über die tatsächliche Leistung aus, die ein Mensch erbringen kann und zukünftig (z.B. später im Beruf) erbringen wird. Darauf haben noch andere Variablen Einfluß wie Motivation, Kreativität, Persönlichkeit sowie Faktoren der Umwelt. Neuere Testentwicklungen versuchen, auch solche Variablen zu erfassen, was natürlich nicht allumfassend, aber immerhin umfassender, gelingen kann.

Zieht man diese beiden Punkte in Betracht, erscheint es weder gerechtfertigt, Intelligenztests gar nicht einzusetzen, noch sie als absoluten und somit einzigen Maßstab zur Beurteilung einer Hochbegabung zu betrachten. Vielmehr scheint es angebracht, sie im Lichte ihres tatsächlichen praktischen Nutzens zu sehen.

Intelligenztests gestatten Aussagen über einen begrenzten Teilbereich dessen, was wir intellektuelle Begabung nennen, die unter Berücksichtigung weiterer Aspekte wie Motivation, Kreativität und Umweltfaktoren sinnvoll interpretiert werden kann. Bezüglich des intellektuellen Bereichs, den Tests erfassen, ermöglichen sie eine relativ zuverlässige und objektive Abschätzung der Begabungsschwerpunkte, -defizite und der Intelligenzhöhe und geben damit sehr wichtige Ansatzpunkte für eine gezielte Förderung. Besteht also bei einem Kind die Vermutung, daß es hochbegabt sein könnte, wird es jedoch unter den momentanen Bedingungen nicht adäquat gefördert, ist auf alle Fälle eine Testdiagnostik zu empfehlen. Diese schließt neben der Durchführung und Auswertung des Tests ein Gespräch des diagnostizierenden Psychologen mit dem Kind und den Eltern ein, in dem auf der Grundlage der Testergebnisse besprochen wird, welche Fördermaßnahmen sinnvoll und möglich sind und wie diese in die Wege geleitet werden können. Dazu kann es sinnvoll sein, den Lehrer des Kindes in das Gespräch einzubeziehen.

4.2 Beobachtungsverfahren

Das Beobachten von Verhalten ist neben den Testverfahren eine weit verbreitete Methode, um die Begabung eines Menschen zu erfassen. Lehrer beobachten das Verhalten ihrer Schüler im Unterricht, Eltern erleben die Entwicklung ihres Kindes zu Hause, und Gleichaltrige können ebenfalls das Verhalten eines Kindes beobachten. Auch das Kind selbst beobachtet sich und vergleicht sich mit anderen, so daß es seine eigene Begabung in irgendeiner Form erlebt. Die Möglichkeiten, die Begabung eines

Menschen durch Urteile anderer zu erfassen, wird in der Forschung und in der Praxis
- vor allem in den USA - stark genutzt (Wild, 1991).

Allerdings hat diese Form der Begabtenfindung auch einige grundlegende Pro-
bleme. Zunächst ist es schwierig, auf diese Weise zu objektiven Einschätzungen von
Begabungen zu kommen. Intuitive Urteile von Menschen unterliegen einer Vielzahl
von Verzerrungen. Eine Gefahr ist zum Beispiel, daß die beobachtenden Eltern oder
Lehrer aufgrund einzelner Beobachtungen zu einer Einschätzung über die Begabung
des Kindes gelangen, die sie für ausreichend bestätigt halten. Das Kind wird diese
Erwartung wahrnehmen, etwa durch verstärkte Zuwendung oder Förderung durch die
Erwachsenen und sich entsprechend dieser Erwartungen verhalten. Durch das Verhalten der Erwachsenen wird dem Kind ein bestimmtes Verhalten nahegelegt. Solche
Erwartungseffekte sind in der Psychologie lange bekannt und wurden häufig untersucht (Rosenthal & Jacobson, 1971). Eine zweite mögliche Verzerrung ist die selek-
tive Wahrnehmung von intelligentem Verhalten: Hat man ein Kind aufgrund einiger
Beobachtungen erst einmal als hochbegabt eingestuft, so wird man verstärkt Verhaltensweisen des Kindes bemerken, die diese Einschätzung unterstützen. Verhaltensweisen, die darauf hinweisen, daß das Kind vielleicht doch nicht hochbegabt sein
könnte, werden hingegen übersehen. Auch dies ist ein bekannter Effekt, daß Menschen eher dazu neigen, ihre Urteile zu bestätigen als sie zu widerlegen (Lilli & Frey,
1993).

Wenn Lehrer, Eltern oder Kinder aufgefordert werden zu beurteilen, ob ein Kind
hochbegabt sein könnte, ist ein zusätzliches Problem, daß sich nicht alle unter Hochbegabung das Gleiche vorstellen. So könnten Lehrer nur besonders leistungsstarke
Kinder für hochbegabt halten, dabei aber die sog. „underachiever" vergessen. Eltern
könnten bei ihrem Kind Entwicklungsrückstände beispielsweise im motorischen oder
sozialen Bereich bemerken, dabei aber eine trotzdem bestehende intellektuelle Hochbegabung übersehen. Wenn ein stärkeres Wissen über Hochbegabung unter Lehrern
und Eltern verbreitet wäre, könnten solche Effekte vermutlich abgeschwächt werden.
Eventuell können bei Lehrern und Mitschülern auch Sympathien und Antipathien
eine Rolle spielen, was es hochbegabten Kindern mit sozialen Defiziten besonders
schwer machen dürfte (Feger, 1980).

Ein weiterer Schwachpunkt dieser Verfahren ist, daß sie nicht aufgrund standardi-
sierter Beobachtungssituationen zustande kommen, sondern auf der Gesamteinschät-
zung des Beurteilers beruhen, die er in vielen Situationen im Zusammensein mit dem
Kind gewonnen hat. Dabei ist natürlich nicht mehr zu kontrollieren, welche Situationen vorlagen und welchen Einflüssen Kind und Beobachter ausgesetzt waren. In
letzter Zeit gibt es jedoch einige Versuche, die Beurteilungen stärker zu standardisie-
ren und somit zu objektivieren (s.u. Gagné, 1995).

Nicht minder bedeutsam ist das Problem der Bezugssysteme aufgrund derer Eltern
und Lehrer die betroffenen Kinder beurteilen. Gerade den Eltern fehlt ein standardi-
sierter Maßstab zur Leistungsbeurteilung. Lehrer können das einzelne Kind nur in
Relation zu den anderen Schülern beurteilen. In beiden Fällen tritt das Problem auf,
daß Kinder, die in ihrer Leistung besonders auffallen, leicht auch fehlerhaft als hochbegabt klassifiziert werden. Hätten Eltern und Lehrer die Möglichkeit zum Vergleich

mit tatsächlich hochbegabten Kindern, so würde ihnen sicherlich nicht selten auffallen, daß das betreffende Kind im Vergleich zu diesen möglicherweise nur schwache Leistungen erbringt.

Insgesamt betrachtet ist die Beurteilung anderer Menschen eine zwar alltägliche, aber mit unzähligen Fehlern und Verzerrungen behaftete Prozedur. Die Fehlerquellen liegen dabei meist direkt in der Natur der menschlichen Informationsverarbeitung begründet (Überblick: Kanning, 1999). Die subjektiv erlebte Sicherheit des Beobachters sagt leider nichts über die tatsächliche Güte einer Beurteilung aus. Es bedarf vielmehr sehr großer Aufmerksamkeit, eines überlegten Vorgehens und damit einhergehend einer systematischen Absicherung gegenüber der Subjektivität des einzelnen Beobachters, wenn ein zuverlässiges Urteil erfolgen soll.

Diesen Problemen der Beobachtungsverfahren stehen aber auch einige klare Vorteile gegenüber. Zuerst einmal sind Personenurteile ökonomisch in der Anwendung. Sie sind leicht flächendeckend einzusetzen, und es kann auf die Personen als Beobachter zurückgegriffen werden, die ohnehin viel mit dem Kind zusammen sind; es werden keine zusätzlichen Fachkräfte für die Diagnostik benötigt.

Zweitens besteht die Möglichkeit, daß mehr Verhaltensweisen beobachtet werden, als in den üblichen Testverfahren untersucht werden. Für die Messung von Kreativität oder Motivation - für einige Theoretiker wesentlicher Bestandteil von Hochbegabung - existieren kaum standardisierte Tests. Sicherlich können aber z.B. Eltern und Lehrer etwas darüber aussagen, für wie kreativ oder motiviert sie ein Kind halten. Allerdings ist fraglich, welchen Wert diese Informationen haben, wenn sie rein subjektiv und nicht überprüfbar gewonnen wurden. In der Forschung ist der Wert der Identifikation von Hochbegabten durch die Beobachtung anderer stark umstritten. Übereinstimmung herrscht jedoch größtenteils in der Ansicht, daß Beobachtungsverfahren zusätzlich zu Testverfahren eingesetzt werden sollen. Auf standardisierte Intelligenztests soll aber den meisten Forschern zufolge keinesfalls verzichtet werden.

In der Praxis werden Personenurteile auf zwei verschiedene Arten realisiert:

a) In Form von Ratings: Das Beurteilen anhand von sog. Ratingskalen findet in der Gruppe, meist der Schulklasse, Verwendung. Bei Ratings soll der Beurteiler alle Kinder einer Gruppe bewerten, dabei vergibt er für jedes Mitglied der Gruppe einen Wert auf einer Skala. Zum Beispiel soll jedes Kind auf einer fünfstufigen Skala der Dimension begabt - unbegabt bewertet werden. Es wird also die Begabung jedes Kindes eingeschätzt.

b) In Form von Nominationen: Unter Nominationen versteht man die einfache Nennung möglicherweise hochbegabter Kinder. Wenn etwa Eltern ihre Kinder für besondere Förderungsmaßnahmen vorschlagen, so ist das eine Form der Nomination. Meist wird dieser Begriff allerdings auf Auswahlprozeduren in einer Gruppe (Schulklasse) bezogen. Es soll dann im Gegensatz zu Ratings nicht jedes Gruppenmitglied bewertet werden, sondern es sollen einfach nur die Kinder genannt werden, die der Beurteiler für hochbegabt hält. Nominationen werden häufiger verwandt als Ratings, da sie einfacher und schneller zu erheben sind und keinen nennenswerten Informationsverlust gegenüber Ratings aufweisen. Insbesondere wenn Kinder andere Kinder einschätzen sollen (Peerbeurteilungen), werden Nominationen aufgrund ihrer Einfachheit bevorzugt.

4.2.1   Lehrerurteil

Die Verwendung von Lehrerurteilen ist zunächst die naheliegendste Form der Diagnose Hochbegabter. Schließlich ist es die Aufgabe des Lehrers, die Leistungen seiner Schüler angemessen zu bewerten. Geht es aber um die Auswahl besonders begabter Schüler, so ist nicht nur die gezeigte Leistung zu bewerten, sondern - je nach theoretischem Ansatz - auch die Kreativität, die Motivation und das Potential des Schülers. Ob Lehrer auch für die Bewertung dieser Faktoren geeignet sind, ist in der Forschung umstritten. Schließlich haben Lehrer keine spezielle Ausbildung für die Identifikation hochbegabter Schüler. Aber auch mit verstärktem Training stellt sich die Frage, ob Lehrer aufgrund ihrer vielfältigen Aufgaben in der komplexen Unterrichtssituation überhaupt die richtigen Personen sein können, um ein außergewöhnliches Leistungspotential einiger weniger Kinder treffsicher zu diagnostizieren. Hinzu kommt, daß viele hochbegabte Kinder nicht dem Stereotyp des angepaßten, guten Schülers entsprechen und sich Hochbegabung auch nicht in guten Schulnoten widerspiegeln muß. Auch die Tendenz vieler hochbegabter Schüler, ihren Lehrern zu widersprechen oder gar Fehler des Lehrers zu bemerken und anzusprechen, verärgert oder ängstigt viele Lehrer so, daß sich das in schlechteren Bewertungen widerspiegeln kann.

Viele Studien beschäftigen sich mit dem Vergleich zwischen den Ergebnissen in standardisierten Intelligenztests und Lehrerurteilen. In einer viel beachteten Untersuchung verglichen Pegnato und Birch (1975, zitiert nach Wieczerkowski & Wagner, 1985) das Lehrerurteil mit verschiedenen anderen Vorauswahlmethoden. Zur Beurteilung ihrer Wirksamkeit stellten sie zwei Kriterien auf:

1. Wie effektiv oder erschöpfend arbeitet das Verfahren, d.h. welcher Prozentsatz von den tatsächlichen Hochbegabten wird durch die Vorauswahl erfaßt?
2. Wie effizient arbeitet das Verfahren, d.h. wie hoch ist der Prozentsatz der tatsächlich Hochbegabten an der Zahl der vom Vorauswahl-Verfahren Ausgewählten?

Im Lehrerurteil wurde nur knapp die Hälfte (45,1%) der tatsächlich Hochbegabten (nach Testergebnis) als hochbegabt erfaßt (Kriterium „effektiv"). Nur 26,6 % der von den Lehrern nominierten Schüler waren auch nach dem Testkriterium hochbegabt (Kriterium „effizient"). Das Lehrerurteil erwies sich also weder als besonders erschöpfend, noch als besonders trennscharf, wenn man das Ergebnis im Intelligenztest als „wahre Intelligenz" zugrunde legt. Ein grundlegendes Problem besteht darin, daß die Lehrer sich in ihrem Urteil nicht von den schulischen Leistungen der Kinder lösen können (siehe Rost & Hanses, 1997). Es wird übersehen, daß zwischen Intelligenz und sichtbarer Leistung keine vollständig determinierende Beziehung besteht. Dies fördert u.a. auch die Verbreitung von sog. „underachievern", also derjenigen

Kinder, die trotz überdurchschnittlicher Intelligenz nur mittelmäßige oder sogar unterdurchschnittliche Leistungen in der Schule erbringen.

Wild (1991) findet in seiner Analyse mehrerer Studien, die Lehrerurteil und Intelligenztest-Ergebnis miteinander vergleichen, Effektivitätsmaße (Kriterium „effektiv") von 0-86% (die meisten Werte zwischen 20-50%). Die Effizienzmaße (Kriterium „effizient") verteilen sich gleichmäßig von 0-78%.

Einige Forscher (z.B. Hany, 1987) erklären diese schwache Übereinstimmung von Lehrerurteil und Intelligenztest hauptsächlich mit dem mangelnden Beurteilungstraining der Lehrkräfte und mit methodischen Mängeln der Studien und plädieren dafür, an den Lehrerurteilen trotz der bisher eher schwachen Forschungsergebnisse festzuhalten.

Die meisten Forschungsarbeiten legen jedoch den Schluß nahe: Lehrerurteile können Intelligenztests nicht ersetzen, beide Verfahren scheinen unterschiedliche Dinge zu messen. Wie schon erwähnt, mangelt es den Lehrerurteilen, wie allen Beobachtungsverfahren, vor allem an Objektivität. Dennoch gibt es auch einige Argumente, die für den Einsatz von Lehrerurteilen sprechen (zusammengestellt von Wild, 1991), wenn auch immer nur als Ergänzung zu standardisierten Tests.

Zunächst haben Lehrer den einzigartigen Vorteil, aufgrund ihrer Berufserfahrung über den Vergleich mit anderen Klassenstufen und Kohorten (anderen Geburtsjahrgängen) zu verfügen. Zusätzlich besteht eine ständige Vergleichsmöglichkeit innerhalb einer Klasse. Aus dieser Situation heraus sollten Lehrer am ehesten dazu in der Lage sein, besondere Fähigkeiten eines Kindes - gemessen an den Fähigkeiten anderer Kinder - zu beurteilen. Auch haben Lehrer häufig eine ausgedehnte Beobachtungsspanne von mindestens einem Schuljahr. So können langfristige Leistungen beobachtet werden, kurzfristige Leistungsschwankungen dürften daher nicht so stark ins Gewicht fallen. Schließlich gibt es keine möglicherweise das Ergebnis verfälschende „Testsituation", in der der Schüler durch Nervosität oder schlechte „Tagesform" unterhalb seines potentiellen Leistungsniveaus bleiben könnte. Gegenüber der punktuellen Messung in einem Test hat die Beurteilung durch den Lehrer zusätzlich den Vorteil, daß nicht nur aktuelle Lernprozesse mit in das Urteil einfließen, sondern auch der sukzessive Verlauf der individuellen Auseinandersetzung mit dem Lernstoff miterfaßt wird.

Lehrerchecklisten sollen als Hilfestellung bei der Beobachtung die Urteilsfähigkeit der Lehrer verbessern. Unter Checklisten versteht man Auflistungen von Verhaltensweisen, die ein Beobachter auf Ratingskalen in Häufigkeit oder Ausmaß des Auftretens bewertet. Eine weit verbreitete Checkliste wurde von Renzulli, Smith, White, Callahan und Hartman (1976) erstellt. Die *Renzulli Scales for Rating the Behavioral Characteristics of Superior Students* besteht aus 10 Unterskalen, die die Bereiche Lernen, Motivation, Kreativität, Führungseigenschaften, künstlerische, musikalische und schauspielerische Fähigkeiten, Kommunikation im Hinblick auf Präzision bzw. Ausdrucksvermögen und planerische Fähigkeiten umfassen. Der Nutzen solcher Checklisten ist jedoch umstritten, da die aufgelisteten „typischen" Verhaltensweisen von Liste zu Liste unterschiedlich sind. Rost (1991b) empfiehlt daher, das Lehrerurteil nur im Sinne einer Diagnosesicherung als zusätzliche Informationsquelle zu nutzen und nur bei der Plazierung in bestimmte Fördermaßnahmen verstärkt auf das Lehrerurteil zurückzugreifen.

Renzulli und Delcourt (1986) argumentieren aufgrund ihres weitergefaßten Begabungskonzepts (vgl. 4.2.5) ebenfalls für Lehrerurteile. Ursprünglich wurden Intelligenzmaße entwickelt, um Leistungen vorherzusagen. Das Testergebnis war der Prädiktor, die Leistung das Kriterium. Mit der Entwicklung alternativer Methoden zu standardisierten Tests, z.B. den Personenurteilen, wurde das Intelligenzmaß immer mehr zum Kriterium, das die neue Methode vorhersagen mußte. Der standardisierte Test wurde von einem Mittel immer mehr zum Zweck selbst (Sternberg, 1982). Geht man jedoch von einem Begabungskonzept aus, das mehr umfaßt als in den üblichen Intelligenztests erfaßt wird, so sind die mangelnden Übereinstimmungen von Tests und Lehrerurteilen in einem neuen Licht zu sehen: Lehrerurteile sind gerade deshalb so wertvoll, weil sie von den Testergebnissen abweichen und Informationen beinhalten, die Tests nicht liefern können.

Heller (1992) sieht im Lehrerurteil die mögliche Schwierigkeit, daß Bezugsgruppeneffekte auftreten können, d.h. daß der Lehrer die Bewertung der Leistung eines Schülers zu stark an der Bezugsgruppe (der Klasse) ausrichtet. Zusätzlich können bei untrainierten Lehrern subjektive Entwicklungskonzeptionen die Nomination hochbegabter Kinder beeinflussen. Im Jugendalter sind Lehrer nach Heller (1992) stärker zur Begabungsbeurteilung in der Lage, da es in den oberen Klassen einen differenzierteren Fächerkanon gibt.

Schulnoten spielen trotz ihrer schwachen Aussagekraft in der Praxis der Begabtenidentifikation eine große Rolle. Wie eingangs schon erwähnt, haben wahrscheinlich viele hochbegabte Kinder gerade keine guten Schulnoten („underachiever"). Viele Fördermaßnahmen wählen aber einfach aufgrund der Schulnoten die vermeintlich begabtesten Schüler aus. Problematisch daran ist zusätzlich zum Problem der „underachiever", die bei einem solchem Vorgehen durchs Netz fallen, daß Noten meist nach klasseninternen Normen vergeben werden und kreative Potentiale nicht genügend berücksichtigt werden (Feger, 1980). Für die Identifikation älterer Schüler halten einige Autoren Noten trotzdem durchaus für sinnvolle Indikatoren, denn so kann in höheren Klassen die Leistung in unterschiedlichen Fächern besser berücksichtigt werden (Hany, 1987).

4.2.2   Peernomination

Unter Peers versteht man die Gruppe der Gleichaltrigen. Peernomination ist die Nennung (hoch-) begabter Kinder durch Klassenkameraden. Bewertungen von Gleichaltrigen bieten zunächst den Vorteil, daß Kinder eventuell andere Einblicke in die Leistungsfähigkeit und Interessen anderer Kinder haben als Erwachsene. Die wissenschaftliche Basis scheint allerdings z.Zt. noch recht schwach. Die Fähigkeit besonders jüngerer Kinder, hochbegabte Peers zu benennen, ist umstritten. Wild (1991) geht davon aus, daß Kinder erst ab etwa dem 10. Lebensjahr anfangen, die eigene Fähigkeit als ein intraindividuell stabiles Phänomen zu begreifen.

Das Erkennen hochbegabungsspezifischen Verhaltens scheint anderen Autoren zufolge jedoch auch Grundschulkindern schon zu gelingen. Allerdings wird eingeräumt, daß Kinder unter 10 Jahren häufig noch Faktoren wie die äußere Erscheinung oder das Ausdrucksvermögen mit in ihr Urteil einbeziehen (Wild, 1991). Das macht es natürlich schwierig, sich auf die Urteile jüngerer Kinder zu verlassen, auch wenn relevante Faktoren bereits erkannt werden können. Unklar ist, wieweit sich die Urteile der Kinder durch Aufklärung und Training noch verbessern lassen.

Es gibt einige Ergebnisse, die für die Übereinstimmung von Peernominationen und Testergebnissen sprechen, aber die wissenschaftliche Absicherung ist noch sehr schwach (Wild, 1991). So neigen Grundschüler dazu, die eigene Begabung zu überschätzen und benennen bis zu einem Drittel der Klasse als hochbegabt (Stipek & Hoffmann, 1980; Nicholls, 1978; Rustmeyer, 1982). Einer Studie von Richert et al. (1982) zufolge können Peers gut Begabungsbereiche einschätzen, die näher an ihrem alltäglichen Erleben liegen, z.B. Führungsqualitäten. Alle Ergebnisse zusammengenommen, scheint die Verwendung von Peernominationen besonders für jüngere Jahrgänge nicht empfehlenswert zu sein.

Nach Gagné (1989) ist die Peernomination aus folgenden Gründen trotz aller genannten Probleme eine „potentiell wertvolle Technik":

1. In Erwachsenengruppen im industriellen und Militärbereich hat sich die Peernomination anderen Techniken gegenüber als überlegen erwiesen. Unklar ist, ob sich die Technik auch bei Kindern anwenden läßt.
2. Peernominationen sind einfach und ökonomisch durchzuführen.
3. Es gibt viele Beurteiler (meistens mindestens 20 Kinder in einer Klasse); dies führt zu stabileren Ergebnissen als das Urteil einer Person, wie es beim Lehrerurteil der Fall ist.

Gagné (1995) schlägt daher zur weiteren Verbesserung der Peernominationen ein systematisches und überprüfbares Meßverfahren vor. In diesem Verfahren werden 40 Prototypen von Fähigkeiten beschrieben, die sich in der Schule zeigen können. Diese sind in vier Neigungs- und vier Begabungsbereiche unterteilt. Der Neigungsbereich umfaßt intellektuelle, kreative, sozio-affektive und sportliche Fähigkeiten. Der Begabungsbereich beinhaltet akademische, technische, künstlerische und zwischenmenschliche Fähigkeiten. Jedes Kind soll für jede Fähigkeit die vier besten seiner Klasse nennen und in eine Rangreihe bringen.

In einer Studie mit über 5000 Grundschülern und älteren Schülern ermittelte Gagné hohe Übereinstimmungen in den Urteilen der Kinder über Begabungsverteilungen in ihrer Klasse für die meisten Fähigkeitsbereiche. Schwierig gestalteten sich die Urteile im sozio-affektiven und interpersonellen Bereich.

4.2.3   Elternurteil

Besonders im Vorschulalter ist das Auffinden hochbegabter Kinder in starkem Maße von der Einschätzung der Eltern abhängig. Nützlich erwiesen haben sich dabei sog. biographische Checklisten mit Verhaltensweisen, die für hochbegabte Kinder im Säuglings- und Kleinkindalter typisch sind. Grundlage dieser Checklisten ist die Auffassung, daß Entwicklungsakzelerationen eine besondere Begabung anzeigen (vgl. Zusammenstellung von Wieczerkowski & Wagner, 1985, S.121). Hierbei ist zu berücksichtigen, daß Erinnerungsdaten häufig lückenhaft und unzuverlässig sind. Hinzu kommt, daß die in der Praxis verwendeten Checklisten meistens aus relativ beliebig zusammengestellten Items bestehen (Feger, 1980).

Auch bei älteren Kindern können Elternurteile eine sinnvolle Ergänzung zu standardisierten Tests darstellen. Eltern haben von allen Beteiligten die beste Möglichkeit, die individuelle Entwicklungsgeschwindigkeit und die Kapazitäten ihres Kindes zu beobachten und einzuschätzen (Heller, 1992).

Nicht außer acht zu lassen ist jedoch, daß Eltern häufig der Vergleich mit Gleichaltrigen fehlt und sie ihrem Kind gegenüber meistens positiv voreingenommen sein dürften. Beispielsweise wurden nur 23% der in der Hamburger Hochbegabten-Beratungsstelle von ihren Eltern vorgestellten Kinder auch als hochbegabt klassifiziert (Kalinowski-Czech, 1988).

4.2.4   Selbstratings und -nominationen

Die Verwendung von Selbstbeurteilungen setzt voraus, daß hochbegabte Schüler ein sehr gutes Bild ihrer eigenen Fähigkeiten haben und daß sich weniger begabte Schüler zurückhaltend einschätzen, so daß die Urteile der wirklichen Begabung entsprechen.

Ebenso wie bei den Peerbeurteilungen besteht vor allem bei jüngeren Schülern das Problem der noch nicht vollständig ausgebildeten Abstraktionsfertigkeiten. Einschätzungen der Erwachsenen werden häufig einfach übernommen (Heller, 1992). Es wird davon ausgegangen, daß erst Drittkläßler dazu in der Lage sind, Selbsteinschätzungen zu geben, die einen - wenn auch schwachen - Zusammenhang mit der im Test gemessenen Intelligenz aufweisen. In Studien mit Auszubildenden und Gymnasiasten zeigte sich jedoch, daß auch Jugendliche und Erwachsene in dieser Hinsicht keine wesentlich größere Übereinstimmung zwischen Selbsteinschätzung und im Test gemessener Intelligenz zeigten (Jäger & Sitarek, 1986; Thomas, 1989). Der Zusammenhang zwischen eigener Einschätzung der Intelligenz und den Ergebnissen in einem Intelligenztest ist bei erwachsenen Probanden ebenfalls gering (Sternberg et al., 1981). So scheint die Selbstbeurteilung der intellektuellen Leistungsfähigkeit unabhängig vom Alter problematisch zu sein.

In anderen Bereichen der Begabung, etwa der Kreativität oder der Motivation, können Selbstnominationen jedoch hilfreich sein, da sie in der Testdiagnostik noch nicht ausreichend erhoben werden können und von Lehrern eventuell nicht immer bemerkt werden. In der Praxis spielen Selbsteinschätzungen in Deutschland keine große Rolle. Ausnahmen sind Talentwettbewerbe, etwa „Jugend forscht", bei denen die Fördermaßnahme von einer aktiven Selbstanmeldung abhängt (Wild, 1991).

4.3   Kombination mehrerer Verfahren

4.3.1   Integrativer Ansatz

Einen Ansatz, in dem verschiedene Methoden miteinander kombiniert werden, um eine optimale Erkennung hochbegabter Schüler zu gewährleisten, verwendet der amerikanische Wissenschaftler Renzulli (1993) im Schulalltag. Für die Auswahl von Schülern für schulinterne Förderprogramme schlägt Renzulli ein differenziertes Identifizierungssystem vor, bei dem Testergebnisse und Lehrerurteil gleichrangig behandelt werden.

Etwa 15% der Schüler eines Jahrgangs werden als „höher begabt" eingeschätzt, diese Gruppe von Schülern bildet den Talent-Pool (Der Prozentsatz höher begabter Schüler variiert von Schule zu Schule etwas, da sich die Angabe auf die Gesamtpopulation bezieht.). Die Hälfte der Schüler des Talent-Pools werden über übliche standardisierte Intelligenztests ermittelt - das entspricht den obersten 7% des Jahrgangs. Die andere Hälfte wird über andere Verfahren ermittelt, damit auch die Kinder eine Chance bekommen, deren Befähigung sich nicht in Intelligenztest-Ergebnissen widerspiegelt, die sich aber durch hohe Kreativität oder hohe Motivation auszeichnen. Diese zweite Hälfte des Pools wird hauptsächlich aufgrund von Lehrerurteilen gebildet. Mögliche Wege zur Aufnahme in den Talent-Pool sind auch Selbst- oder Peernomination, hohe Leistungen in Kreativitätstests oder über das Elternurteil. Diese Wege führen allerdings zuerst über ein Gremium, das den Einzelfall gesondert prüft. Es sind zusätzlich einige „Sicherheitsventile" eingebaut, um kein hochbegabtes Kind zu übersehen: Alle Lehrer eines Schülers haben Einsicht in die Nominationen ihrer Kollegen und können gegebenenfalls Ergänzungen vornehmen. Darüber hinaus sind die Lehrer geschult, im normalen Unterricht auf außergewöhnliche Leistungen zu achten und die erst im Nachhinein auffälligen Schüler nachzumelden.

4.3.2   Kontaktwoche der Jugenddorf Christophorusschule Braunschweig

Für die Aufnahme in die Klassen für „Spitzenbegabte" verwendet die Christophorusschule in Braunschweig (s. Kap. 6.3.3) ein Diagnoseverfahren, das sowohl auf Testdiagnostik (Intelligenz-, Motivations- und Persönlichkeitstests) als auch auf der Beobachtung in Lernsituationen beruht. Da davon ausgegangen wird, daß viele Hochbegabte in normalen Gymnasien anecken und ihr Leistungspotential nicht entfalten können, werden die bisherigen Schulnoten nicht herangezogen.

Die Bewerbung zur „Kontaktwoche", in der der Schüler im Internat mitlebt und an einem speziellen Unterrichts- und Freizeitprogramm teilnimmt, erfolgt über die Eltern oder die Schüler selbst. In dieser Woche beobachten Lehrer die Mitarbeit der Schüler im Probeunterricht in allen gängigen Fächern, in dem vorwiegend Inhalte vermittelt werden, für die die Schüler vermutlich keine Vorkenntnisse haben. So wird etwa eine Einführung in die finnische, ungarische oder chinesische Sprache gegeben und ein spezielles Thema der Mathematik unterrichtet, das den Schülern bis dahin unbekannt sein dürfte. Zusätzlich müssen die Schüler schriftliche Hausaufgaben anfertigen und den Lehrern abgeben. In einigen Fächern werden außerdem kleine Tests über den behandelten Stoff geschrieben. Darüber hinaus werden die Schüler von den im Internatsbereich als Jugendleitern beschäftigten Sozialpädagogen in ihrem Sozialverhalten beobachtet. In den Unterrichtssituationen sollen vor allem die geistige Beweglichkeit, die Schnelligkeit der Auffassungsgabe, Denkstrategien und Konzentrationsvermögen erfaßt werden (Wieczerkowski & Wagner, 1985).

4.4   Alternative Ansätze

Eine Forschungsrichtung innerhalb der Begabungsdiagnostik versucht, über die reine Erhebung der „Denkprodukte", also die Ergebnisse des Denkprozesses, die sich in richtigen Testantworten widerspiegeln, hinauszugehen. Zugrunde liegt die Idee, daß sich höher Begabte nicht nur durch korrekte Lösungen, sondern auch durch niveauvollere Lösungsstrategien auszeichnen. Die in Tests geforderten Denkprozesse sind zudem meist sehr eingegrenzt und bilden nicht die Denkprozesse ab, die bei real auftretenden Problemen zu guten Lösungen führen (s. Kap. 4.1.5). Die Breite und Vielfalt intellektueller Begabung kann mit den herkömmlichen Verfahren zur Intelligenzmessung nicht entdeckt werden, denn intelligentes Verhalten zeigt sich in der Praxis oft in der Bewältigung wenig strukturierter Probleme, bei denen es keine definierte „richtige" Lösung gibt. Probleme, in denen komplexe neue Lösungswege gefunden werden müssen, lassen sich mit den klassischen Intelligenztests nicht erfassen.

Wie bereits im Kapitel 4.1.2.2 erwähnt, können solche komplexen, nicht im Vorwissen verankerten Aufgaben, z.B. über computergestützte Planspiele, wie sie Dörner et al. (1975, 1983) entwickelt haben, eingesetzt werden. In solchen Planspielen muß der Spieler mit einem komplexen System zurechtkommen, indem er bei seinen Entscheidungen die Auswirkungen auf das gesamte System mit berücksichtigt. Zum Beispiel soll der Spieler sich bei einem simulierten Wirtschaftsunternehmen in die Rolle eines Betriebsleiters versetzen und den Betrieb über 15 simulierte Monate leiten. Während des Planspiels soll der Proband alle seine Überlegungen verbalisieren. Der Spielleiter, der den Rechner bedient, kann aus diesen Äußerungen und der Art der Rückfragen des Probanden wichtige Strategiemerkmale des Probanden rekonstruieren. So werden nicht nur die Entscheidungen an sich bewertbar, sondern auch die Art der Informationssammlung durch die Fragen und Hypothesen, die der Proband äußert. Auch die Analysen, Ziele und Pläne des Probanden können auf diese Weise erfaßt werden.

Rüppell (1991) schlägt ein computergesteuertes Testverfahren vor (DANTE-Test: Diagnose Außergewöhnlichen Naturwissenschaftlich-Technischen Erfindungsgeistes), in dem außergewöhnliche Qualitäten der Informationsverarbeitung (QI) erhoben werden sollen. Wesentlich ist bei diesem Ansatz die Diagnose der „Analogieempfänglichkeit" des Probanden, die sich auf die Fähigkeit zum strukturellen Transfer bezieht. Diese Fähigkeit, die Rüppell als wesentlich für erfinderisches Denken und Kreativität ansieht, wird über komplexe Würfel-Aufgaben am Computer erfaßt. Allerdings scheint der QI-Test durch seine Beschränkung auf Würfelaufgaben nicht dem selbst gestellten Anspruch gerecht zu werden, erfinderisches Denken und Kreativität im allgemeinen zu erfassen. Eher wird hier eine bestimmte Art der „Analogieempfänglichkeit" - nämlich im Umgang mit komplexen, geometrischen Figuren - erhoben.

Diskutiert wird ebenfalls die Anwendung von Assessment-Center-Verfahren, wie sie zur Auswahl von Führungskräften in Unternehmen gebräuchlich sind (Putz-Osterloh & Schroiff, 1987). Diese Methode wurde insbesondere für die Messung sozialer Fertigkeiten entwickelt, so daß gerade in diesem Bereich ihre Vorzüge gegenüber anderen Methoden liegen. Zu bedenken ist allerdings, daß die Durchführung des Assessment-Centers vergleichsweise aufwendig ist.

4.5   Fazit

Die Darstellung der unterschiedlichen Verfahren zur Hochbegabungsdiagnostik veranschaulicht, daß ein einziges Verfahren die vielfältigen Erscheinungsformen der Hochbegabung nicht erfassen kann. Vielmehr lassen sich durch jedes Verfahren Informationen gewinnen, die anhand anderer Instrumente nicht erhoben werden. Auch die Existenz von Sonderformen der Hochbegabung (s. Kap. 7) verlangt nach einem variablen Einsatz unterschiedlicher Meßverfahren. Vor diesem Hintergrund stellt eine Diagnostik, die multimodal und multimethodal angelegt ist, eine optimale Lösung dar.

5. Sozial- und persönlichkeitspsychologische Aspekte der Hochbegabung

Im Zentrum der Hochbegabtenforschung steht ohne Zweifel die Frage nach der Struktur, Funktion und Diagnose außergewöhnlicher intellektueller Fähigkeiten. Darüber hinaus beschäftigen sich aber auch zahlreiche Studien mit der Analyse sozial- und persönlichkeitspsychologischer Aspekte intellektueller Hochbegabung. Unterscheiden sich hoch- und durchschnittlich begabte Menschen in ihrer Persönlichkeitsstruktur voneinander? Wie ist es um die so häufig beschworene Nähe von „Genie und Wahnsinn" bestellt? Sind hochbegabte Kinder soziale Außenseiter? Diese und ähnliche Fragestellungen sind Gegenstand empirischer Studien, die im vorliegenden Kapitel zusammenfassend dargestellt werden.

5.1 Familienstruktur hochbegabter Kinder

Schon mehrfach konnte ein signifikanter Zusammenhang zwischen dem sozioökonomischen Status der Eltern und der Hochbegabung ihrer Kindern belegt werden: Hochbegabte Kinder stammen sehr viel häufiger aus Familien, die einen hohen sozioökonomischen Status in der Gesellschaft haben (Albert, 1980; Benbow & Stanley, 1980; Rost & Albrecht, 1985). Hierfür bieten sich zwei mögliche Erklärungen an.

Zum einen könnte es sich um einen Effekt der Vererbung handeln. Da der sozioökonomische Status sehr eng verbunden ist mit dem Bildungsniveau, haben die Eltern hochbegabter Kinder überdurchschnittlich häufig einen höheren Schulabschluß, was als grober Indikator für ihre Intelligenz angesehen werden kann. Folgen wir dieser Argumentation, so bedeutet dies, daß die Wahrscheinlichkeit, ein hochbegabtes Kind zu haben, mit der genetisch determinierten Intelligenz der Eltern ansteigt. Die Grundlage hierfür könnte in der für das Kind günstigen Kombination entsprechender Erbinformationen seiner Eltern liegen. Ob und inwieweit diese erbbiologische Interpretation zutrifft, wird nur sehr schwer empirisch zu beantworten sein. Beim Gegenstand der derzeitigen Forschung erscheint hier eher eine gewisse Vorsicht geboten zu sein.

Eine weniger spekulative Interpretation betont zum anderen die differentiellen Lebensumwelten der Kinder. Familien mit höherem Bildungs- und Einkommensniveau können ihren Kindern eine weitaus bessere Förderung ihrer Fähigkeiten zuteil werden lassen als dies etwa für Angehörige der Unterschicht gilt. Dies hat zur Folge, daß zwei Kinder, welche über die gleiche genetisch determinierte intellektuelle Kapazität verfügen, in Abhängigkeit von den familiären Rahmenbedingungen, in die sie hin-eingeboren werden, mit unterschiedlicher Wahrscheinlichkeit überdurchschnittliche Fertigkeiten ausbilden können. Man denke hier z.B. an die Möglichkeit, schon im frühen Kindesalter ein Instrument spielen zu können. Dies setzt nicht nur voraus, daß die Eltern das Kind möglicherweise an das Musizieren herangeführt haben, sondern auch, daß ein mitunter kostspieliges Instrument in den Familien verfügbar ist. Ähn-lich verhält es sich mit der intellektuellen Anregung, welche die Eltern ihrem Nach-wuchs schon im Kleinkindalter bieten können oder wollen. Hinzu kommt, daß Eltern mit hohem Bildungsgrad im Mittelwert häufig viel sensibilisierter die intellektuelle Entwicklung ihrer Kinder beobachten. Hierdurch steigt die Wahrscheinlichkeit, daß ein potentiell hochbegabtes Kind auch schon früh als solches erkannt und entspre-chend gefördert wird. Dies alles zusammen führt zu der Erwartung, daß der Anteil der „underachiever" in Familien mit geringem sozioökonomischen Status besonders hoch sein wird.

Als Konsequenz hieraus muß die häufig in der Literatur anzutreffende Aussage über den Zusammenhang zwischen dem Status der Eltern und der Hochbegabung ihrer Kinder relativiert werden: Wir wissen nicht wirklich, ob der Anteil derjenigen Kinder, die aufgrund ihrer genetischen Ausstattung als hochbegabt gelten müßten, in der Ober- oder Mittelschicht größer ist als in der Unterschicht. Die gefundenen Zu-sammenhänge beziehen sich lediglich auf die Kinder, die als hochbegabt identifiziert wurden. In diesem Lichte betrachtet erscheint eine erbbiologische Interpretation (s.o.) sehr gewagt.

Die geschilderten Zusammenhänge haben eine große Relevanz für die Interpreta-tion einschlägiger Forschungsergebnisse. Will man den Einfluß der Hochbegabung auf das Sozialverhalten oder die Persönlichkeitsstruktur untersuchen, so ist es not-wendig, den potentiellen Einfluß, der von dem sozioökonomischen Status der Eltern ausgeht, mit zu berücksichtigen. Dies kann mittels statistischer Korrekturen oder durch ein entsprechendes Untersuchungsdesign geschehen. Ansonsten ist nur sehr schwer zu klären, ob bzw. inwieweit die Effekte tatsächlich auf die Hochbegabung, auf den Status oder auf ein Zusammenspiel beider Größen zurückzuführen sind. In der Forschungsrealität wird dies nur sehr selten bedacht. Eine Ausnahme bildet hier z.B. das „Marburger Hochbegabtenprojekt" (Rost, 1993a), bei dem eine Konfundie-rung beider Einflüsse zumindest teilweise ausgeschlossen werden kann.

Ein weiteres methodisches Problem einschlägiger Studien besteht in der Art der Stichprobenselektion. In der Regel werden Kinder untersucht, die bereits lange zuvor als hochbegabt identifiziert wurden. Dies hat zur Folge, daß die Betroffenen selbst, aber auch ihr soziales Umfeld in dem Bewußtsein der Hochbegabung leben. Es ist nicht auszuschließen, daß diese Tatsache das Untersuchungsergebnis zumindest in sozial- und persönlichkeitspsychologischen Studien verfälscht. Das Wissen um die Hochbegabung erzeugt z.B. Erwartungen, die - wie seit Jahrzehnten bekannt ist (z.B. Rosenthal & Jacobson, 1971) - das Verhalten massiv beeinflussen können. Besser wäre es, die Hochbegabten nicht in Hochbegabtenschulen oder über die Klienten-kartei spezieller Beratungsstellen zu rekrutieren, sondern im Rahmen einer größeren Erhebung aus der Menge unauffälliger Schüler herauszufiltern (siehe etwa Rost,

1993a). Ein solches Vorgehen ist jedoch wesentlich aufwendiger und kostenintensiver als übliche Wege der Stichprobenselektion.

Neben dem sozioökonomischen Status kann auch die Familiengröße als Kriterium für die Aufdeckung einer möglichen Hochbegabung herangezogen werden: In kleineren Familien findet sich häufiger ein hochbegabtes Kind als in Großfamilien (Belmont & Marolla, 1973; Cicirelli, 1976). Dies gilt auch dann, wenn der mögliche Status-Effekt berücksichtigt wurde. Wahrscheinlich haben Eltern ganz einfach mehr Zeit, die Entwicklung ihrer Kinder zu fördern, wenn insgesamt weniger Kinder ihre Aufmerksamkeit und Zeit beanspruchen. Ähnlich könnte es sich mit den allerdings nicht unwidersprochen gebliebenen Befunden (Tettenborn-Nebling, 1991) verhalten, wonach hochbegabte Kinder häufiger unter den erstgeborenen als unter den später geborenen Geschwistern auftreten (Zajonc, 1976).

5.2 Geschlechtsgruppenzugehörigkeit

Da bezüglich der allgemeinen Intelligenz keine bedeutsamen Geschlechtsunterschiede auffindbar sind, kann davon ausgegangen werden, daß es ungefähr gleich viele hochbegabte Mädchen und Frauen wie Jungen und Männer gibt. Doch auf Universitätslehrstühlen in Deutschland sitzen nur 5% Frauen und es gibt auch viel weniger Erfinderinnen als Erfinder (DLZ-Special, 29. Mai 1997). Welche Bedingungen sind für die unterschiedliche Entwicklung hochbegabter Mädchen und Jungen verantwortlich?

Zahlreichen Befunden zufolge neigen Mädchen eher zu einer geisteswissenschaftlichen, Jungen eher zu einer naturwissenschaftlichen Orientierung (Benbow & Stanley, 1984; Todt, 1990; Rost, 1991b). Obwohl der Anteil an jungen Frauen mit Abitur in den letzten Jahrzehnten auf fast die Hälfte aller Abiturienten angestiegen ist und auch immer mehr Mädchen studieren, verändert sich die Wahl der Studienfachrichtung von Frauen und Männern nur wenig. Frauen studieren hauptsächlich Sprach- und Kulturwissenschaften und nur selten Mathematik und Naturwissenschaften, bei Männern ist es umgekehrt. Diese Studienfachwahl korrespondiert hoch mit den Interessen und Wertvorstellungen, die den Geschlechtern zugeschrieben werden (Rost, 1991b). In Untersuchungen hat sich auch immer wieder eine Überlegenheit von Mädchen in verbalen und von Jungen in quantitativen und räumlichen Aufgaben herauskristallisiert (Wiecerkowski & Prado, 1992).

Im Jahre 1972 haben Stanley und Benbow eine Untersuchung mit Kindern durchgeführt, die aufgrund eines allgemeinen Intelligenztests als hochbegabt eingestuft wurden. Diese Kinder wurden mit einem mathematischen Test auf ein besonders ausgeprägtes mathematisches Talent untersucht, wobei sich zeigte, daß der Anteil der mathematisch hochbegabten Jungen wesentlich höher lag als der der Mädchen. Benbow und Stanley zogen zunächst die Schlußfolgerung, daß die mathematische Überlegenheit von Jungen in erster Linie biologisch bedingt sei (Heinbokel, 1996a). Nachfolgende Untersuchungen von Benbow und anderen Forschern legen jedoch andere Erklärungen nahe:

Erstens scheinen Mädchen ein geringeres Selbstvertrauen in ihre eigene Leistungsfähigkeit zu haben. Eine Untersuchung von Gröner und Holzinger (1995) an der Universität Tübingen zeigte, daß hochbegabte Jungen einen positiveren leistungsbezogenen Selbstwert aufweisen als hochbegabte Mädchen (Deutsche Lehrer Zeitung Special, 29. Mai 1997). Wiecerkowski fand in der Stichprobe der Teilnehmer an Talent-
suchen in Hamburg, daß Mädchen im Vergleich zu Jungen, auch wenn sie in Mathematik vergleichbare Leistungswerte erzielten, der Mathematik einen höheren Schwie-
rigkeitsgrad und einen geringeren persönlichen Nutzenwert zusprachen. Außerdem
zeigten sie weniger Vertrauen hinsichtlich zukünftiger mathematischer Leistungen
(Wiecerkowski & Prado, 1992).

Zweitens zeigen Mädchen ein größeres Interessenspektrum. Hochbegabte Mädchen haben im Vergleich zu hochbegabten Jungen viel seltener (und weniger intensiv) extrem einseitige Interessen wie exzessive Sammelleidenschaften für ganz bestimmte Objekte. Dies läßt die Tatsache, daß die Beteiligung von Mädchen im Bundeswettbewerb Mathematik unter 25% liegt, in einem anderen Licht erscheinen.
Ebenso die Tatsache, daß es in den letzten 15 Jahren sogar nur zwei Mädchen - trotz
gleicher Förderintensität - gelang, an der internationalen Mathematikolympiade
(IMO) teilzunehmen und dort einen Preis zu gewinnen. Ein plausibler Grund dafür
kann darin gesehen werden, daß die Teilnahme am Bundeswettbewerb Mathematik
und erst recht an der IMO einen hohen Verzicht auf andere Interessen bedeutet und
daß Mädchen aufgrund ihrer größeren Vielseitigkeit dazu nicht bereit sind (DLZ-
Special, 29. Mai 1997). Interessant wäre in diesem Zusammenhang die Analyse der
Bedingungen, die dazu führen, daß die beobachteten Interessenunterschiede zwischen
Jungen und Mädchen zustande kommen.

Drittens scheinen Eltern immer noch stärker an der kognitiven Förderung ihrer
Söhne als ihrer Töchter interessiert zu sein (Elbing & Heller, 1996).

Viertens fallen Mädchen in Kindergarten und Schule seltener durch stark störendes Verhalten auf, was Lehrer noch eher auf eine mögliche Unterforderung schließen
läßt als das Verhalten der Mädchen: Sie reagieren auf Unterforderung eher mit de-
pressiver Verstimmung und psychosomatischen Beschwerden wie Kopf- und Bauch-
schmerzen. Mädchen wollen auf keinen Fall anders sein als die anderen Kinder und
passen sich deshalb häufig den Leistungen und Interessen der Mitschülerinnen an.
Mädchen werden also seltener als hochbegabt erkannt.

Fazit: Auch wenn es biologische Unterschiede bezüglich stärker ausgeprägter Be-
gabungsrichtungen - bei Jungen der mathematische Bereich, bei Mädchen der
sprachliche Bereich - geben sollte, so werden diese Unterschiede kulturell deutlich
verstärkt. Um eine Gleichberechtigung in der Förderung hochbegabter Jungen und
Mädchen anzustreben, forderte der Ausschuß „Bildungsplanung" der Bund-Länder-
Kommission bereits 1990, daß für besonders begabte Mädchen im mathematisch-
naturwissenschaftlichen Bereich und für besonders begabte Jungen im sprachlichen
Bereich jeweils eigene Förderangebote eingerichtet werden sollten. Interventionen,
wie die Information von Mädchen über Inhalte und Berufsbilder im mathematisch-
naturwissenschaftlichen Bereich oder die getrennte Unterrichtung von Jungen und
Mädchen, könnten das Interesse von Mädchen an naturwissenschaftlichen Fächern

steigern. Zu bedenken ist jedoch, ob Interventionen im Einstellungsbereich von Mädchen, die das Ziel haben, (angenommene) Benachteiligungen aufzuheben, unerwünschte Nebenwirkungen auslösen könnten. Dies könnte dann der Fall sein, wenn die Interventionen wie Umerziehungsmaßnahmen wirken, die den Mädchen suggerieren, daß ihre besonderen Neigungen und Abneigungen, Interessen und Desinteressen einer Korrektur bedürfen (Wiecerkowski & Prado, 1992).

5.3   Persönlichkeitsmerkmale

Mit dem Begriff „Persönlichkeit" werden in der Psychologie solche Verhaltensmerkmale bezeichnet, die weitgehend unabhängig von spezifischen Situationen über die Zeit hinweg stabil auftreten (Herrmann, 1987). Die Persönlichkeit eines Menschen wird dabei als langfristig wandelbar aufgefaßt. Sie ist Ausdruck eines Zusammenspiels zwischen biologischen Determinanten und den Einflüssen der Umwelt, in der das Individuum lebt.

Im Laienverständnis wird Hochbegabung im intellektuellen Bereich nicht selten direkt auch mit Defiziten im Sozialverhalten in Verbindung gebracht. Oft wird die Auffassung vertreten, daß besondere Leistungen auf dem einem Gebiet zwangsläufig mit Minderleistung in einem anderen Gebiet einhergehen müssen, da niemand sich allen Leistungsbereichen in gleichem Maße widmen kann. Rost (1993b) verdeutlicht, daß diese Auffassung von der engen Verbindung zwischen „Genie und Wahnsinn" durchaus auch in der wissenschaftlichen Diskussion häufig anzutreffen ist („Disharmonietheorie", Mönks, 1963 bzw. „Divergenzhypothese", Urban, 1980). Die Belege für eine solche systematische Beziehung sind jedoch eher dürftig. In der Regel handelt es sich um Einzelfälle extrem hochbegabter Personen, die immer wieder als Beweis angeführt werden (vgl. Winner, 1997). Bestätigung findet die Hypothese auch dann, wenn zur Untersuchung ausschließlich auf das Klientel von Beratungsstellen zurückgegriffen wird. Die Vermutung liegt nahe, daß sich in derartigen Einrichtungen der Tendenz nach in stärkerem Maße solche Kinder finden, die Schwierigkeiten im psycho-sozialen Bereich aufweisen und die daher kaum als repräsentativ für die Gesamtpopulation der Hochbegabten gelten dürfen.

Aber auch unabhängig von der Disharmonietheorie kann die Frage gestellt werden, ob sich hochbegabte und normalbegabte Kinder systematisch in ihrer Persönlichkeit unterscheiden. Unterschiede lassen sich vor allem in Bezug auf solche Faktoren finden, die eng mit dem Leistungsaspekt verbunden sind. So zeigten intellektuell hochbegabte Kinder etwa weniger Furcht vor sozialen Bewertungssituationen, eine höhere Leistungsmotivation, größere Konzentration, weniger Autoritätsabhängigkeit gegenüber den eigenen Eltern und ein stärkeres allgemeines Überlegenheitsgefühl im Vergleich zu normal begabten Kindern (Czeschlik, 1991; Rost, 1993b). Andere Untersuchungen unterstreichen diesen Trend. Die untersuchten hochbegabten Kinder wiesen ein positiveres Selbstwertgefühl (Peters, Ma, Mönks & Ye, 1995; Rost & Hanses, 1994), eine geringere Ängstlichkeit und eine größere Tendenz auf, sich selbst als aktiv einflußnehmender Akteur ihres Lebens wahrzunehmen. Demzufolge erweist sich die Hochbegabung insgesamt also nicht als ein „Nachteil", der mit Defiziten in anderen Lebensbereichen einhergeht, sondern eher als ein Vorteil. Zu bedenken ist bei diesen Ergebnissen jedoch, daß die Unterschiede deutlich hervorgehoben werden, die Gemeinsamkeiten zwischen hoch- und normalbegabten Kindern jedoch nicht dargestellt werden. Wahrscheinlich überwiegen die Gemeinsamkeiten beider Gruppen die vergleichsweise wenigen systematischen Unterschiede. In der Studie des „Marburger Hochbegabtenprojektes" (Rost, 1993a) fanden sich beispielsweise nur im Hinblick auf fünf Dimensionen signifikante Unterschiede. Untersucht wurden jedoch 14 Dimensionen. Dies liegt z.T. in der Natur der Forschungsfrage. Gesucht werden die Unterschiede, nicht aber die Gemeinsamkeiten.

Zusammenfassend kann festgehalten werden, daß Persönlichkeitsunterschiede, sofern sie gefunden werden, meist in einem Zusammenhang mit der Leistung der hochbegabten Kinder stehen (siehe etwa Rost & Hanses, 1994). Systematische Unterschiede bei leistungsunabhängigen Faktoren wie z.B. „Extraversion" (Rost & Czeschlik, 1990) oder „Neurotizismus" sind nicht überzeugend belegt. Gleiches gilt für etwaige Interessenunterschiede in Bezug auf Freizeit, Beruf oder Schule (Rost & Hoberg, 1998). Insgesamt unterstreichen die Ergebnisse den Eindruck, daß Hochbegabung keineswegs automatisch auch mit Defiziten in anderen Lebensbereichen verbunden sein muß (siehe auch Olszewski-Kubilius, Kulieke & Karsney, 1988). Auffälligkeiten im Sinne negativer Selbstkonzeptionen oder sozial inkompetenten Verhaltens finden sich eher bei der kleinen Gruppe derjenigen Kinder, die trotz ihrer Hochbegabung in der Schule durchschnittliche oder sogar unterdurchschnittliche Leistungen erbringen (s.u.).

Schlichte-Hiersemenzel (1996) führt an, daß hochbegabte Kinder aufgrund ihres häufig geringen Schlafbedürfnisses und ihres hohen Wissensdranges für die Eltern eine hohe Anstrengung bedeuten und sie ihnen deshalb (aus ihrer Überforderung heraus) mehr Frustration zumuten, als sie es bei einem normalbegabten, weniger anstrengenden Kind tun würden. Daß hochbegabte Kinder aufgrund schwerer Enttäuschungen, die sie durch die mangelnde Herausforderung und Wertschätzung ihrer kognitiven Fähigkeiten erfahren, psychische Auffälligkeiten entwickeln können, wird im Kapitel 6.5 „Beratung" dargestellt. Auch hier ist nicht die Hochbegabung als solche die Ursache für psychische Auffälligkeiten, sondern der inadäquate Umgang der Umwelt mit den besonderen Begabungen des Kindes. Dies unterstreicht einmal mehr die Wichtigkeit konzeptioneller Förderprogramme.

5.4   Selbstkonzept

Ein jeder Mensch hat eine mehr oder minder genaue Vorstellung davon, wer er ist, über welche spezifischen Eigenschaften er verfügt, worin er sich von anderen Menschen unterscheidet, wo seine Stärken und wo seine Schwächen liegen. Ein solches Selbstkonzept einer Person kann sehr vielschichtig sein und mitunter sehr verschiedene Bewertungen der gleichen Person beinhalten. Im Regelfall wird das Individuum bemüht sein, eine möglichst positive Bewertung der eigenen Person vornehmen zu können. Ob und inwieweit eine solche Bewertung mit der objektiven Realität übereinstimmt, ist dabei zunächst von sekundärer Bedeutung. Dem Selbstkonzept kommt in jedem Falle eine bedeutsame Funktion bei der Steuerung des Verhaltens zu. Personen, die einen positiven Selbstwert aufweisen, werden auch selbstsicherer und entschlossener auf ihre soziale Umwelt zugehen und sich von etwaigen Rückschlägen nicht allzu leicht abschrecken lassen. Viele Untersuchungen belegen die Bedeutung eines positiven Selbstwertgefühls für die Aufrechterhaltung der psychischen und auch physischen Gesundheit. Darüber hinaus zeigen unzählige Studien, daß Menschen durch den Einsatz unterschiedlichster Strategien einen positiven Selbstwert aktiv erzeugen bzw. aufrechterhalten (zusammenfassend: Kanning, 1997).

Untersuchungen des Selbstwertes von hochbegabten Kinder liefern in der Regel ein eindeutiges Ergebnis: Zumindest im Hinblick auf den leistungsbezogenen Selbstwert erzielen hochbegabte Kinder positivere Werte als normalbegabte (Chapman & McAlpine, 1988; Heller, 1990; Peters, Ma, Mönks & Ye, 1995; Rost & Hanses, 1994). Ob dies auch für den allgemeinen Selbstwert einer Person gilt, hängt davon ab, welche Relevanz dem Leistungsbereich im Vergleich zu anderen Lebensaspekten im Rahmen der Selbstdefinition zugewiesen wird. Hochbegabung führt mithin nicht zwangsläufig auch zu einem allgemeinen positiven Selbstkonzept. Dies gilt vor allem für solche Kinder, deren Hochbegabung im Verborgenen liegt (s.u.). Aber auch bei hochbegabten Kindern, die als solche bereits erkannt wurden, ist der Zusammenhang zwischen dem Selbstwert und der tatsächlichen Schulleistung größer als der Zusammenhang mit dem Ausmaß der Intelligenz (Stoyanova, 1995). Entscheidend ist also, inwieweit sich die Begabung auch in direkt erlebbarer Leistung niederschlägt. Bei den meisten Hochbegabten dürfte dies der Fall sein. So zeigt denn auch eine Studie von Colangelo und Assouline (1995), daß der leistungsbezogene Selbstwert der von ihnen untersuchten Hochbegabten positiver ausfällt, als alle übrigen Selbstbewertungen. Der geringste Selbstwert findet sich in Bezug auf Fertigkeiten des Sozialverhaltens.

Bewertungen einer Person werden jedoch nicht nur von dieser selbst vorgenommen. Sie entstehen auch in ihrem sozialen Kontext und werden direkt (z.B. durch Lehrerurteile) oder indirekt (z.B. durch besonders zuvorkommendes oder ablehnendes Verhalten) an die bewertete Person herangetragen. Auf diesem Wege entwickelt die Person eine Vorstellung davon, wie andere Menschen sie sehen ("Fremdbild") und bezieht diese ggf. auch in die eigene Selbstbewertung der gesamten Person ein. Eine Untersuchung der wahrgenommenen Fremdbilder von hochbegabten und normalbegabten Kindern zeigt, daß mit zunehmender Begabung das wahrgenommene Fremdbild der eigenen Person immer schlechter ausfällt (Dauber & Benbow, 1990). Dies bedeutet aber, daß viele Hochbegabte wahrscheinlich eine Diskrepanz zwischen der eigenen Bewertung und der durch sie wahrgenommenen Bewertung durch andere erleben. Wie die Betroffenen derartigen Widersprüchen begegnen, wurde bislang nicht systematisch erforscht. Ebenso wenig ist darüber bekannt, inwieweit die wahrgenommenen Fremdbilder mit den tatsächlichen übereinstimmen, Hochbegabte also vielleicht einer spezifischen Form der Diskriminierung ausgesetzt sind.

5.5   Kontrollüberzeugung

Leistung ist in starkem Maße von der Motivation des Akteurs abhängig. Hierfür wiederum ist von großer Bedeutung, auf welche Ursachen Erfolge oder Mißerfolge zurückgeführt werden. Werden gute Leistungen in der Schule vor allem auf die eigene Fähigkeit, nicht aber auf den Zufall oder die Besonderheiten des Lehrers zurückgeführt, so wird bei dem entsprechenden Kind mit großer Wahrscheinlichkeit auch eine größere Leistungsmotivation für die Lösung zukünftiger Aufgaben resultieren. In der Psychologie sind derartige Ursachenzuschreibungen mit dem Konzept der „Kontrollüberzeugung" (Überblick: Flammer, 1990) verknüpft. Eine internale Kontrollüberzeugung liegt vor, wenn eine Person die Ursache für ein Ereignis (z.B. gutes Leistungsergebnis) in ihrer eigenen Person ansiedelt (z.B. eigene Begabung und/oder Anstrengung). Glaubt die betreffende Person hingegen, daß die Ursachen nicht in ihr selbst, sondern einer anderen Person begründet sind, so liegt eine „sozial-externale Kontrollüberzeugung" vor. Schließlich kann die Person auch der Überzeugung sein, die Ursachen wären überhaupt nicht durch sie oder andere Menschen zu kontrollieren. Verantwortlich ist vielleicht das „Schicksal" oder eine „Gottesfügung". In diesem Falle liegt eine sog. „fatalistisch-externale Kontrollüberzeugung" vor. Es ist offensichtlich, daß letztere sich negativ auf das Leistungsverhalten einer Person auswirken dürfte: Wer nicht selbst für die Leistung, die er erbringt, verantwortlich zu machen ist, für den erübrigt sich jegliche Form der Anstrengung.

Eine Untersuchung der Kontrollüberzeugungen von hochbegabten Kindern belegt, daß diese sich hierin signifikant von normalbegabten Kindern unterscheiden (Dörner, 1993). Hochbegabte Kinder nehmen eine positivere Selbsteinschätzung ihrer eigenen Fähigkeiten vor. Dies spiegelt die Realität wieder. Gleichzeitig beschreiben sie sich in ihrer Selbsteinschätzung als anstrengungsbereiter. Beide Ergebnisse weisen auf eine hohe internale Kontrollüberzeugung hin. Zusätzlich sehen sie sich negativen schulischen Ereignissen weniger hilflos ausgeliefert als normalbegabte Kinder (geringe fatalistisch-externale Kontrollüberzeugung). Beides zusammengenommen beschreibt eine sehr gute motivationale Basis für leistungsbezogenes Handeln.

Berücksichtigen wir weiterhin die Ergebnisse aus dem Bereich der Persönlichkeitsforschung, so kann zusammenfassend festgehalten werden, daß Hochbegabte nicht nur wegen ihrer intellektuellen Kapazitäten, sondern auch aufgrund der leistungsbezogenen Überzeugungen und Persönlichkeitsmerkmale über beste Voraussetzungen für außergewöhnliche Leistungen verfügen. Beide Faktoren können einander leistungsfördernd ergänzen. Im Regelfall dürften die günstigen motivationalen und persönlichkeitspsychologischen Faktoren die Folge der positiven Erfahrungen sein, die hochbegabte Personen in Leistungssituationen sammeln konnten. Dies muß jedoch nicht immer zwangsläufig so sein. Minderleistungen intellektuell Hochbegabter können u.a. auch hier ihren Ursprung haben. Die geistige Kapazität allein hilft noch nicht viel, wenn sie nicht adäquat zum Einsatz gebracht werden kann.

5.6   Minderleistung bei intellektueller Hochbegabung

Hochbegabung ist keineswegs immer ein Garant für außergewöhnliche Leistung. Auf etwaige Probleme, die mit der Zugehörigkeit eines hochbegabten Kindes zu einer bildungsfernen Familie zusammenhängen, wurde bereits eingegangen. Die Gefahr besteht vor allem darin, daß die Eltern die Entwicklung ihres Kindes nicht hinreichend sensibilisiert begleiten, eine Hochbegabung daher leicht nicht erkennen und dem Kind keine optimale Förderung zukommen lassen (können). In der Schule setzt sich dieser Mißstand weiter fort, wenn die Lehrer die Begabungen des Kindes oft aufgrund der besonderen Spezifikation der Unterrichtssituation (große Klassen, Orientierung am Leistungsdurchschnitt etc.) nicht erkennen.

Ebenfalls angesprochen wurden bereits Faktoren, die unmittelbar in der Person des hochbegabten Kindes liegen. So spielen die Leistungsmotivation sowie das Selbstkonzept der betroffenen Kinder eine wichtige Rolle (s.o.). Leistung ist immer auch mit der Frage verbunden, inwieweit ein Individuum in der Lage ist (bzw. sich selbst in der Lage glaubt), sein leistungsbezogenes Verhalten selbst möglichst optimal zu steuern (Sekowski, 1995).

Kinder und Jugendliche, die trotz einer nachweislich sehr hohen Intelligenz in der Schule keine überdurchschnittlichen oder sogar unterdurchschnittliche Leistungen erbringen, werden als „Underachiever" bezeichnet. Hinsichtlich der exakten Definition dieser Personengruppe besteht jedoch kein Konsens. Eher weit gefaßte Definitionen sprechen von Underachievement, wenn die schulischen Leistungen deutlich unter der Intelligenzleistung liegen. Dies hat zur Folge, daß sehr viele Hochbegabte als Underachiever klassifiziert werden. Demnach müßte z.B. ein Kind mit einem Intelligenzquotienten von 130 auch dann noch zu den Underachievern gezählt werden, wenn die schulischen Leistungen einem Prozentrang von 90 entsprechen, also zehn Prozent der gleichaltrigen Schüler in der Bundesrepublik ein besseres Ergebnis in der Rechtschreibung oder beim Rechnen aufweisen. Hanses und Rost (1998) kritisieren zu Recht, daß bei einer solchen Definition übersehen wird, daß Schulleistungen niemals zu einhundert Prozent durch die Intelligenzleistung determiniert sein können. Die Tatsache, daß schulische Leistungen auch etwas mit Leistungsmotivation des Kindes, dem sozialem Gefüge der Schulklasse oder z.B. auch mit didaktischen Fertigkeiten des Lehrers zu tun haben, verdeutlicht dies sehr schnell. Die Zahl der Underachiever wird somit der Tendenz nach eher überschätzt. Strengere Definitionen sprechen daher nur dann von Underachievement, wenn die Intelligenzleistung weit überdurchschnittlich ausfällt, die schulischen Leistungen aber unterhalb des mittleren Leistungsniveaus der Mitschüler liegen (vgl. Hanses & Rost, 1998; Rost & Hanses, 1997). Bei diesem sehr viel kleineren Personenkreis handelt es sich um Kinder und Jugendliche, deren Situationen besonders nachdenklich stimmt. Es sind die Klügsten im Geiste. Sie gehören gleichzeitig aber zu den eher „Schlechten" ihrer Schulklasse und werden im Extremfall nicht einmal versetzt.

Die schlechten oder zumindest doch inadäquaten Leistungen der betreffenden Schüler spiegeln sich in ihren Selbstkonzepten, aber auch in den Beurteilungen ihrer Eltern und Lehrer wider. Underachiever beschreiben sich demnach als wenig glücklich und zufrieden, wenig beliebt, psychisch instabil und vergleichsweise unattraktiv. In ihrem negativen Selbstbild unterscheiden sie sich nicht nur von Hochbegabten, die sehr gute Schulnoten erzielen, sondern auch von anderen Kindern, die vergleichbare Schulleistungen zu denen der Underachiever erbringen (Hanses & Rost, 1998). Persönlichkeitstests unterstreichen diesen Eindruck: Underachiever zeichnen sich demzufolge durch eine höheres Maß fehlender Willenskontrolle, emotionaler Erregbarkeit, Impulsivität aber auch sozialer Scheu aus. Hier fallen die Unterschiede zu den Mitschülern mit gleichen Schulleistungen aber deutlich geringer aus als die Unterschiede zu Kindern, die überdurchschnittliche Schulleistungen erbringen (Hanses & Rost, 1998). Die Beschreibungen der Kinder durch Eltern und Lehrer bestätigen den Eindruck, daß es sich bei den Underachievern im strengeren Sinne der Definition um „Problemkinder" handelt, bei denen sich die große Diskrepanz zwischen Intelligenz und alltäglich sichtbarer Leistung indirekt auch in einem auffälligen Sozialverhalten niederschlägt.

Butler-Por (1995) führt eine Reihe Risikofaktoren an, die dazu führen können, daß ein Kind trotz Hochbegabung keine außergewöhnlichen Leistungen erbringt.

Hochbegabte, die über eine *hohe Kreativität* verfügen, stoßen durch ihre unkonventionelle Art, Aufgaben zu strukturieren und Probleme zu lösen, leicht auf Widerstand bei Eltern und Lehrern. Sofern sich die Erwachsenen nicht der Hochbegabung der Kinder bewußt sind, werden diese schnell als „Störer" erlebt und dazu angehalten, sich möglichst konform zu verhalten. Dies kann zum einen zur Folge haben, daß sich die Begabung nicht optimal entfalten kann, da die normierten Rahmenbedingungen des Lernens für diesen spezifischen Personenkreis eher hemmend wirken. Zum anderen besteht die Gefahr, daß die betroffenen Kinder ihre Begabung „verstecken", um so einem unangenehmen sozialen Druck ausweichen zu können. Beides hat zur Folge, daß das Leistungsverhalten der Kinder nicht ihre tatsächlichen Fähigkeiten widerspiegelt.

Angehörige *ethnischer Minderheiten*, die nicht in ihrer Muttersprache unterrichtet werden, können oft keine optimale Förderung erfahren, da Sprachprobleme im Wege stehen. Bei Intelligenzmessungen kann es zu Unterschätzungen kommen, wenn die Testverfahren vorwiegend sprachlicher Natur sind, die Aufgaben in starkem Maße kulturspezifische Leistungen abfordern oder weil keine geeigneten Normierungen vorliegen. Ein weiteres Handikap kann in einer möglicherweise vorliegenden sozialen Diskriminierung bestehen.

Auch heute ist noch damit zu rechnen, daß intellektuelle Leistungen von Mädchen nicht in gleichem Maße durch Eltern und Lehrer gefördert werden, wie Hochbegabung bei Jungen (s. o.). Butler-Por (1995) sieht in dem *weiblichen Geschlecht* daher einen weiteren „Risikofaktor" für Minderleistung bei gleichzeitiger Hochbegabung.

Negative Effekte ziehen ferner *physische, mentale und/oder emotionale Behinderungen* oder Störungen nach sich. Auf der Ebene der mentalen Störungen ist das Problem der Teilleistungsschwächen zu nennen. Auch unter intellektuell hochbegabten Kindern finden sich solche Personen, die schwerwiegende Probleme beim Lesen und Schreiben haben und hierdurch an der Umsetzung ihres tatsächlichen intellektuellen Potentials gehindert werden (McGuire & Yechuk, 1995; Montgomery, 1995). Da den meisten Eltern und Lehrern nicht bekannt sein dürfte, daß die Lese- und Rechtschreib-Schwäche (LRS) auch unter Hochbegabten zu finden ist, wird die besondere Begabung von Kindern mit entsprechenden Schwierigkeiten nur mit geringer Wahrscheinlichkeit aufgedeckt werden. Mentale Störungen und intellektuelle Hochbegabung schließen einander in der Betrachtung des Laien so deutlich aus, daß kaum jemand bei einem Kind mit Lese-Rechtschreib-Schwäche auch nur einen Gedanken darauf „verschwenden" wird, daß es sich hierbei um ein hochbegabtes Kind handeln könnte. Dies ist um so bedauerlicher, als daß die Störung bei diesem Personenkreis mit vergleichsweise geringem Aufwand erfolgreich bearbeitet werden kann (Fischer, in Vorbereitung). Kinder mit physischen Behinderungen oder emotionalen Störungen sind in ähnlicher Weise benachteiligt. Bei beiden Gruppen stehen andere Aspekte ihres Lebens so stark in der Aufmerksamkeit der Eltern und Lehrer, daß außergewöhnliche Begabungen besonders leicht übersehen werden.

6.   Hochbegabtenförderung

6.1   Ist Hochbegabtenförderung notwendig?

„Für die Lehrer sind Genies jene Schlimmen, die keinen Respekt vor ihnen haben ...
Ein Schulmeister hat lieber einige Esel als ein Genie in seiner Klasse, und genau
betrachtet hat er ja recht, denn seine Aufgabe ist es nicht, extravagante Geister her-
auszubilden, sondern gute Lateiner, Rechner und Biedermänner. ...wir haben den
Trost, daß bei den wirklich Genialen fast immer die Wunden vernarben, und daß aus
ihnen Leute werden, die der Schule zum Trotz ihre guten Werke schaffen und welche
später, wenn sie tot und vom angenehmen Nimbus der Ferne umflossen sind, ande-
ren Generationen von ihren Schulmeistern als Prachtstücke und edle Geister vor-
geführt werden. Und so wiederholt sich von Schule zu Schule das Schauspiel des
Kampfes zwischen Gesetz und Geist, und immer wieder sehen wir Staat und Schule
atemlos bemüht, die alljährlich auftauchenden paar tieferen und wertvolleren Gei-
ster an der Wurzel zu knicken. Und immer wieder sind es die von den Schulmeistern
Gehaßten, die Oftbestraften, Entlaufenen, Davongejagten, die nachher den Schatz
unseres Volkes bereichern. Manche aber - und wer weiß wie viele? - verzehren sich
in stillem Trotz und gehen unter.“
(Hesse, Hermann, Unterm Rad, 1972, S. 90f)

So äußert sich Hermann Hesse 1906 in seinem Erstlingsroman „Unterm Rad“ zu
„Genies“ - in unserer heutigen Terminologie: „Hochbegabte“ - und schneidet darin
einige Aspekte an, die auch bei heutiger Beschäftigung mit diesem Thema Brisanz
besitzen. Die gegensätzlichen Arten der Behandlung, die Hochbegabte nach Hesses
Beschreibung durch die Gesellschaft erfuhren, lassen sich auch in unserer Zeit, teilweise sogar in noch stärkerem Maße, wiederfinden:
   Besonders begabte Menschen können „den Schatz unseres Volkes bereichern“, sie
werden deshalb gesucht und gefördert, um ihre Begabungen zu (be)nutzen (Heinbokel, 1996a, S. 130). Keine Gesellschaft kann es sich erlauben, das Begabungspotenti-
al ihrer Menschen zu vernachlässigen, sie ist auf die Nutzung der Leistungsfähigkeit
besonders begabter Mitglieder angewiesen. Für eine hochentwickelte Industrienation
wie die Bundesrepublik ist dies wichtig, wenn sie ihren hohen wissenschaftlichen
und technischen Standard halten und weiterentwickeln will.
   Auf der anderen Seite treffen hochbegabte Menschen vielfach auf Neid, werden zu
„Gehaßten“ und „manche ... verzehren sich in stillem Trotz und gehen unter“. In

einer Gesellschaft, in der (intellektuelle) Leistung so außerordentlich wichtig ist wie in unserer Gesellschaft, daß sich Menschen oft hauptsächlich über das, was sie zu leisten vermögen, definieren, ist es sehr unangenehm, da selbstwertbedrohend, sich Mitmenschen gegenüber zu sehen, deren intellektuelle Fähigkeiten die eigenen um ein Weites übertreffen[1]. „Wir haben den Trost, daß bei den wirklich Genialen fast immer die Wunden vernarben, und daß aus ihnen Leute werden, die der Schule zum Trotz ihre guten Werke schaffen...". Daß dieser Trost trügerisch ist, daß sich hohe Begabungen nicht selbstverständlich - trotz widriger Bedingungen, also ohne eine fördernde Umwelt - durchsetzen, war Fazit des dritten Kapitels über Modelle der Hochbegabung. Ebenso klang an dieser Stelle an, daß sich Begabung nicht automatisch in „guten Werken" niederschlägt. Im Interesse einer gesunden Persönlichkeitsentwicklung von betroffenen Kindern und Jugendlichen gibt es also ebenfalls Gründe genug, die Frage der Förderung von Hochbegabten ernst zu nehmen. Welche „Wunden" Hochbegabte bei inadäquater Förderung in unserer heutigen Gesellschaft erfahren können, wird im Kapitel 6.5 erörtert.

6.2   Schulische und außerschulische Förderung

Während in vergleichbaren Industrieländern Bildungsmaßnahmen zur Förderung von Spezialbegabungen und die Einrichtungen von Eliteschulen sehr früh eingeleitet wurden, stand in der Bundesrepublik zunächst die Aufgabe im Vordergrund, Kinder und Jugendliche, die verschiedene Arten von Behinderungen aufweisen, zu erkennen, zu beraten und zu fördern. Diese Aufgabe darf auch weiterhin nicht vernachlässigt werden (Ausschuß Bildungsplanung der Bund-Länder-Kommission, 31. Mai 1990). In letzter Zeit wird jedoch auch zunehmend die Notwendigkeit gesehen, hochbegabte Kinder und Jugendliche speziell zu fördern. Ein Argument, das im Zusammenhang einer solchen Förderung sowohl von deren Befürwortern als auch Gegnern angeführt wird, ist das der Chancengleichheit. Von den einen werden damit gleiche Ausgangs- oder Zugangschancen gemeint, von den anderen eher eine Gleichheit der Ergebnisse. Je mehr die Chancengleichheit im Sinne der gleichen Zugangsbedingungen den sozialen Abstand schrumpfen lassen, desto deutlicher werden die restlichen Differenzen, die sich unabhängig von Geschlecht, Rasse und sozialer Herkunft allen Egalisierungstendenzen entziehen. „Und hier liegt das Problem, daß nämlich die Gleichheit der Chancen ungleiche Ergebnisse garantiert. Je mehr Läufer an den Start gehen, desto weiter werden die Abstände zwischen den ersten und den letzten im Ziel sein." (Urban, 1996).

Den gleichen Zugangschancen ist es zu verdanken, daß heute mehr Kinder eines Jahrgangs ein Gymnasium und später eine Hochschule besuchen. Die „Zeit" schreibt dazu am 07.11.1997: „Der Preis dieses Erfolges ist an den Rändern erkennbar, bei den Besten, die unterfordert, und bei den vielen, die überfordert sind. .... Jetzt endlich

---

[1]Im sportlichen oder musikalischen Bereich fällt es uns meistens leichter, außerordentliche Begabungen anzuerkennen und uns daran zu erfreuen. Es ist in der Regel weniger peinlich, zuzugeben, daß man selbst unsportlich oder unmusikalisch ist.

kann das Prinzip der Chancengleichheit ernst genommen werden. Und das heißt im vorliegenden Fall: Die beste Bildung für alle erfordert auch die beste Bildung für die Besten. Alles andere wäre eine Vergeudung von Talent und verriete mangelnden Respekt vor individuellen Fähigkeiten."

Eine Sicherstellung von Chancengleichheit in diesem Verständnis wurde bereits vor einigen Jahren festgeschrieben. Im Beschluß der Kultusministerkonferenz vom 11.10.1991 heißt es, daß es Aufgabe des Schulwesens ist, allen Schülerinnen und Schülern eine ihren Fähigkeiten entsprechende Bildung zu vermitteln. Grundlage dieses Beschlusses ist der in den Verfassungen der Länder formulierte Auftrag an die Schule, jeden jungen Menschen gemäß seinen individuellen Begabungen und Neigungen zu fördern.

Nach der im Grundgesetz festgeschriebenen Arbeitsteilung zwischen Bund und Ländern fallen Maßnahmen der schulischen Förderung aller Art unter die Zuständigkeit der Länder. Daneben fördert der Bund außerschulische Maßnahmen der Begabtenförderung, insbesondere Bundesleistungswettbewerbe (z.B. Jugend forscht) sowie die Begabtenförderung in der beruflichen Bildung und an den Hochschulen. Die Länder führen im Rahmen ihrer Zuständigkeit für das Schulwesen unterschiedliche und vielfältige Fördermaßnahmen durch, Beratung wird in der Regel von den schulpsychologischen Diensten angeboten.

Der Schwerpunkt des vorliegenden Kapitels liegt in der Analyse und Bewertung des Forschungsstandes. Eine nach Bundesländern differenzierte Darstellung schulischer Fördermaßnahmen muß einer gesonderten Recherche vorbehalten bleiben. Wir beschränken uns daher nachfolgend auf die Darstellung und Bewertung einer Auswahl von vorwiegend schulischen Fördermaßnahmen, die keinen Anspruch auf Vollständigkeit erhebt. Allerdings handelt es sich um Maßnahmen, die auch häufig von betroffenen Eltern eingefordert werden (zu Fördermaßnahmen im Bereich der beruflichen Begabung s. Kap. 7.3).

6.3 Begabungsspezifische Maßnahmen

Eine entscheidende Frage, die bei den Modellbesprechungen noch nicht angeklungen war, ist, ob es sich bei Hochbegabung und Normalbegabung um einen qualitativen oder einen quantitativen Unterschied handelt. Wenn Hochbegabung bedeutet, daß in Bezug auf die einzelnen Faktoren einfach „mehr" - also etwa mehr Wortflüssigkeit oder mehr rechnerisches Denken - gegeben ist als bei durchschnittlicher intellektueller Begabung, dann heißt dies, daß als Fördermaßnahme ein schnelleres Durcharbeiten des für den durchschnittlich begabten Schüler vorgesehenen Stoffes ausreichend ist (s. Kapitel 6.2.1 Akzeleration). Wenn aber Hochbegabung nicht nur ein „Mehr", sondern auch ein „Anders" impliziert, dann ist ein vollkommen unterschiedlicher Lehrplan erforderlich (s. Kap. 6.3.2 Enrichment).

6.3.1   Akzeleration

Unter Akzeleration werden eine Reihe von Maßnahmen zusammengefaßt, die ein schnelleres Durchlaufen der Schullaufbahn gemeinsam haben. Das größte Problem, das sich hierbei auftut, ist die Frage, ob hochbegabte Kinder psychischen Schaden erleiden, wenn sie mit älteren Kindern unterrichtet werden, die biologisch, emotional und sozial schon weiter entwickelt sind. Befürworter von Akzelerationsmaßnahmen führen an, daß sich hochbegabte Kinder sowieso Freunde suchen, die älter sind als sie, weil sie nur dort den ersehnten Austausch über sie interessierende Themen finden.

Im folgenden werden einige Maßnahmen der Akzeleration vorgestellt:

- **Frühe Einschulung**

Mönks und Ypenburg (1993) merken an, daß Kinder einer Klasse oft nur die Gemeinsamkeit haben, gleich alt zu sein, wobei das Kalenderalter nicht mit dem Entwicklungsalter identisch ist. So haben Lehrer zu Beginn des ersten Schuljahres zwar altershomogene, aber nicht entwicklungshomogene Schüler in ihrer Klasse. Hochbegabte Kinder haben sich Lesen und Schreiben häufig schon alleine beigebracht und warten schon lange sehnsüchtig darauf, in die Schule gehen und lernen zu dürfen. Für solche Kinder sollte eine vorzeitige Einschulung erwogen werden. In den meisten Bundesländern können hochbegabte Kinder die Möglichkeit der frühen Einschulung nutzen. Es zeigt sich jedoch, daß von dieser Möglichkeit nur selten Gebrauch gemacht wird.

Nach Heinbokel (1996a) kann eine Empfehlung für eine frühzeitige Einschulung dann gegeben werden, wenn das Kind tatsächlich hochbegabt ist (und die Fähigkeiten, die das Kind im Lesen und Schreiben aufweist, nicht auf Unterricht durch die Eltern zurückführbar ist), seine körperliche und sozial-emotionale Entwicklung ebenfalls akzeleriert oder zumindest nicht verzögert ist und alle Beteiligten - das Kind, die Eltern und die Schule - mit der Maßnahme einverstanden sind.

- **Überspringen von Klassen**

Wichtigster Grund für das Überspringen einer Klasse stellt eine offensichtliche Unterforderung dar. Auf Unterforderung kann dadurch geschlossen werden, daß ein Schüler sehr gute Leistungen ohne sichtbare Mühe erbringt.

Das Überspringen von Klassen ist rechtlich gesehen in allen Bundesländern Deutschlands erlaubt. Ein Kind darf in der Regel zweimal in seiner Schullaufbahn springen, einmal in der Grundschule und ein weiteres Mal im Gymnasium. Die Deutsche Gesellschaft für das hochbegabte Kind e.V. (DGhK) merkt an, daß das Überspringen, obwohl es leicht durchzuführen und nicht kostenaufwendig ist, viel zu selten praktiziert wird. Lehrer verhalten sich dem Springen gegenüber oft ablehnend, haben keine Erfahrungen damit und fürchten Komplikationen. Tatsächlich kommt es jedoch so gut wie nie vor, daß ein Schüler oder eine Schülerin, die eine Klasse übersprungen haben, daraufhin sitzenbleiben, wie eine im Zeitraum von 1980/81 - 1889/90 in Niedersachsen durchgeführte Studie belegt (DGhK, 1995).

Heinbokel (1996b) hat Empfehlungen und Anmerkungen zum Überspringen von Klassen veröffentlicht, die hier in komprimierter Form dargestellt werden: Schüler, die für ein Überspringen in Frage kommen, sollen in allen Fächern überdurchschnittliche Leistungen erbringen. Lehrer und Lehrerinnen haben häufig Bedenken wegen der emotional-sozialen Reife der Kinder oder Jugendlichen. Dabei verwechseln sie bei Hochbegabten evtl. schlechtes Benehmen, das aus der Unzufriedenheit durch die Unterforderung resultiert, mit Unreife. Bei der Beurteilung der emotional-sozialen Reife sollen deshalb die Eltern und ein Psychologe mit einbezogen werden. Schüler, die überspringen, sollten ein hohes Durchhaltevermögen und hohe Motivation zeigen. Die Körpergröße ist nur entscheidend, wenn sportliche Wettbewerbe eine Rolle spielen könnten. Wichtig ist, daß die Schülerin oder der Schüler nicht unter Druck gesetzt werden zu springen. Sie müssen es selbst wollen und auch die letzte Entscheidung treffen, was bereits für die Grundschule gilt. Die aufnehmenden Lehrkräfte sollten dem Springen nicht ablehnend oder pessimistisch gegenüberstehen, dies könnte in Form einer sich selbst erfüllenden Prophezeiung zu Problemen des Schülers führen. Jedes Springen sollte eine sechswöchige Probezeit einschließen, innerhalb derer das Rückspringen möglich ist. An das Überspringen sollten nicht zu hohe Erwartungen geknüpft werden. Einige Kinder sind so hochbegabt, daß sie sich nach wenigen Monaten wieder an der Leistungsspitze der neuen Klasse befinden und erneut anfangen, sich zu langweilen. Dann sind zusätzliche Fördermaßnahmen (Enrichment) notwendig. Bisherige Untersuchungen zum Springen haben keine negativen Effekte in Bezug auf die soziale und emotionale Entwicklung gefunden.

- **D-Zug-Klassen**

Vereinzelt werden in sogenannten „D-Zug-Klassen" besonders befähigte, motivierte und interessierte Schüler, die gute bis sehr gute Schulleistungen erbracht haben, als Gruppe zusammengefaßt und durchlaufen den gesamten Lehrstoff gemeinschaftlich in kürzerer Zeit, bewältigen z.B. das Lehrpensum von vier Jahren in nur drei Jahren. Die Beschleunigung erfolgt hauptsächlich dadurch, daß die Neudurchnahme von Unterrichtsstoffen weniger Zeit in Anspruch nimmt, weil die Schüler weniger Übungs- und Wiederholungsphasen brauchen. D-Zug-Klassen haben den Vorteil, daß Entwicklungsgleiche über den gesamten oder zumindest einen längeren Zeitraum ihrer Schullaufbahn zusammen sind, was sich positiv auf die sozial-emotionale und intellektuelle Entwicklung auswirkt (Mönks & Ypenburg, 1993). Trotzdem wird diese Form der Akzeleration in Deutschland bislang nur an wenigen Gymnasien durchgeführt.

6.3.2   Enrichment

Enrichmentprogramme bieten Lerninhalte an, die Themen oder Fächer des Lehrplans verbreitern oder vertiefen (vertikales Enrichment) oder im normalen Unterrichtspensum überhaupt nicht enthalten sind (horizontales Enrichment). Enrichment soll das normale Unterrichtsangebot nicht ersetzen, sondern ergänzen (Jellen, 1989). Solche

Ergänzungsangebote können einzelnen Schülern gemacht werden, die ausnahmsweise oder regelmäßig Sonderaufgaben erledigen, oder auch Gruppen von Kindern, die innerhalb ihrer leistungsheterogenen Klasse oder auch außerhalb Sonderaufgaben übernehmen.

Jede Form von Enrichment soll relevant sein, d.h. zur persönlichen, emotionalen und/oder intellektuellen Entwicklung der Schüler beitragen (Heinbokel, 1996a). Nicht sinnvoll sind Zusatzaufgaben, die der bloßen Beschäftigung des Kindes dienen, wie Schränke aufräumen, Nachhilfe geben oder Wiederholen derselben Aufgabe, die die Kinder schon lange beherrschen. Bei solchen Aufgaben handelt es sich nicht um Enrichment (Mönks & Ypenburg, 1993).

Möglichkeiten, den normalen Unterricht auszuweiten und zu vertiefen, sind z.B.:

- **Plus-Kurse**

Vereinzelt werden in Deutschland auch Plus-Kurse angeboten. Hier können besonders begabte Schüler bis zu zwei zusätzliche Kurse von jeweils zwei Stunden pro Woche besuchen. Meistens werden Plus-Kurse jahrgangsstufenübergreifend angeboten. Plus-Kurse zielen nicht darauf ab, Schüler in Bereichen, in denen sie sowieso schon sehr gute Leistungen erbringen, noch weiter zu fördern, sondern sollen allgemeine Fähigkeiten wie geistige Flexibilität und Bereitschaft zur Teamarbeit stärken. Philosophische Fragestellungen können in den Kurs einbezogen werden. Die Aufnahme eines Schülers in einen Plus-Kurs setzt (nur) einen Notendurchschnitt von 2,0 oder besser voraus, womit man der Tatsache gerecht werden will, daß Hochbegabte oft keine herausragenden Noten haben.

- **AGs**

Besonders interessierte und befähigte Schüler werden vereinzelt auch in Form von Arbeitsgemeinschaften gefördert, und zwar sowohl im Gymnasium als auch in Real- und Hauptschulen. Die AGs sollen zwei Stunden pro Woche umfassen und haben Themen aus den Bereichen Sprache, Mathematik, Naturwissenschaft oder Technik, die außerhalb des Lehrplans liegen (Rottenberg, 1996).

- **Schülerwettbewerbe**

Schülerwettbewerbe sind nicht auf Hochbegabte beschränkt, sondern liefern ein vielfältiges Angebot für differierende Begabungsniveaus und Begabungsbereiche. Zur Spitzenförderung dienen v.a. die Wettbewerbe „Jugend musiziert", „Jugend forscht", „Jugend trainiert", der „Mehrsprachen-Wettbewerb", der „Bundeswettbewerb Mathematik" und alle als „Internationale Olympiaden" bezeichneten Wettbewerbe (Hertel, 1995). Ziel dieser Wettbewerbe ist es, daß sich die Schüler in ihren persönlichen Neigungs- und Begabungsbereichen verstärkt engagieren, Leistungsbereitschaft und Problembewußtsein entwickeln, Kreativität entfalten, durch Zusammenarbeit mit anderen soziale Erfahrungen sammeln und ein gesundes Selbstbewußtsein entwickeln. Die Schüler sollten bei der Vorbereitung auf einen Wettbewerb von einem kompetenten Lehrer angeleitet und betreut werden. Da Schülerwettbewerbe keinem lerngruppenbedingten Tempo unterliegen, kann hier individuelles Arbeiten leichter verwirklicht werden als im normalen Unterricht. Schülerwettbewerbe sind nicht nur ein Mittel zur Begabtenförderung, sondern auch eine Möglichkeit zur Identifikation Hochbegabter (Hertel, 1995). Ein Problem ist bislang noch, daß Schüler zu selten von der Existenz solcher Wettbewerbe erfahren. Wichtig ist deshalb, daß die Lehrer besser darüber informiert werden, damit sie diese Informationen an ihre Schüler weitergeben können.

Kritisch ist zum Thema Wettbewerbe anzumerken, daß damit meistens wieder nur die Schüler erreicht werden, die den Lehrern durch gute Leistungen in der Schule auffallen, „underachiever" dagegen selten berücksichtigt werden, obwohl gerade für sie die Beschäftigung mit einem selbst gewählten Thema motivations- und leistungsfördernd sein kann. Außerdem sprechen Wettbewerbe erst ältere Kinder und Jugendliche an, Fördermaßnahmen für Grundschüler und Vorschulkinder sind allgemein rar gesät.

- **Sommercamps**

Sommer- oder Feriencamps stellen eine Form des außerschulischen Enrichments dar, die sich an Schüler richtet, die motiviert sind, in ihren Ferien ihre Fachkompetenz zu vertiefen und ihre soziale Kompetenz zu erweitern. Kursthemen sind z.B. Ornithologie, Kreatives Schreiben, Theater und Kunst. Am Ende eines Kurses stellen die Teilnehmer den anderen ihre Ergebnisse vor. Neben dem Lernen spielen Sport und Musik eine wichtige Rolle (Rottenberg, 1996).

6.3.3   Mischvarianten aus Akzeleration und Enrichment

- **Montessori-Schulen**

Montessori-Schulen basieren auf einem System altersheterogener Klassen. Nach Montessoris Auffassung muß die Schule dem Individuum die Möglichkeit geben, sein eigenes Lerntempo zu finden (Mönks & Mason, 1993). Maria Montessori nahm an, daß jedes Kind die angeborene Neigung hat, seine Anlagen/Fähigkeiten zu entfalten. Deshalb sollte die Erziehung nach dem Prinzip der Wahlfreiheit erfolgen: Das Kind bestimmt selbst, was es tun möchte, und der Lehrer begleitet es bei der gewählten Aufgabe und achtet darauf, daß eine einmal begonnene Aufgabe auch zu Ende geführt wird. Im Grundschulbereich werden das 1.-3. Schuljahr und das 4.-6. Schuljahr zusammengefaßt (vertikale statt Jahrgangsgruppierung). In solchen Gruppen kann zum einen kooperatives Lernen (der Bessere hilft dem Schwächeren) verwirklicht werden wie auch Fähigkeitsgruppierung erfolgen, ohne daß dadurch der Eindruck entsteht, für Hochbegabte werden „Sonderangebote" bereitgestellt (Mönks & Ypenburg, 1993). Je nach Entwicklungsstand kann ein Kind bereits nach zwei oder erst nach vier Jahren in die nächst höhere Gruppe wechseln. Das Problem des Sitzenbleibens oder Springens stellt sich hier also gar nicht. Nach Ansicht von Heinbokel (1996a) löst eine solche Organisation des Unterrichts ein wesentliches Problem, das sich bei anderen Akzelerationsmaßnahmen für Hochbegabte stellt, nämlich

das der emotional-sozialen Reife. Da Kinder unterschiedlichen Alters und Begabungsniveaus gemeinsam unterrichtet werden, läßt sich besser beobachten, ob ein
hochbegabtes Kind seinen Altersgleichen nur in intellektueller Hinsicht voraus ist
oder auch von seiner Gesamtentwicklung her besser in eine ältere Gruppe paßt.

• **Die Jugenddorf-Christophorusschule in Braunschweig**
Die Jugenddorf-Christophorusschule in Braunschweig wurde 1977 gegründet und
besitzt seit 1981 einen Förderzweig für hochbegabte Schüler in der Sekundarstufe II
und seit 1987 auch in der Sekundarstufe I ab der neunten Klasse. Z.Z. machen jährlich durchschnittlich 22 Schüler am Ende der Jahrgangsstufe 13 ihr Abitur in diesem
Förderzweig (Beispiele 1/96). Aufgenommen werden am Förderzweig interessierte
Jugendliche, die im folgenden Schuljahr die neunte bzw. elfte Jahrgangsstufe besuchen werden und die mit Erfolg eine Kontaktwoche mit speziellem Unterricht an der
Christophorusschule durchlaufen haben. Von der Schulpsychologin werden mit test-
diagnostischen Verfahren Motivations-, Leistungs- und Persönlichkeitsaspekte erfaßt. Auch Beobachtungen zu sozialen Fähigkeiten entscheiden mit über eine Aufnahme. Ziel der Christophorusschule ist es, den Jugendlichen bei der Entwicklung
und Festigung ihrer Persönlichkeit zu helfen und sie speziell bei der Bewältigung der
Probleme zu unterstützen, die ihnen aufgrund ihrer Hochbegabung erwachsen sind.
Zum einen handelt es sich dabei um die oftmals in der bisherigen Schullaufbahn
mißlungene Umsetzung der Begabung in Leistung. Da hochbegabte Schüler oft lange
Zeit ohne Anstrengung in der Schule zurechtkommen, erfahren sie nicht die Notwendigkeit zu lernen und sich anzustrengen (s. Kap. 2.4). Deshalb wird in der Christophorusschule das Lernen gelehrt. Eine Methode hierzu ist z.B., daß die Schüler Japanisch lernen, wobei sie die Erfahrung machen, daß es ohne Auswendiglernen von
Vokabeln und Grammatik und ohne Aufwand von Mühe nicht funktioniert. Zum
anderen handelt es sich um soziale Probleme. Hochbegabte Kinder haben aufgrund
des großen Entwicklungsunterschieds zu Gleichaltrigen bisher häufig wenig Anschluß zu ihren Klassenkameraden gefunden und waren deshalb im Erwerb sozialer
Kompetenzen benachteiligt. Um hier Bewältigungsstrategien zu entwickeln, werden
von der Schulpsychologin Interaktionstrainings für Klassen bzw. Gruppen von
Hochbegabten durchgeführt. Im Unterricht in den Hochbegabtenklassen wird der
Lehrstoff in konzentrierter Form übermittelt, Wiederholungs- und Übungsphasen
entfallen (Akzelerationsmaßnahmen). Die so frei werdende Zeit - das letzte Drittel
des Schuljahres - wird dazu genutzt, um unterschiedliche Vertiefungsprogramme
(also Enrichmentmaßnahmen) anzubieten (Rottenberg, 1996). Die Schule hat sich
auch zum Ziel gesetzt, ihren Schülern zu verdeutlichen, daß hohe Begabung eine
besondere Verpflichtung sich selbst und anderen gegenüber bedeutet, und zwar die,
ihre Begabungen zum Wohle der Gemeinschaft einzubringen.
Aufgrund testpsychologischer Untersuchungen, Verhaltensbeobachtungen und
anderer diagnostischer sowie beraterischer Tätigkeiten wurden an der Christophorusschule viele Daten gesammelt. Für die Filialen der Christophorusschule in Rostock,
Königswinter und Hannover gilt dies sicherlich in gleicher Weise. Es ist schade,
wenn solche Daten brach liegen, denn deren systematische Analyse könnte weitere

Erkenntnisse über Hochbegabtenprobleme und Hochbegabtenförderung liefern. Dieses Defizit könnte mit einem vergleichsweise geringen Aufwand im Rahmen eines Forschungsprojektes aufgearbeitet werden. Die Daten liegen ja bereits vor und müssen lediglich statistisch ausgewertet werden. Aus dieser Überlegung heraus hat sich bereits eine Kooperation zwischen der WWU Münster und der JCS Braunschweig entwickelt. Für die beiden anderen JCS in Rostock und Königswinter sowie auch für hochbegabtenspezifische Beratungsstellen wäre eine Kooperation mit einer Forschungseinrichtung ebenfalls wünschenswert.

6.4 Bewertung von Förderungsmaßnahmen

Rost (1993a) bemerkt, daß empirische Studien zur Akzeptanz von Fördermaßnahmen für intellektuell besonders begabte Kinder bisher fehlen. Rost selbst hat im Rahmen seiner Marburger Hochbegabtenstudie Eltern und Lehrer danach befragt, für wie wünschenswert sie folgende Fördermaßnahmen für hochbegabte Grundschüler halten:

a) Akzelerationsmaßnahmen/äußere Differenzierung: Fachunterricht in höheren Klassen, Überspringen, D-Zug-Klassen, Ferienkurse, Sonderklassen in normalen Schulen, Spezialschulen für Hochbegabte.
b) Akzelerationsmaßnahmen/innere Differenzierung: Aufgaben für ältere Kinder lösen; dem Kind mehr Freiheiten lassen, solange es nicht stört; Kind hilft schwächeren Schülern; Vertiefungsaufgaben.
c) Außerschulische Anreicherung: Kind arbeitet außerhalb der Schulzeit in dafür eingerichteten Schulräumen an seinen Interessen (z.B. Fotolabor), zusätzliche Wochenstunden in Spezialklassen, Eltern helfen dem Kind bei der Suche nach förderlichen Freizeitaktivitäten (z.B. Sportverein, Schachclub).

Sowohl Eltern von hochbegabten als auch von normalbegabten Kindern nennen folgende Präferenzreihenfolge:

1. Außerschulische Anreicherung
2. Akzeleration/innere Differenzierung
3. Akzeleration/äußere Differenzierung

Die befragten Lehrer standen ebenfalls den Akzelerationsmaßnahmen in Verbindung mit äußerer Differenzierung am ablehnendsten gegenüber, bei ihnen rangierten jedoch die Akzelerations- und Enrichmentmaßnahmen, die innerhalb des Klassenverbands durchgeführt werden können (innere Differenzierung), knapp vor den außerschulischen Enrichmentmaßnahmen. Die Ablehnung von seiten der Lehrer und Eltern erklärt, warum von der Möglichkeit des Überspringens von Klassen so wenig Gebrauch gemacht wird.

Hinterfragt man bestehende Förderkonzepte dahingehend, auf welchen theoretischen Annahmen sie beruhen, so fällt folgendes auf: Lehrkräfte charakterisieren Hochbegabte v.a. durch eine höhere Bearbeitungsgeschwindigkeit und größere Verarbeitungskapazität. Diese beiden Merkmale entsprechen den Förderprogrammen der (geschwindigkeitsbezogenen) Akzeleration bzw. des (kapazitätsbezogenen) Enrichments. Das läßt den Verdacht aufkommen, daß jene zentralen Förderkonzepte lediglich auf der Grundlage subjektiver Begabungstheorien entstanden sind (Hany & Nikkel, 1992). Im Kapitel 3, in dem wir Definitionen und Modelle der Hochbegabung vorgestellt haben, wurde deutlich, daß der Hochbegabungsbegriff, wie er in der modernen Forschung konzipiert wird, nicht nur ein hohes Denk- und Lernpotential umfaßt, sondern ebenso *motivationale* und *volitionale* Elemente einschließt. Daraus folgt, daß Förderprogramme neben bereichsspezifischer Wissensvermittlung auch Elemente zur Förderung wissenschaftlichen und problemlösenden Denkens sowie Maßnahmen sowohl für die Ausbildung motivationaler Kontrollprozesse als auch für die eigene Ziel- und Bedürfnisklärung enthalten sollten (Hany & Nickel, 1992). In den Vereinigten Staaten von Amerika haben Programme Verbreitung gefunden, die diese Bereiche explizit in die Förderung mit einbeziehen.

Durch ein bloßes Überspringen einer Schulklasse (sowie anderen reinen Akzelerationsmaßnahmen) wird eine solch umfassende Förderung sicherlich nicht erreicht. Bei den in Deutschland durchgeführten und in diesem Kapitel (teilweise) besprochenen Enrichmentmaßnahmen kann das Ausmaß, in dem intellektuelle, motivationale *und* volitionale Bereiche in die Förderung einbezogen sind, als Maßstab für ihre Qualität und so auch ihre Erfolgswahrscheinlichkeit im Hinblick auf eine Leistungs- und Persönlichkeitsstärkung hochbegabter junger Menschen beurteilt werden. Eine solche Beurteilung verwendeter Fördermaßnahmen sollte auch in Form von wissenschaftlichen Evaluationen durchgeführt werden. Darauf wurde in der Hochbegabtenliteratur schon des öfteren hingewiesen, jedoch wurde diese Forderung bisher selten in die Tat umgesetzt (Heller, 1995).

Was ebenfalls zu beklagen ist, ist die Tatsache, daß es bisher kaum Fördermaßnahmen für Kinder im Vorschulalter gibt. Eine Ausnahme stellt die Betreuungs- und Begegnungsstätte der Karg-Stiftung im Jugenddorf Hannover dar.

6.5   Beratung

Der Ausschuß „Bildungsplanung" der Bund-Länder-Kommission für Bildungsplanung und Forschungsförderung schreibt in seiner Sitzung am 31. Mai 1990 fest, daß die Förderung hochbegabter Kinder und Jugendlicher durch Beratung vorbereitet und begleitet werden soll. Eine solche Beratung findet in manchen Schulpsychologischen Beratungsstellen und in speziellen Hochbegabungsberatungsstellen (von denen es aber noch sehr wenige gibt) statt. Auch Organisationen wie die *Deutsche Gesellschaft für das hochbegabte Kind e. V.* und *Hochbegabtenförderung e.V.* bieten Beratung an (s. Kap. 6.6). Die Adressen dieser Stellen sind dem Anhang zu entnehmen.

Es ist festzustellen, daß der Bedarf an Beratung für hochbegabte Kinder und Jugendliche sowie deren Eltern wesentlich größer ist, als er bislang gedeckt werden kann.

Wünschenswert wäre zum einen eine Fortbildung für in Schulpsychologischen Beratungsstellen arbeitende Psychologen, die meist mehr auf ein anderes Klientel eingestellt sind, und eine Ausweitung von Beratungsstellen speziell für hochbegabte Kinder. Außerdem sollten Lehrern und Lehrerinnen in ihren Aus-, Fort- und Weiterbildungen mehr Beratungskompetenzen bezüglich hochbegabter Schüler und Schülerinnen vermittelt werden.

Die Beratung hat nicht nur Förderentscheidungen zum Thema, sondern bezieht sich auch auf die Bewältigung sozialer und emotionaler Probleme von besonders begabten Kindern und Jugendlichen. Die Hamburger Beratungsstelle für besondere Begabungen (BbB) hat eine Statistik über die Verteilung der Probleme aufgestellt, die in den letzten Jahren von ratsuchenden Eltern berichtet wurden. Danach haben

- 73,1% der Kinder Probleme im Lernverhalten (Lernmotivation 49,1%, Konzentrationsmangel 15,1%, Leistungsabfall 8,9%),
- 26,4% Schwierigkeiten mit Lehrern (z.B. fehlende Anerkennung und Unterstützung) und
- 54,8% soziale Probleme in der Klasse (5,7% Anpassungsschwierigkeiten und Isolation, 18,9% störendes Verhalten, 30,2% interaktive Schwierigkeiten).

Wie den Prozentzahlen zu entnehmen ist, hat das gleiche Kind oft Probleme in zwei Bereichen, also z.B. im Leistungs- und Sozialbereich. Eine Erklärung für die Entstehung von Leistungsschwierigkeiten sowie von hinter diesen „Oberflächensymptomen" liegenden psychischen Schwierigkeiten sehen Prado und Wieczerkowski (1990) darin, daß die geringe intellektuelle Herausforderung und die Einengung ihrer kognitiven Aktivitäten im Unterricht für hochbegabte Kinder offensichtlich zweierlei verhängnisvolle Konsequenzen haben können: Zum einen machen die Kinder die Erfahrung, daß sie mit einem Minimum an Leistungsanstrengung erfolgreich sind. Daraus kann sich ein Selbstbild der Leistungsbewältigung und ein Arbeitsverhalten ergeben, das ihnen später (z.B. beim Erwerb der ersten Fremdsprache) sehr zu schaffen macht. Sie lernen nicht, sich für den Erwerb von Wissen anzustrengen, lernen nicht zu lernen (s. Kap. 6.2.3). Zum anderen führt das Unverständnis hochbegabter Kinder für ihre Erfahrung, daß sie ihr Können und Wissen nicht angemessen bemerkbar machen dürfen, dazu, daß sie beginnen, implizite und explizite Verhaltensregeln zu überschreiten.

Auf der emotionalen Ebene kommt es zu schweren Enttäuschungen aufgrund der mangelhaften Herausforderung kognitiver Fähigkeiten und über die abwertende, bestenfalls vernachlässigende Haltung von Erziehern zum intellektuellen Potential des Kindes. Die erfahrene Zurückweisung der eigenen Bedürfnisse macht sich v.a. in drei Symptombereichen bemerkbar: in aggressivem (störendem) Verhalten, Überanpassung und psychosomatischen Beschwerden (Prado & Wieczerkowski, 1990).

Enttäuschungen sind kein spezifisches Problem hochbegabter Kinder, haben aber eine spezifische Ätiologie. Jeder Mensch muß in seiner Entwicklung lernen, Enttäuschungen zu ertragen und zu verarbeiten. Die Erwartung vieler Lehrer jedoch, daß hochbegabte Kinder wegen ihrer kognitiven Ausstattung zu besonderer Einsicht zur Zurückstellung der eigenen Bedürfnisse befähigt sind, ist ein Trugschluß. Deshalb und aufgrund der psychischen Probleme, die beim Kind aus einer solchen Erwartung entstehen können, gilt es, solchen massiven Enttäuschungserlebnissen durch adäquate Erziehung und Förderung vorzubeugen.

6.5.1   Berufsberatung bei vielfältigem Potential

Hochbegabte haben häufig mehrere Begabungen und Interessen und vielfältige Möglichkeiten der Berufswahl. Vielseitig begabte Jugendliche müssen sich bei der Berufswahl mit den folgenden Fragen auseinandersetzen: „Gibt es so etwas wie den „richtigen" Weg oder verpasse ich dann wichtiges anderes, was ich auch könnte?"; „Ist es besser, ein Spezialist oder ein „Allround"-Talent zu sein?"; „Wenn ich alle meine Interessen verfolge, werde ich dann nicht automatisch zum Dilettanten?".

In Deutschland existiert derzeit ein relativ umfassendes Berufsberatungssystem. Angebote der Bundesanstalt für Arbeit und der Berufsinformationszentren (BIZ) sind z.B. das „Systematische Trainings- und Entscheidungsprogramm" (STEP) oder das Programm „Interesse, Ausbildung, Beruf" (IAB). Diese und andere Beratungsangebote können als eine mögliche Ressource bei der Berufs- oder Studienfachwahl von Schülern und Studierenden genutzt werden.

Um ihre Fähigkeiten optimal einsetzen und entwickeln zu können, benötigen vielseitig begabte Jugendliche jedoch häufig eine detaillierte Entscheidungshilfe - z.B. durch Informationsvermittlung, die Klärung von Präferenzen oder eine Begabungsdiagnostik (Feger & Prado, 1998). Eine Möglichkeit der frühen berufsbezogenen Förderung von begabten Jugendlichen stellt daher die Berufsberatung durch dafür ausgebildete Berater und Beraterinnen dar. Innerhalb eines Beratungskontextes können Themen wie die Angst vor Fehlentscheidungen oder davor, das eigene Potential zu vergeuden, erwachsen. Ein vielseitig begabter Jugendlicher kann sich in einer Dilemma-Situation wiederfinden, in der er sich zwischen mehreren gleich attraktiven Optionen entscheiden muß. Dies kann in Folge zu Trauer um verpaßte Gelegenheiten führen oder es kann durch das „Bedienen" aller Interessen ein Gefühl von Zweitklassigkeit entstehen.

Die Beratung kann einen vielseitig talentierten Menschen darauf vorbereiten, daß ihm mehrere Optionen offenstehen und ihn bei der Suche nach Berufsmöglichkeiten unterstützen, die Synthesen und die Integration verschiedener Interessen erlauben. In manchen Situationen kann es auch hilfreich sein, wenn jemand sich die Erlaubnis für die Vertagung einer Entscheidung, z.B. bis zum Studium, gibt. Die Beratung kann weiterhin dabei helfen, daß in den verschiedenen Interessenbereichen Erfahrungen im realen Arbeitsleben gesammelt werden können und die Interessen im Hinblick auf ihre Dauer und Intensität diskutiert werden: Welche Interessen sind zum Geld verdienen geeignet, welche eignen sich als Hobbies, welche lassen sich verbinden? Ein weiteres mögliches Thema innerhalb der Beratung ist die Diskussion der Möglichkeit mehrerer hintereinander geschalteter oder paralleler Berufslaufbahnen oder die Idee, ein neues Berufsfeld zu gestalten. Die Grundlage jeder beruflichen Entscheidung kann in einer Beratung durch die Exploration zugrundeliegender Lebensthemen und -ziele geschaffen werden.

Begabung allein ist zwar eine notwendige, aber noch keine hinreichende Voraussetzung für beruflichen Erfolg (Schneider, 1992). Insbesondere Hochbegabte mit schlechten Schulnoten (Underachiever) und hochbegabte Kinder aus finanziell benachteiligten oder bildungsfernen Familien können von früher Beratung und Förderung profitieren, um ihre Möglichkeiten zu verbessern und ihre Erwartungen bezüglich der eigenen beruflichen Laufbahn zu steigern. Auch können hochbegabte Mädchen durch die Beratung unterstützt werden: Talentierte junge Frauen werden mit einer Vielzahl interner und externer Hindernisse konfrontiert wie die Unterrepräsentiertheit von Frauen in nicht-traditionellen Berufen, ungleiche Gehälter, Mangel an Kinderbetreuung oder Vorurteile wie die Unvereinbarkeit von Weiblichkeit und erfolgreicher Karriere. Zusätzlich kommt die Frage dazu, wie Familie und Beruf vereinbart werden können. Nach Hollinger (1991) sind die Berufswege von Frauen komplexer als die von Männern und ihre Beziehung zur Arbeit ist gleichzeitig unklarer. Mehrere Studien belegen, daß das Selbstbewußtsein und Selbstwertgefühl vieler intellektuell hochbegabter Mädchen während der Schulzeit kontinuierlich abnimmt (Greenberg Lake Analysis Group & AAUW, 1991). „Was mit hochbegabten Mädchen und Frauen passiert erscheint weniger als die „Entwicklung" einer beruflichen Laufbahn als vielmehr als eine Art sanfte Abwärtsspirale, in der begabte junge Frauen - in Ermangelung von Beratung und Unterstützung - ihre Interessen, Ziele und Leistungen den Begrenzungen anpassen, die sie selbst wahrnehmen." (Kerr & Maresh, 1994).

In der Berufsberatung können hochbegabte Mädchen und Frauen dazu ermutigt werden, nicht-traditionelle Berufswege zu erkunden, Risiken einzugehen und kontraproduktive Annahmen bez. der eigenen Kompetenzen zu hinterfragen und durch konstruktivere zu ersetzen. Aufgabe der Beratung ist, konkrete Informationen über Möglichkeiten und Wege zu geben und eine Konfrontation mit erfolgreichen Frauen und verschiedenen Modellen (Kombination von Familie und Beruf; Ehe und Beruf ohne Kinder; Singles; traditionelle Modelle) anzuregen. Begabte Mädchen und Frauen müssen lernen, mit verschiedenen Rollenanforderungen umzugehen und über die Situation auf dem Arbeitsmarkt, Gehaltsklassen und die hohe Scheidungsrate (Scheinsicherheit durch die Ehe) aufgeklärt werden. Zur Vermittlung solcher Lebensplanungskompetenzen hat sich das Mentoren-Modell als effektives Mittel erwiesen. Weitere Möglichkeiten bieten sich durch die Literatur (Bibliotherapie) oder durch Diskussionsrunden über die weibliche Identitätsbildung an.

6.6   Vereine zur Förderung und Beratung

In Deutschland wurden in den letzten 20 Jahren mehrere (Selbsthilfe-)Vereine gegründet, die sich für die Belange von hochbegabten Kindern und Jugendlichen einsetzen. Die drei größten Organisationen werden hier kurz vorgestellt.

6.6.1.   Deutsche Gesellschaft für das hochbegabte Kind e.V. (DGhK)

6.6.1.1   Gründungsgeschichte und Mitgliederentwicklung

Im November 1971 veröffentlichte die ZEIT einen Artikel über Probleme hochbegabter Kinder und stellte die National Association for Gifted Children (NAGC), eine
britische Organisation, die sich um die Belange hochbegabter Kinder kümmert, vor.
Die NAGC war 1966 auf private Initiative hin gegründet worden und hat heute ca.
5000 Mitglieder in 43 Zweigstellen. Sie arbeitet ausschließlich ehrenamtlich und
wurde zum Vorbild für die DGhK e.V., die 1978 als Zusammenschluß von betroffenen Eltern gegründet wurde. Gründungsmitglieder waren u.a. die Lehrerin Dr. An-
nette Heinbokel, die auch jetzt noch in der DGhK e.V. aktiv ist, und der Entwick-
lungspsychologe Prof. Dr. Wilhelm Wieczerkowski.

Ziel der Gründung der DGhK e.V. war es, hochbegabte Kinder so zu fördern,
daß sie sich als psychisch stabile Individuen in die Gesellschaft integrieren, um sich
deren Aufgaben und Verantwortungen verpflichtet zu fühlen. 1998 wurde dieses Ziel
vom derzeit amtierenden Bundesvorstand in der Mitgliederzeitschrift Labyrinth so
formuliert: „Wir wollen nicht die blinde Förderung einer extremen Fähigkeit zu unserer oder unserer Kinder Selbstgefälligkeit. Wir brauchen das gesunde, aktive Ich
und wir brauchen den Respekt in der und für die Gemeinschaft, damit das Ziel - das
Zusammenleben und die Gestaltung der Welt - gelingen kann." (DGhK, 1998 b).

Die **Notwendigkeit, sich speziell um hochbegabte Kinder zu kümmern**, gründet in der Annahme der DGhK e.V., daß hochbegabte Kinder bei mangelnder Akzeptanz ihrer besonderen Fähigkeiten und der daraus resultierenden Unterforderung
oder sozialen Isolierung von Verhaltensstörungen, Leistungsabfall, Leistungsverweigerung, Schulversagen, psychischen Störungen und psychosomatischen Erkrankungen bedroht sind.

Anfangs zählte die DGhK e.V. nur 26 Mitglieder, bei der letzten Zählung am
31.05.1998 wurden 4176 Mitglieder verzeichnet. Im Vergleich zum Vorjahr hat sich
ein Zuwachs um 1009 Personen ergeben. Die Internetseiten der DGhK wurden im
März 1999 bereits um 50% häufiger besucht als im gesamten Vorjahr.

6.6.1.2 Struktur

Der Bundesverein hat seinen Sitz in Hamburg. Mit derzeit 16 Regionalverbänden, die als „örtlich zuständige Gliederung ausschließlich dem Vereinszweck des Bundesvereins verpflichtet" sind (s. §19 der Satzung), ist die DGhK e.V. in unterschiedlicher Dichte in ganz Deutschland vertreten. Alle Funktionen werden ehrenamtlich wahrgenommen. Die Mitglieder entrichten jährlich einen Mitgliederbeitrag.

Mindestens einmal pro Jahr findet auf Bundes- und Regionalverbandsebene jeweils eine Mitgliederversammlung statt. Die Vorstände werden von der Mitgliederversammlung auf die Dauer von zwei Jahren gewählt.

Dem Bundesvorstand steht (zumindest auf dem Papier) ein wissenschaftlicher Beirat zur Seite, der 1995 das sogenannte Frankfurter Papier erstellt hat. Dabei handelt es sich um die schriftliche Fixierung der bildungspolitischen Forderungen, die die DGhK e.V. an die Regierung stellt.

6.6.1.3 Aufgaben der DGhK e.V.

Paragraph 2 der Satzung lautet: „Zweck des Bundesvereins ist die Förderung von hochbegabten Kindern." An anderer Stelle (DGhK, 1995, S. 1) heißt es weniger spezifisch: Die DGhK e.V. vertritt **vorrangig** die Interessen von Kindern mit einer überragenden allgemeinen intellektuellen Befähigung.

Welche Kinder hochbegabt sind, wird von der DGhK e.V. nicht durch eine Definition von Hochbegabung spezifiziert, sondern es werden lediglich „hohe Motivation bei selbstgesetzten Aufgaben und Originalität und Kreativität bei deren Lösung" als „bestimmende Verhaltensmerkmale hochbegabter Kinder" genannt (DGhK, 1995, S. 1). In der DGhK-Broschüre „Leben mit hochbegabten Kindern" (DGhK, 1998a) äußert sich jedoch Aiga Stapf zur Begriffserklärung wie folgt: „Bei der intellektuellen Begabung (mit der sich die DGhK e.V. besonders befaßt) ist Hochbegabung als besonders hohe Ausprägung von Intelligenz, als herausragende Denk- und Problemlösungsfähigkeit anzusehen. Zur Erfassung von intellektueller Hochbegabung erweisen sich standardisierte Intelligenztests immer wieder als die geeignetsten Verfahren." (S. 9).

Stapf merkt jedoch an, daß bei der Identifizierung Fehler unterlaufen können und deshalb die Eingangsbedingungen für Fördermaßnahmen nicht an einem IQ von 130 oder höher festgemacht, sondern weiter gefaßt werden sollten. Als Argument für das Testen führt Stapf ins Feld, daß die Kenntnis des Testergebnisses davor schützen kann, das Kind zu über- bzw. unterfordern (S. 14). Außerdem nähme ein gutes Testergebnis dem Kind das Schuldgefühl, daß etwas nicht mit ihm in Ordnung sei. „Anzuraten ist ein Test insbesondere auch, wenn Notenbild, Lehrermeinung und Elterneinschätzung sehr auseinanderklaffen." (S. 17).

Die DGhK e.V. nennt in ihrer Broschüre eine Reihe von (allgemeinen) Maßnahmen, die von ihr organisiert werden. Dabei scheint es in hohem Maße von den aktiven Mitgliedern der einzelnen Regionalverbände und -gruppen abzuhängen, welche spezifischen Aktivitäten unternommen werden und in welchem Umfang dies geschieht. Im folgenden werden die wichtigsten Maßnahmen aufgeführt.

- Die DGhK e.V. führt **Beratung für Eltern hochbegabter Kinder** durch.
  Die Beratung findet im allgemeinen telefonisch statt. Dreiviertel der Kontaktaufnahmen bei der DGhK e.V. gelten Jungen.
  Die DGhK e.V. gibt in ihrer Broschüre „Leben mit hochbegabten Kindern" (S. 42f.) einige allgemeine Empfehlungen an Eltern mit hochbegabten Kindern:

  1. Intellektuelle Leistungen (z.B. frühzeitiges Lesen oder Rechnen) sollten genau so gelobt werden wie psychomotorische Leistungen (z. B. Malen, Sport).
  2. Eltern sollten sich um das Verständnis des Lehrers bemühen, daß ihr hochbegabtes Kind besondere Förderung braucht, damit es keine Schulunlust entwickelt.
  3. Es sollten nur solche Berater (Ärzte, Psychologen) um Rat gefragt werden, die Erfahrung mit Hochbegabung haben.
  4. Eltern sollten die Möglichkeiten einer Selbsthilfegruppe wie der DGhK e.V. nutzen. Hier kann ein Austausch mit anderen Eltern stattfinden und es werden gemeinsame Unternehmungen für die Kinder organisiert.
  5. Falls der IQ bekannt ist, sollte vorsichtig mit der Weitergabe der Zahl umgegangen werden, da es sich nur um eine Durchschnittszahl handelt, die nichts über besondere Stärken oder Schwächen aussagt.
  6. Das Kind sollte auch in seinen ungewöhnlichen Interessen gefördert werden.
  7. Eltern sollten ihren hochbegabten Kindern Kontakte mit Gleichbegabten ermöglichen. Die Kinder erleben dann, daß man durchaus so sein darf wie sie. Ihr Selbstwertgefühl wird gestärkt und soziale Kompetenz trainiert, die Kinder erleben Zugehörigkeit.

- **Die DGhK e.V. berät Lehrer, Erzieher** und in der Erziehungsberatung tätige Personen wie z.B. **Psychologen, Sozialpädagogen und Kinderärzte.**
  Damit diese Personengruppen zukünftig besser über Hochbegabung informiert sind, fordert die DGhK e.V. in ihrem Frankfurter Papier (1995) die Aufnahme der Hochbegabtenpädagogik in die Ausbildungspläne der Lehrerausbildung sowie ein systematisch aufgebautes Fortbildungsangebot für Lehrer aller Schularten. Außerdem soll die Hochbegabtenthematik (Identifikation und Beratung) in die Ausbildungspläne von Schulpsychologen, Beratungslehrern, Kinderärzten, Diplompsychologen und Erziehungsberatern aufgenommen werden.

- Die DGhK e.V. fördert Initiativen wie Elterngesprächskreise, in denen Erfahrungen und Probleme ausgetauscht werden, Informationstreffen mit Vorträgen für Erzieher, Lehrer oder Kindergarteneltern und bietet Diskussionsforen im Internet an. Bei letzterem handelt es sich um ganz neue bzw. noch im Aufbau befindliche Initiativen. Zwei Adressen für solche Internettreffen sind:

www.talente-foerdern.de: Unter dieser Internetadresse findet man ein Forum mit einem virtuellen Dorfbrunnen, der vom Klett-Verlag mit Unterstützung der DGhK e.V. und der Hochbegabtenförderung e.V. erstellt wurde. Das Angebot richtet sich an alle, die zum Thema Hochbegabung etwas zu sagen haben.

www.kubus.home.pages.de: Dieses Forum für Jugendliche und junge Erwachsene in der DGhK e.V. wurde von einer Gruppe 14-19 Jahre alter Schüler und Studenten aus dem Regionalverband Rhein/Ruhr erstellt.

* Die DGhK e.V. bietet außerdem **Förderkurse** für hochbegabte Kinder zu verschiedenen Wissensgebieten an, und zwar in Form von Feriencamps, Exkursionen, kontinuierlichen Kursen oder Einzelveranstaltungen. Es wird darauf geachtet, daß die Kurse nicht mit dem Schulstoff kollidieren. *Ziele* solcher Kurse sind, den Wissenshunger zu stillen, soziales Lernen anzuregen, verlorengegangene Motivation neu zu beleben und verschüttete Talente freizulegen, Selbstsicherheit aufzubauen, Lerntechniken zu vermitteln und vor Einzelgängertum zu bewahren, wenn es in der Klasse keine Gesprächspartner für das Kind gibt.

  Grundlegendes *Prinzip* ist das Selber-Tun und nicht nur das Konsumieren von Wissen. Es wird viel Gruppenarbeit durchgeführt, bei der die Kinder emotionale Unterstützung erfahren sollen. Themen solcher Kurse sind z.B. Programmieren, Physikalisches Experimentieren, Philosophieren, Italienisch und Mikroskopieren.

* Die DGhK e.V. vertritt die **Interessen hochbegabter Kinder gegenüber Schulbehörden.** Im Frankfurter Papier (DGhK, 1995) fordert sie bezüglich der *Schulgesetzgebung* u.a. die Schaffung von Möglichkeiten für die Einrichtung von Spezialklassen in Grund- und weiterführenden Schulen oder von Schulzügen für Hochbegabte und die Flexibilisierung des Einschulungsalters sowie eine Lockerung der Bestimmungen zum vorzeitigen Vorrücken (Überspringen).

  Bezüglich der *Rahmenbedingungen in den Schulen* fordert die DGhK e.V. u.a. die Nutzung von Förderstunden auch für die Hochbegabtenförderung sowie zusätzliche Lehrstunden zur individuellen Förderung durch besonders ausgebildete Lehrer.

  Bezüglich der Gestaltung des *Unterrichts* fordert die DGhK e.V. u.a. eine Anreicherung des Unterrichts mit nichtcurricularen Themen (Enrichment) sowie die Duchführung von Akzelerationsmaßnahmen, wie dem teilweisen Unterricht in höheren Klassen (s. Kap. 6.2).

* Außerdem leistet die DGhK e.V. **Öffentlichkeitsarbeit** zum Thema Hochbegabung. Diese verwirklicht sich unter anderem in der Veranstaltung von Vortragsabenden mit Fachleuten aus den eigenen Reihen oder mit Gastdozenten, der Teilnahme an Messen, wie z.B. der Europäischen Bildungsmesse INTERSCHUL und

der Präsentation des Vereins im Internet (die Adresse der Homepage der Deutschen Gesellschaft für das hochbegabte Kind e.V. lautet: http://www.dghk.de).

- Drei- oder viermal jährlich erscheint die **Vereinszeitschrift** „Labyrinth" mit Berichten aus den Regionalverbänden, aus der Bildungslandschaft und über Forschungsprojekte. Die Zeitschrift enthält Buchbesprechungen, kleine Artikel von Kindern oder über Kinder sowie eine Rätselseite. Für die Mitglieder wird in die Mitte des Heftes ein kleines Zusatzheft mit Mitglieder-Informationen geheftet.

- Die DGhK e.V. gibt **Anregungen** zu Arbeiten im Bereich der **Hochbegabtenforschung.** In Zusammenarbeit mit dem Bundesministerium für Bildung und Forschung wurden bisher u.a. ein Forschungsprojekt zur Einrichtung einer Beratungsstelle für Hochbegabtenprobleme in Hamburg und ein Forschungsprojekt zur Förderung emotionaler und sozialer Fähigkeiten bei Grundschulkindern in München durchgeführt. Bezüglich des Bereichs „*Forschung und Lehre*" hat die DGhK e.V. im Franfurter Papier (DGhK, 1995) u.a. die Forderung aufgestellt, daß zuverlässige Instrumentarien zur Hochbegabtenidentifizierung entwickelt bzw. weiterentwickelt sowie didaktische Modelle erarbeitet und evaluiert werden sollen.

6.6.2.   Hochbegabtenförderung e.V.

6.6.2.1   Gründungsgeschichte

Die Hochbegabtenförderung e.V. wurde Anfang 1994 auf Initiative von Frau Jutta Billhardt und Frau Susanne Matz gegründet. Frau Billhardt war ehemals Mitglied der Deutschen Gesellschaft für das hochbegabte Kind e.V. (DGhK). Da ihre Auffassungen zu einem geeigneten Förderkonzept für Hochbegabte jedoch in Konflikt mit den Auffassungen der DGhK e.V. gerieten, trennte sie sich von diesem Verein und gründete die Hochbegabtenförderung e.V. Die Differenzen bestanden vornehmlich in der Bedeutung, die dem Nachweis einer Hochbegabung durch Intelligenztests zugewiesen wird und charakterisieren nun den hauptsächlichen Unterschied zwischen den beiden Vereinen. Die DGhK e.V. steht Intelligenztests eher distanziert gegenüber. Auch wenn ihr Name (Deutsche Gesellschaft für das *hochbegabte Kind*) etwas anderes impliziert, fühlt sie sich der Begabungsförderung allgemein verpflichtet - unabhängig davon, wie hoch der Intelligenzquotient ausgeprägt ist. Die Hochbegabtenförderung e.V. dagegen betont, sich ausschließlich der Förderung hochbegabter (IQ größer oder gleich 130) und überdurchschnittlich intelligenter Kinder (IQ zwischen 115 und 129) widmen zu wollen. Aus diesem Grund ist es bei der Hochbegabtenförderung e.V. für die Aufnahme eines Kindes in ein Förderprogramm notwendig, daß durch einen bei einem Diplom-Psychologen durchgeführten Intelligenztest ein IQ von mindestens 115 nachgewiesen werden kann (s.u.).

Ziel der Gründung der Hochbegabtenförderung e.V. war es also, nachgewiesenermaßen hochbegabte Kinder in ihrer Intelligenz- und Persönlichkeitsentwicklung optimal zu fördern. Mit einer solchen Förderung verbindet sich die Hoffnung, daß die Kinder Freude an ihrer selbst erbrachten Leistung erleben und daraus die Motivation gewinnen, später ihre Möglichkeiten für sich und die Gesellschaft einzusetzen (Hochbegabtenförderung e.V., 1998).

Die **Notwendigkeit einer qualifizierten Förderung Hochbegabter** sieht der Verein in der Tatsache, daß hochbegabte Kinder und Jugendliche erheblich unter der permanenten Unterforderung in den Schulen leiden und der Staat der Aufgabe einer spezifischen Hochbegabtenförderung „nur höchst unzureichend nachkommt" (Hochbegabtenförderung e.V., 1998, S. 27). Wie die DGhK e.V. nimmt auch die Hochbegabtenförderung e.V. an, daß hochbegabte Kinder bei mangelnder Akzeptanz ihrer besonderen Fähigkeiten von Verhaltensstörungen, Leistungsverweigerung und psychosomatischen Erkrankungen bis hin zu Suizidtendenzen bedroht sind.

Zur Zeit hat die Hochbegabtenförderung e.V. etwa 1200 Vereinsmitglieder und betreut 750 Kinder in ihren Kursen. Wie bei der DGhK e.V. (und im übrigen in allen Begabungsförderungseinrichtungen) ist der Anteil von Mädchen in den Kursen geringer als der von Jungen.

6.6.2.2 Struktur

Die Hochbegabtenförderung e.V. hat ihre Zentrale in Bochum und bietet derzeit in ca. 16 deutschen Städten Förderkurse für hochbegabte und überdurchschnittlich intelligente Kinder an.

Der Verein finanziert sich aus Mitgliedsbeiträgen, den für die Kurse erhobenen Gebühren und Spenden aus der Wirtschaft sowie von Privatpersonen. Die meiste Unterstützung erhielt der Verein von der BMW AG, die 1997 in Kooperation mit der Hochbegabtenförderung e.V. einen Projektbericht über die Tätigkeit des Vereins herausgegeben hat (BMW AG & Hochbegabtenförderung e.V., 1997). Für die Durchführung ihrer Kurse werden der Hochbegabtenförderung e.V. von einigen Universitäten und anderen Institutionen kostenlos Räumlichkeiten zur Verfügung gestellt. Die Zentrale in Bochum arbeitet mittlerweile mit bezahlten Kräften, für die Abhaltung von Kursen erhalten die Kursleiter ein Honorar. In den Kontaktgruppen (s.u.) arbeiten zudem ehrenamtliche Kräfte.

Der Verein unterscheidet drei Arten von Mitgliedschaften, die jeweils an bestimmte Voraussetzungen geknüpft sind: 1. Fördermitglied kann jeder werden, der einen regelmäßigen Beitrag leistet. 2. Aktiv ehrenamtliches Mitglied kann werden, wer ein hochbegabtes oder überdurchschnittlich intelligentes Kind hat oder selbst hochbegabt oder überdurchschnittlich intelligent ist (ab Prozentrang 85 der Intelligenzskala). 3. Stimmberechtigtes Mitglied kann werden, wer über 18 Jahre alt ist und bewiesen hat, daß er sich aktiv für die Ziele der Hochbegabtenförderung e.V. einsetzt. Voraussetzung ist eine mindestens dreijährige Arbeit als ehrenamtliches Mitglied im Verein oder eine mindestens dreijährige berufliche Tätigkeit im Bereich der Hochbegabung.

Mindestens einmal pro Jahr findet eine Mitgliederversammlung statt. Die Mitgliederversammlung wählt jährlich für die Dauer von zwei Jahren bis zu vier Personen in den Aufsichtsrat, der insgesamt aus mindestens drei und höchstens sieben Personen besteht. Der Aufsichtsrat ist die gewählte Vertretung der Mitglieder und arbeitet ehrenamtlich. Die Geschäftsführung wird vom Aufsichtsrat bestellt und abberufen. Erste Geschäftsführerin ist Frau Jutta Billhardt.

Bundesweit hat die Hochbegabtenförderung e.V. momentan 32 Kontaktgruppen. Die Leitung für eine solche Kontaktgruppe darf nur von Eltern mit überdurchschnittlich intelligenten oder hochbegabten Kindern als ehrenamtliche Tätigkeit übernommen werden. Kontaktgruppen sind keine rechtlich selbständigen Organe des Vereins. Sie dürfen nicht eigenständig Kurse organisieren. Diese Aufgabe wird zentral von der Geschäftsführung übernommen. Halbjährlich müssen die Aktivitäten einer Kontaktgruppe (z.B. Spielenachmittage, Ausflüge, Elterntreffen) von deren Leiter schriftlich der Zentrale mitgeteilt werden, die sie bei Anfragen an die Mitglieder weitergibt. Bevor Kontaktgruppenleiter ihr Amt antreten, müssen sie eine Erklärung unterschreiben, in der sie versichern, daß Presseaktivitäten und Vortragsreihen nur in Absprache mit der Hochbegabtenförderung e.V. erfolgen, daß sie keiner Sekte angehören und die Ziele des Vereins laut Satzung verfolgen werden.

6.6.2.3 Aufgaben der Hochbegabtenförderung e.V.

In der Satzung (§ 2,1) heißt es: „Zweck des Vereins ist die Förderung hochbegabter und überdurchschnittlich intelligenter Kinder und Jugendlicher und Erwachsener." Unter Hochbegabung versteht der Verein eine extrem erhöhte Denkgeschwindigkeit und Denkmöglichkeit im Vergleich zu Normalbegabten. Er betont, daß sich der Begriff Hochbegabung auf die allgemeine geistige Disposition des Menschen bezieht, ungewöhnliche intellektuelle Leistungen zu erbringen, nicht auf tatsächlich erbrachte Leistungen (Hochbegabtenförderung e.V., 1998, S. 3). Die konkrete Definition von Hochbegabung ergibt sich für die Hochbegabtenförderung e.V. aus den Testergebnissen allgemein anerkannter Intelligenztests, die von erfahrenen Psychologen durchgeführt worden sind. Als hochbegabt gilt, wer in den Untertests, die das abstrakte Denkvermögen messen, einen IQ von 130 oder darüber erreicht (s.o.). Die Hochbegabtenförderung e.V. betont in ihrer Informationsschrift (1998, S. 33), daß sie sich darin von anderen Vereinen zur Förderung Begabter unterscheidet, daß sie sowohl die Aufnahmebedingungen für die Kinder an einen klaren Intelligenzrichtwert bindet (IQ mindestens 115, s.o.) als auch „underachiever" - also Kinder, die einen hohen IQ haben, deren Leistung jedoch weit hinter ihrem Potential zurückbleibt (s. Kap. 5.6) - in ihre Förderung einbezieht. Andere Institutionen der Begabtenförderung in Deutschland nähmen entweder alle Kinder und Jugendliche auf, unabhängig von ihrem tatsächlichen Begabungsniveau, oder wendeten sich nur an Schüler mit besonders guten Leistungen.

Die Aktivitäten, die der Verein Hochbegabtenförderung e.V. organisiert, setzen auf fünf verschiedenen Ebenen an:

- Die Hochbegabtenförderung e.V. bietet **Kurse für hochbegabte und über-durchschnittlich intelligente Kinder und Jugendliche** an.

  Das erste Förderprojekt begann 1994 in Bochum. Dort wurde eine eigene „Lehrfirma" aufgebaut, in der die mitarbeitenden Kinder selbständig ein Produkt entwarfen, das in dieser Form noch nicht auf dem Markt war. Nun nimmt die Lehrfirma Aufträge „richtiger" Firmen zur Entwicklung von Webseiten an und verdient damit auch Geld.

  Außer der Lehrfirma werden in Bochum mittlerweile Kurse in den Bereichen Computer, Biologie, Chinesisch, Japanisch, kreatives Schreiben und Theater sowie diverse Clubs für Mädchen, Jungen, jüngere und ältere Kinder angeboten. Andere Städte bieten Kurse in Elektronik, Geschichte, Astronomie, Chemie und Italienisch an. Die Kurse vermeiden schulischen Lehrstoff, damit sich die Kinder in der Schule nicht noch mehr langweilen. Die Teilnahme an einem Kurs kostet monatlich 130 DM. Die Kurse finden entweder am Nachmittag oder an den Wochenenden, vereinzelt auch in den Ferien statt.

  Unabhängig vom spezifischen Inhalt ist das Ziel aller Kurse das Erlernen von sozialen Handlungsstrategien (z.B. das Austragen von Konflikten durch Diskussionen und Verhandlungen), das Aufbrechen der Isolation vieler Hochbegabter und der Erwerb von Lernstrategien sowie eigenverantwortliches Handeln und das Erkennen eigener Stärken und Schwächen (Hochbegabtenförderung, 1999).

  Die Hochbegabtenförderung e.V. setzt als Kursleiter vorwiegend Personen ein, die selbst hochbegabt sind. Viele sind Mitglied in dem Verein Mensa (s. Kap. 6.6.3). Zusätzlich zu ihren Kursen hat die Hochbegabtenförderung e.V., wie bereits im Kapitel 6.6.1 erwähnt, in Zusammenarbeit mit dem Klett-Verlag im Internet unter der Adresse *www.talente-foerdern.de* ein Forum für hochbegabte Kinder, Jugendliche und ihre Eltern eingerichtet.

Neben der Arbeit mit den Kindern selbst in Form der vorgestellten Kursangebote beziehen sich die Aktivitäten der Hochbegabtenförderung e.V. auf Beratung und Aufklärung solcher Personen, die in der Erziehung Hochbegabter tätig sind, sowie der Öffentlichkeit allgemein.

- Die Hochbegabtenförderung e.V. betreut Eltern und Erziehungsberechtigte durch persönliche Beratungsgespräche.
- Der Verein betreibt Informations- und Aufklärungsarbeit für Pädagogen aller Schultypen sowie schulpsychologische Dienste.
- Die Hochbegabtenförderung e.V. führt Erzieher- und Lehrerfortbildungen in Form von Seminaren und Hospitationen in den Kursen des Vereins durch. Als Maßnahme, die dem hochbegabten Kind in der Schule helfen könnten, wird von der Hochbegabtenförderung e.V. die Ausarbeitung von Förderprogrammen ge-

nannt, die in den Wiederholungsphasen des Lernstoffes eingesetzt werden könnten (Hochbegabtenförderung e.V., 1998, S. 6).

- Die Hochbegabtenförderung e.V. leistet in der Öffentlichkeit gezielte Aufklärungsarbeit über das Thema Hochbegabung.
   Ziel der Öffentlichkeitsarbeit ist es u.a., betroffene Eltern und Kinder anzusprechen sowie Sponsoren zu finden. Die Hochbegabtenförderung e.V. versucht
dies z.B. durch Messeauftritte, Vorträge in Schulen und Volkshochschulen sowie
öffentliche Podiumsdiskussionen. Bei Industrie und Wirtschaft wirbt der Verein
damit, daß die Förderung Hochbegabter die Attraktivität des Standorts Deutschland und die internationale Wettbewerbsfähigkeit steigert (Hochbegabtenförderung e.V., 1998, S. 29).

Ähnlich wie das von der DGhK e.V. erstellte Frankfurter Papier (DGhK, 1995) hat
auch die Hochbegabtenförderung e.V. einen Katalog von Forderungen aufgestellt, die
die Umgestaltung der schulischen Bedingungen für hochbegabte Kinder betreffen.
Im Einzelnen werden folgende Ansprüche erhoben:

1. Hochbegabung muß als verpflichtendes Thema in die Aus- und Fortbildung von
Lehrern sowie Erziehern aufgenommen werden. Dazu müssen sich zunächst mehr
Fachleute mit diesem Thema auseinandersetzen, die solche Fortbildungen anbie-
ten können.
2. Damit die Kinder bereits in der Grundschule besser gefördert werden, müssen
hierfür Programme entwickelt werden.
3. Die Schulpsychologen und Beratungslehrer an den Schulen müssen zum Thema
Hochbegabung ausgebildet werden.
4. Für hochbegabte Kinder, die bereits in der Grundschule ihren Spaß am Lernen
und ihre Motivation verloren haben, müssen Programme entwickelt werden, die
im Sekundarbereich I greifen und den Kindern wieder die Möglichkeit der Entfaltung geben.
5. Der Staat muß die Kosten für eine Nachschulung im Einzelunterricht für solche
hochbegabten Kinder übernehmen, die auf Sonderschulen eingewiesen wurden.
Da dieser Fehler aus Unkenntnis im Bildungssystem begründet liegt, ist hierfür
der Staat verantwortlich und nicht die Eltern.
6. An hochbegabte Kinder sollen im Unterricht höhere Anforderungen gestellt werden. Die Möglichkeit des Überspringens muß leichter gemacht werden; zusätzliche Fremdsprachen sollen erlernt werden. In einigen Fächern sollten die Kinder
am Unterricht höherer Klassen teilnehmen dürfen.
7. Das Abitur soll in Teilbereichen schon früher abgelegt werden dürfen und die
verbleibende Zeit dafür genutzt werden, daß auch in den Fächern, die abgewählt
werden mußten, die Abiturprüfung gemacht werden kann.
8. In jeder größeren Stadt sollte es spezielle Klassen für hochbegabte Kinder geben.
Für die Integration hochbegabter Kinder in die Gemeinschaft wird es als günstig
betrachtet, wenn hochbegabte Kinder in bestimmten Fächern wie Sport gemeinsam mit normalbegabten Kindern unterrichtet werden.

6.6.3   Mensa in Deutschland e.V. (MinD)

6.6.3.1 Gründungsgeschichte und Mitgliederentwicklung

Mensa ist ein internationaler Verein und wurde 1946 in Oxford gegründet. Die Grün-
dungsidee stammt von einem Australier und einem Engländer, die (zufällig) zusammen in einem Zug durch das zerbombte London fuhren und darüber sprachen, daß es
sinnvoll wäre, Intelligenz für den Frieden und damit zum Wohle der Menschheit einzusetzen. 1979 wurde **Mensa in D**eutschland (abgekürzt MinD) als deutsche Regio-
nalgruppe gegründet. Der Begriff Mensa kommt aus dem Lateinischen und bedeutet
„Tisch". Gleichzeitig ist darin das Wort „Mens" enthalten, das übersetzt „Geist" oder
„Verstand" bedeutet.

Ziel der Gründung von Mensa war es, intelligente Menschen in Kontakt zu bringen, eine anregende Atmosphäre für die Mitglieder zu schaffen sowie Intelligenz zu
entdecken und fördern (Mensa in Deutschland e.V., 1996). Als internationale Vereinigung zählt Mensa ca. 100000 Mitglieder in 80 Staaten. Mensa in Deutschland e.V.
überschritt 1998 die 2000-Mitglieder-Grenze und ist jetzt bei ca. 2200 Mitgliedern
angelangt. Damit ist Mensa in Deutschland e.V. der drittgrößte Regionalverband von
Mensa International. Vor Mensa in Deutschland e.V. rangieren die USA und Groß-
britannien mit jeweils 30000 bis 40000 Mitgliedern. Mensa betont, daß die Mitglieder aus allen Bevölkerungsschichten stammen, daß sie völlig unterschiedliche Per-
sönlichkeiten aufweisen und ihre (vordergründig) einzige Gemeinsamkeit die hohe
Intelligenz ist.

6.6.3.2 Struktur

Als internationaler Verband gliedert sich Mensa in 80 nationale Regionalverbände.
Der deutsche Regionalverband MinD hat lokale Ansprechpartner in mehreren Städ-
ten in Deutschland. Die lokale Ebene von MinD wird nicht zentral gesteuert, sondern
von den jeweiligen Mitgliedern ins Leben gerufen, so daß es keine fest organisierten
Lokalverbände gibt. Alle zwei Jahre wird von den Mitgliedern in Briefwahl ein neuer
Vorstand für Mensa International und Mensa in Deutschland gewählt.

Jeweils einmal jährlich finden auf nationaler sowie auf internationaler Ebene eine
Mitgliederversammlung statt. Zur internationalen Mitgliederversammlung sendet
jeder Regionalverband einen Delegierten, meist den Vorsitzenden.

Alle aktiven Mitglieder von Mensa arbeiten ehrenamtlich. Die einzige bezahlte
Kraft ist die Leiterin der Geschäftsstelle, die kein Mitglied von Mensa ist. Der Verein
finanziert sich aus den Mitgliedsbeiträgen. Voraussetzung für die Mitgliedschaft ist
der Nachweis eines Intelligenzquotienten, der höher liegt als bei 98 % der Bevölkerung (was einem IQ von 130 oder höher entspricht), durch das Ablegen eines Intelligenztests. Dies kann entweder in Form eines Einzeltests bei einem Diplom-
psychologen gemacht werden oder in Form eines Gruppentests bei Mensa selbst.

Diese Gruppentests sind billiger als Einzeltests, die Teilnahme daran kostet z.Z.
70 DM, ermäßigt 50 DM.

6.6.3.3 Aufgaben von Mensa

Zweck der Vereinigung ist laut internationaler Satzung „menschliche Intelligenz zum
Nutzen der Menschheit festzustellen, zu pflegen und Untersuchungen über Natur,
Charakteristik und Nutzung der Intelligenz zu fördern" (Mensa in Deutschland e.V.,
1995). Mensa spricht von seinen Mitgliedern nicht als hochbegabten, sondern als
überdurchschnittlich intelligenten Menschen und definiert als solche die 2% intelli-
gentesten Menschen in der Bevölkerung (s.o.).

In seiner Informationsbroschüre (Mensa in Deutschland e.V., 1996) und auf seinen Internetseiten (http://www.de.mensa.org/) hebt der Verein immer wieder hervor,
daß Intelligenz in keinem Zusammenhang zu anderen Persönlichkeitseigenschaften
steht und Intelligenz selbst nur eine Persönlichkeitseigenschaft unter vielen ist.

Die Mitglieder von Mensa organisieren eine Reihe von Aktivitäten. Es wird jedoch immer wieder darauf hingewiesen (Mensa in Deutschland e.V., 1998, 7; Mensa
in Deutschland e.V., 1999), daß Mensa selbst nur das sei, was die Mitglieder aus dem
Verein machten. Eine Vorschrift aus der internationalen Satzung lautet: „Mensa itself
holds no opinion." Nur die Mitglieder von Mensa haben Meinungen. Deshalb ist es
auch schwierig, allgemein darzustellen, was Mensa (alles) tut, denn die Maßnahmen
sind stark von der Aktivität der augenblicklichen Mitglieder abhängig. Trotzdem
kann hier dargelegt werden, welche Maßnahmen von den Mitgliedern relativ regelmäßig durchgeführt und organisiert werden.

- In einer Reihe von Städten finden regelmäßig, d.h. alle zwei Wochen bis einmal
  vierteljährlich, Stammtische für Mensa-Mitglieder statt. Diese Stammtische können auch von Nicht-Mitgliedern besucht werden, wenn sie sich über Mensa in-
  formieren wollen.
- In einigen Städten finden außerdem regelmäßig, meist einmal im Monat, spezielle Veranstaltungen statt, so z.B. Spieletreffen, gemeinsames Frühstücken, Kul-
  turprogramm etc. Es gibt auch spezielle Veranstaltungen für Jugendliche (Junior
  Mensa, 12 – 21 Jahre) und junge Erwachsene (unter 30 Jahre).
- Alle zwei Monate erscheint die Vereinszeitschrift „MIND-MAGAZIN" mit ca.
  50 Seiten Informationen z.B. über neu erschienene Bücher zum Thema Intelligenz, Fachartikeln, Vereinsleben, Denksportaufgaben, Berichte über Kinder- und
  Jugendaktivitäten und dem „Mensa International Journal" als Bestandteil der
  Zeitschrift.
- Jeweils zu Jahresbeginn erscheint der „Mensa-Pressespiegel", in den alle Zei-
  tungs- und Zeitschriftenartikel aufgenommen werden, die im Laufe des vergan-
  genen Jahres über Mensa in den Medien veröffentlicht worden sind.

- Weltweit haben Mensa-Mitglieder mehrere hundert „Special Interest Groups",
  abgekürzt SIGs, gebildet. Diese Gruppen bestehen aus Mensa-Mitgliedern, die
  ein gemeinsames Hobby haben oder daran interessiert sind, Ideen und Informationen auszutauschen (Mensa in Deutschland e.V., 1997). Eine Special Interest
  Group kann für jedes Interesse gegründet werden, das legal und verträglich mit
  den Zielen und der Unabhängigkeit von Mensa ist, d.h. eine SIG darf beispielsweise nicht als politische Initiative tätig werden und keine kommerziellen Interessen verfolgen. Über das Internet können sich Mensa-Mitglieder weltweit zu
  SIGs zusammenschließen. Solche internationalen SIGs sammeln zumeist Informationen über ihr Interessengebiet und veröffentlichen sie in einem Rundbrief,
  den alle SIG-Mitglieder erhalten. Regionale SIGs, wie z.B. SIG Mund Freud, bestehen aus Treffen mit einem gemeinsamen Ritual, in diesem Fall einem gemeinsamen Essen. Beispiele für weitere SIGs sind die AstroSIG - eine Interessengruppe zum Thema Astronomie, die SIGread - eine Interessengruppe zum Thema
  Literatur und die Gay & Lesbian SIG - eine Interessengruppe für homosexuelle
  Mensa-Mitglieder.
  Auch bei den Special Interest Groups wird ausdrücklich erwähnt, daß Mensa
  keinen Einfluß auf die Tätigkeit der SIGs hat und deshalb jegliche Verantwortung
  für deren Handlungen ablehnt (Mensa in Deutschland e.V., 1997). SIG-Koor-
  dinatoren dürfen nicht im Auftrag von Mensa handeln.
- Mensa organisiert das sog. SIGHT-Programm. Die Teilnahme an diesem Pro-
  gramm bietet Mensa-Mitgliedern die Möglichkeit, in fremden Ländern als Gast
  kostenlos von anderen Mensa-Mitgliedern aufgenommen zu werden, wenn sie
  Gleiches für ausländische Mensa-Mitglieder tun, die nach Deutschland kommen.
- Mensa setzt sich für die Förderung hochbegabter Kinder ein und finanziert - z.B.
  in Zusammenarbeit mit UNICEF - Schulen für hochbegabte Kinder (Mensa in
  Deutschland e.V., 1996, S.2). Mensa in Deutschland e.V. organisiert seit 1999
  Junior-Camps mit Workshops, z.B. zu den Bereichen Computer oder Sprachen,
  sowie sportlichen Veranstaltungen und Ausflügen.
- Gemeinsam mit dem Verein Friedensdorf International setzt sich Mensa für die
  Heilung von verletzten und kranken Kindern aus Kriegs- und Krisengebieten ein.
  So werden von Ärzten, die Mitglied bei Mensa sind, kostenlose Behandlungen
  dieser Kinder durchgeführt und Freibetten in Krankenhäusern organisiert.

7.   Ausgewählte Formen spezieller Hochbegabung

Neben der allgemeinen intellektuellen Hochbegabung gibt es eine Vielzahl von Spezialbegabungen, worunter Spitzenleistungen auf einem eingegrenzten Gebiet verstanden werden. Untersucht wurden u.a. mathematische, künstlerische, musikalische,
sportliche und soziale (Hoch-) Begabungen.

> *„Das talentierte oder begabte Kind zeigt beständig bemerkens-*
> *werte Leistungen in jeglicher Art von erstrebenswerten Bemühun-*
> *gen. Deshalb umschließt dieser Begriff nicht nur das intellektuell*
> *begabte Kind, sondern auch jene, die sich in Musik, bildnerischen*
> *Künsten, Theaterstücke-Schreiben, technischen Fertigkeiten und*
> *sozialen Führungsqualitäten vielversprechend zeigen.“* (N.B. Hen-
> ry, 1958, zitiert nach Bastian, 1989)

Musikalische, künstlerische und sportliche Hochbegabungen lassen sich hauptsächlich an den gezeigten Leistungen, also den Ergebnissen oder Produkten, erkennen
und messen. Anders als im Bereich der intellektuellen Hochbegabung gibt es für solche Spezialbegabungen wenig oder keine objektiven Testverfahren, so daß man
Hochbegabte nicht einfach mittels eines Grenzwerts (*Cut-Off-Score*) identifizieren
kann.

   Im musischen Bereich fällt die Suche nach allgemeingültigen, objektiven Kriteri-
en für hohe Begabung besonders schwer. Dies liegt vermutlich vor allem an der
breiten Bedeutung des Konzepts der Kreativität, die insbesondere bei künstlerischer
Arbeit eine große Rolle spielt. Bislang konnte man sich jedoch noch nicht auf eine
allgemein anerkannte Definition für Kreativität einigen. Obwohl im künstlerischen
Bereich in diesem Jahrhundert sehr viel geforscht wurde, gibt es noch keine klare
Antwort auf Fragen nach Früherkennung, Entwicklung und Fortbestand künstlerischen Talents (Wieczerkowski & Wagner, 1985).

   Eine andere Spezialbegabung, von der in der letzten Zeit häufig in den Medien zu
hören ist, ist die sog. soziale Hochbegabung. Die Idee der sozialen Hochbegabung ist
in der Forschung jedoch umstritten, und es gibt nicht sehr viele Untersuchungen in
diesem Bereich. Hauptargument gegen eine Beschäftigung mit einer möglichen sozialen Begabung ist die Ansicht, daß sozial hochbegabtes Verhalten schwer zu definieren und zu messen ist. Außerdem wird eine „Verwässerung“ des Begabungsbegriffs befürchtet, wenn in jedem Verhaltensbereich nach Hochbegabten gesucht wird.

Van Lieshout (1995) hingegen argumentiert, daß die soziale Begabung als Teil der Persönlichkeit in der bisherigen Begabungsforschung zu kurz gekommen ist. Für ihn ist soziale Begabung eine eigenständige Begabung, die weit über die häufig zitierten „Führungsqualitäten" hinausgeht, und die ebenso wie die intellektuelle Hochbegabung erforscht werden sollte.

Im folgenden sollen beispielhaft die Bereiche der sportlichen und der musikalischen Hochbegabung kurz näher dargestellt werden.

7.1   Sportliche Hochbegabung

Der Sport genießt in der heutigen Zeit einen enorm hohen Stellenwert. Millionen Hobbysportler gehen Woche für Woche ihrer Lieblingsfreizeitbeschäftigung nach, jagen in Wettkämpfen der unterschiedlichsten Disziplinen persönlichen Bestleistungen hinterher oder opfern ihren Einsatz und Ehrgeiz für ihre Mannschaft im Kampf um die Meisterschaft. Aber Sport ist inzwischen auch mehr als nur eine Möglichkeit zur aktiven Freizeitgestaltung. Der Profisport hat sich zu einem riesigen Markt entwickelt. Die Werbung mit Sportprodukten floriert, für einige Spitzensportler werden horrende Ablösesummen und Gehälter gezahlt und sportliche Großveranstaltungen, wie die Olympischen Spiele oder die Fußballweltmeisterschaft, locken unzählige Sportbegeisterte an die Fernsehbildschirme.

Im Zentrum dieser Entwicklung stehen Sportler, die sich durch ihre außergewöhnlichen sportlichen Begabungen von allen übrigen Sportlern abheben. Vor diesem Hintergrund stellen sich nun eine Reihe von Fragen: Was macht einen Spitzensportler zum Spitzensportler? Anhand welcher Faktoren lassen sich seine außergewöhnlichen Fähigkeiten erklären? Ist sportliche Hochbegabung auf eine erbliche Veranlagung oder lediglich auf ein gutes Training zurückzuführen? Diese Fragen sind im Rahmen psychologischer Forschungstätigkeit zu klären.

Ein Blick auf die in der Fachliteratur veröffentlichten Artikel zur Thematik „sportliche Hochbegabung" läßt den Schluß zu, daß die wissenschaftliche Auseinandersetzung auf diesem Gebiet noch in den Kinderschuhen steckt. Nur vereinzelt finden sich Publikationen, die sich mit der Identifikation solcher (Leistungs-) Merkmale auseinandersetzen, die sportliche Höchstleistungen determinieren, und es bestehen nahezu keine gesicherten Erkenntnisse darüber, welche Variablen den talentierten Sportler kennzeichnen.

Wer als Leichtathlet, Fußballspieler oder in einer beliebigen anderen Disziplin als sportliches Talent näher in Augenschein genommen wird, hat den Beweis seiner überdurchschnittlichen Leistungsfähigkeit bereits erbracht. Hinter dieser Tatsache verbirgt sich ein grundlegendes Dilemma der psychologischen Leistungsdiagnostik. Auch im Rahmen der Entdeckung sportlicher Talente liegt die Funktion psychologischer Diagnostik in der Identifizierung solcher Merkmale, die eine zuverlässige Prognose der genauen Leistungsfähigkeit eines Sportlers zulassen. Dabei ist jeweils die Frage zu beantworten, ob ein junger Athlet in Zukunft „nur" zu einem guten oder zu einem sehr guten Sportler heranreift.

Für die Prognose der sportlichen Leistungsfähigkeit ist es wichtig zu berücksichtigen, daß eine Vielzahl unterschiedlicher Faktoren auf die leistungsmäßige Entwicklung eines Sportlers Einfluß nimmt. Dabei handelt es sich u.a. um psychische, physische, biomechanische und ökologische Variablen, die jeweils für sich und in komplexer Wechselwirkung das Leistungsniveau beeinflussen. Über die Einzelheiten der Wirksamkeit von Variablen besteht noch Unklarheit.

Um bei der Spezifikation der Wirksamkeit unterschiedlicher Merkmale zuverlässige Daten zu erhalten, geht man auf zweierlei Art und Weise vor.

Im Rahmen von Querschnittsuntersuchungen wird der Frage nachgegangen, in welchen Bereichen, also hinsichtlich welcher Merkmale und in welchem Umfang sich Normalsportler von sportlichen Talenten zu einem gegebenen Zeitpunkt unterscheiden. Dabei ergibt sich allerdings das Problem, daß auf einem unterschiedlichen Leistungsniveau verschiedene Faktoren zu einer differentiellen Prognose in der Lage sind. Beispielsweise tritt das Merkmal „Motivation" als zuverlässiger Indikator bei der Erklärung und Vorhersage von Leistungsunterschieden zwischen einem Weltklasse-Tennisspieler und einem Hobbyspieler auf. Bezogen auf die wesentlich kleinere Subpopulation der Weltklasse-Tennisspieler werden sich hingegen kaum bedeutsame Differenzen in der Motivation finden lassen (Haase et al., 1982). Die hier dargestellte Verschiebung des Vorhersagewertes spezifischer Variablen in Abhängigkeit von der zugrunde liegenden Teilpopulation macht eine zuverlässige und objektive Analyse leistungsrelevanter Merkmale ungeheuer schwierig.

Im Rahmen von Längsschnittuntersuchungen wird über einen vorher definierten Zeitraum hinweg in regelmäßigen Zeitabständen eine Messung leistungsrelevanter Merkmale vorgenommen. Dieses Vorgehen ermöglicht Rückschlüsse auf den prognostischen Wert einzelner Variablen im Hinblick auf ihre Tauglichkeit, Talente möglichst sicher identifizieren zu können. Dabei stellt sich daß Problem, daß Merkmale wie „Körpergröße" oder „Körpergewicht" bei Kindern und Jugendlichen noch als Leistungsprädiktoren mit großer Trennschärfe auftreten, ihnen aber bezogen auf ältere Personen kein Vorhersagewert zugebilligt werden kann. Auch über die Zeit hinweg verändert sich also die Vorhersageeigenschaft unterschiedlicher Merkmale.

Die Problematik der Leistungsdiagnostik ist durch die hier angesprochenen Aspekte sicherlich nicht erschöpfend dargestellt. Die angeführten Sachverhalte mögen aber genügen, um zu verdeutlichen, daß die „Psychodiagnostik im Sport (...) mangels ausreichender Kenntnisse über die psychische Determination von sportlichen Höchstleistungen eher noch Programm als vollzogene Realität [ist]" (Haase et al., 1982).

Es stellt sich nun die Frage, wie in der Praxis mit der dargestellten Kluft zwischen Anspruch und Realität der Leistungsdiagnostik umgegangen wird. Nach Regnier et al. (1984) stellt sich die Praxis der Talentsichtung als ein passives System dar, das nach dem „Pyramiden-Prinzip" aufgebaut ist. Nach diesem Prinzip wird die Förderung von Talenten im Sport in Form hierarchisch organisierter Trainingsstützpunkte betrieben:

Auf der untersten Stufe dieses Fördersystems wird eine Talentsichtung auf regionaler Ebene (Landkreise, Bezirke) vorgenommen. Junge talentierte Sportler, die sich in ihrer Sportart gegenüber gleichaltrigen Mitstreitern als überlegen erweisen, werden zu einem speziellen Fördertraining zusammengefaßt, das auf ihre Fähigkeiten zugeschnitten ist. Die auf regionaler Ebene leistungsstärksten Jungsportler, die sich in den unterschiedlichen Wettkämpfen entsprechend qualifiziert haben, werden abermals herausgefiltert und in ein Trainingsprogramm auf höherem Niveau eingebunden u.s.w.

Letztendlich gewährleistet dieses Vorgehen bei der Talentsichtung die Identifikation einer verhältnismäßig geringen Anzahl sportlicher Talente, denen mit Blick auf die Zukunft eine mögliche Karriere als Spitzensportler in Aussicht zu stellen ist. Nach Tschiene (1974) ist „Talentsuche weniger eine Frage der Talentauswahl, sondern vielmehr eine Frage der Talenterfassung und Talentbewahrung".

Die hier dargestellte Strategie der Talentsichtung ist nicht ohne Mängel und funktioniert nur unter der Voraussetzung, daß genügend talentierte Sportler in einem frühen Entwicklungsstadium auf günstige Ausgangsbedingungen treffen, die es ihnen überhaupt erst ermöglichen, den ersten Schritt der Entfaltung ihrer Begabungen zu unternehmen. Vor allem in der Frühphase einer „Sportlerkarriere" spielt der Trainer eine entscheidende Rolle (von Rossum, 1995). Zu diesem Zeitpunkt übernimmt er in seiner Rolle als „Talentspäher" als einziger die Aufgabe der diagnostischen Beurteilung des Sportlers und greift dabei allenfalls auf seine Erfahrungen, kaum jedoch auf wissenschaftlich abgesicherte Erkenntnisse zurück. Das Hinzufügen wissenschaftlicher Beiträge zu den intuitiven Vorhersagen eines Trainers kann jedoch einen höheren Grad an Objektivität zu den getroffenen Entscheidungen beisteuern.

7.2   Musikalische Hochbegabung

Musikalische Begabung ist wahrscheinlich ebenso wie Intelligenz normalverteilt, d.h. man kann Menschen nicht einfach in die Kategorien „musikalisch" oder „unmusikalisch" einteilen, sondern es gibt ein Begabungskontinuum.

Zunächst ist festzustellen, daß in der Literatur zur musikalischen Hochbegabung hauptsächlich über Jugendliche berichtet wird, die klassische Musik spielen. Hochbegabte Musiker anderer Musikrichtungen wurden bislang vermutlich nicht untersucht.

Was aber ist eigentlich musikalische Hochbegabung? Es gibt keine Einigung darüber, welche Merkmale musikalische Begabung ausmachen und wie sie gewichtet werden (Wieczerkowski & Wagner, 1985). So gibt es auch keine einheitliche, allgemein gebräuchliche Definition. Eine Möglichkeit ist es, musikalische Hochbegabung als besondere Erlebnisfähigkeit zu verstehen: „Der Musikalische erlebt in der Musik etwas, das dem Unmusikalischen verschlossen bleibt." (Mühle, 1971; zitiert nach Eckstaedt, 1996). Dieser sehr vagen und schwer anzuwendenden Definition - wie kann ein Außenstehender über das Erleben eines anderen Menschen urteilen? -

stehen Versuche gegenüber, Faktoren für musikalische Begabung aufzufinden, z.B. Bastian (1989).

Bastian definiert als musikalisches Talent die folgenden Fähigkeiten:

- Körperliche Veranlagung für ein Instrument (1:1 Identität von Körper und Instrument, zeigt sich als Geschicklichkeit von Händen, Fingern, Lippen)
- überdurchschnittliche Hör-Sensibilität
- außerordentliches musikalisches Gedächtnis
- Sinn für Gestaltqualitäten der Musik (melodisch-harmonisch-rhythmische Strukturen)
- Fähigkeit zur Abstraktion musikalischer Syntax
- Gefühl oder Intuition für Freiräume zur persönlichen individuellen Nutzung und künstlerischen Entfaltung

Gordon (1986) rechnet zur musikalischen Begabung zusätzlich das Konzept der Audiation. Unter Audiation versteht er das „innerliche Hören" von Musik, wenn physikalische Töne eigentlich nicht präsent sind. Audiation findet beim gedächtnismäßigen Abrufen von Musik oder beim Komponieren statt.

In der musikalischen Begabungsforschung ging es lange Zeit um die Frage, ob sich musikalische Begabung durch ein Bündel voneinander unabhängiger Fähigkeiten („specifics" nach Seashore, 1938, zitiert nach Bastian, 1989) auszeichnet, oder ob Musikalität als ganzheitlicher Prozeß („Omnibus"-Theorie) verstanden werden sollte. Im Ansatz von Seashore wird Musikalität in unterschiedliche Fähigkeiten aufgegliedert, etwa Tonhöhen-Sensorium oder Rhythmusgefühl, die eine Person in unterschiedlicher Ausprägung besitzen kann. In Musikalitätstests werden diese Fähigkeiten dementsprechend einzeln erhoben. Im Sinne einer Omnibus-Theorie wird Musikalität als ganzheitlicher Prozeß mit unterschiedlichen Anteilsfähigkeiten erklärt. Wing (vgl. Shuter-Dyson, 1982, zitiert nach Bastian, 1989) nimmt aufgrund statistischer Analysen einen „general factor" an, der Musikalität ausmacht, und der nicht mehr in Einzelfähigkeiten aufgegliedert werden kann. Mit diesem Faktor gibt er an, 40% der Streuungsbreite der Musikalität aufklären zu können.

Gordon (1986) unterscheidet in seinem Begabungsbegriff zwischen *Lernpotenz* und *musikalischer Leistung* („*achievement*"). Das Potential, also die Lernpotenz, ist angeboren und kann sich je nach Intensität und Qualität der Förderung zu einem bestimmten Leistungsniveau entwickeln. Die technische Kunstfertigkeit, gut auf einem Instrument zu spielen, sieht Gordon bloß als mechanische, nicht aber als musikalische Leistung an.

Zur Frage der Interaktion von Anlage und Umwelt bei musikalischer Begabung ergaben Untersuchungen mit Kindern, daß *„in der Altersphase zwischen 5 und 9 Jahren eine Wechselwirkung zwischen Begabung und Förderung besteht, danach die Begabung aber relativ stabil ist und Umwelteinflüsse keine positiven Auswirkungen mehr auf deren Ausprägung nehmen."* (Gordon, 1965, zitiert nach Bastian, 1989).

Bis zum neunten Lebensjahr stellt sich eine stabilisierte musikalische Begabung ein, die nur noch beschränkt entwicklungsfähig ist: das „musical aptitude profile" ist dann ausgeprägt. Das Niveau der angeborenen Begabung kann nur gehalten werden und sich in Leistung umwandeln, wenn „frühzeitige, umgangsmäßige und geplante musikalische Umwelterfahrungen" (Gordon, 1986) gegeben sind. Je höher der Grad der angeborenen Begabung, desto vielfältiger müssen die frühen musikalischen Erfahrungen gestaltet sein. Durch Förderung kann das Niveau der angeborenen Begabung aber niemals übertroffen werden. Das heißt auch, daß sich niemand auf der Leistungshöhe, die seine musikalische Begabung erlaubt, befinden kann. Die tatsächliche Leistung kann sich dem Leistungspotential immer nur annähern.

Seit den 60er Jahren wird zunehmend auch von einem dynamischen Begabungsbegriff ausgegangen. Demnach ist Begabung zwar genetisch bedingt, nicht aber in dem Sinne angeboren, daß die Begabungshöhe von Geburt an festgelegt ist. Vielmehr kann Förderung einen Menschen im Laufe seiner Entwicklung „begaben"; d.h. Begabung ist nicht, wie bei Gordon, eine festgesetzte Größe, sondern durch Umweltstimulation auch in die positive Richtung veränderbar.

Seit Anfang dieses Jahrhunderts wurden für die Diagnose musikalischer Begabung zahlreiche Tests entwickelt. Zunächst prüften diese Tests fast ausschließlich sensorisches Unterscheidungsvermögen, erst in den letzten dreißig Jahren kamen Tests hinzu, die weitere musikalische Sachverhalte mit einbezogen (Behne, Kötter & Meißner, 1982, zitiert nach Bastian, 1989). Natürlich können Musikalitätstests - ebenso wie Intelligenztests - immer nur die Merkmale erfassen, die der Autor für relevant erachtet. Aufgrund der Uneinigkeit über die Definition von Musikalität gibt es auch keine einheitlichen Testverfahren.

Die Lebenswelten musikalisch Hochbegabter, die als Preisträger aus den Landes- und Bundeswettbewerben „Jugend musiziert" hervorgegangen waren, erforschte Bastian in seinen biographischen und Befragungsstudien. Lebensgeschichten musikalisch Begabter in Kindheit, Elternhaus und Alltag sollten dargestellt und wettbewerbstypische Nebenwirkungen aufgezeigt werden. In seinen Studien ist es Bastian ein Anliegen, Vorurteile gegenüber Hochbegabung und „Das Märchen der verlorenen Kindheit" zu hinterfragen und zu widerlegen. Dabei untersuchte er in seiner Stichprobe Jugendliche, die nicht nur außerordentliche musikalische Leistungen zeigten, sondern auch hoch motiviert waren, denen „Musik alles bedeutet". Für diese hochbegabten Preisträger kommt Bastian (1991) in seiner repräsentativen Studie „Jugend am Instrument" zu dem Schluß, daß Musik von den jungen Musikern stark als Möglichkeit zum Aufbau der Persönlichkeit, als Freizeitbereicherung und als Kontaktbereicherung angesehen wird. Hinzu kommt der Aspekt der Selbstbestätigung und eine therapeutische Funktion, insofern als Musik den Jugendlichen Trost und Geborgenheit spendet, aber auch zur Realitätsflucht verleiten kann. Diese Darstellung relativieren Befunde von Feldmann und Holling (1996), die zeigen, daß musikalisch hochbegabte Kinder und Jugendliche erheblichen Belastungen beim Üben oder Vorspielen ausgesetzt sind. Außerdem ist zu bedenken, daß mit zunehmender musikalischer Leistung auch der zeitliche Aufwand für das Training sehr stark ansteigt. Hiermit einher geht zwangsläufig eine Reduzierung sozialer Kontakte, die insbesondere für Kinder und Jugendliche einen wichtigen Bestandteil der Sozialisation darstellen. Zu trennen ist auch zwischen der offenbar positiven Selbstdarstellung der Kinder in Interviews und ihrer tatsächlichen Lebensrealität.

Bei den musikalisch erfolgreichen Frauen findet Bastian ein stärkeres emotionales Engagement, für die Männer ist die Musik stärker eine Möglichkeit zur Selbstbestätigung. Die Gefahr, die Bastian (1994) trotz aller Bereicherung für die Entwicklung der hochbegabten Musiker sieht, ist der häufig extreme Selbstanspruch und die überzogene Selbstkritik, die unter Umständen zur Überforderung („Workaholic-Syndrom") führen kann. In Planung ist eine Langzeitstudie, in der Bastian untersuchen will, was aus den befragten Jugendlichen geworden ist, damit auch längerfristige Auswirkungen musikalischer Begabung erfaßt werden können.

Die von Bastian (1989) untersuchten Jugendlichen haben ein außergewöhnlich positives Selbstbild und Selbstkonzept, sie bezeichnen sich selbst als „anspruchsvoll, ehrgeizig und kritisch". Bastian kennzeichnet die Hochbegabten als „Hoffnung-auf-Erfolg-Prototypen", für deren Selbstbild Fleiß und Selbstdisziplin wesentlich seien. Typisch ist, daß die hochbegabten Musiker die Titulierung als „begabtes Wunderkind" ablehnen und stattdessen die hohe Anstrengung betonen, die für große musikalische Leistungen wichtig ist.

Einen kritischen Standpunkt nimmt Eckstaedt (1996) ein, indem er als Hauptmotivation zum musikalischen Ausdruck die „elementare, allgemein menschliche und intensive emotionale Äußerung" nennt, die er durch den Leistungsanspruch von intensivem Instrumentalunterricht gefährdet sieht. Durch die Betonung auf musikalische Hochbegabungen verkümmere die musikalische Breitenbildung dazu, nur noch der „Herauskristallisation von (Hoch-) Begabungen" zu dienen. Viele Kinder würden aus diesem Anspruch heraus früh als „unmusikalisch" etikettiert, hoher Leistungsanspruch der Eltern und Lehrer führe zur Demotivierung und häufig zum Abbrechen des Instrumentalunterrichts. Im Sinne der Chancengleichheit sei diese Entwicklung nicht zu vertreten.

7.3 Berufliche Hochbegabung

7.3.1 Einleitung: Zur Bedeutung der beruflichen Hochbegabung

Berufliche Begabung war sowohl im Bereich der Berufsbildungsforschung als auch im Bereich der Hochbegabungsforschung lange Zeit ein blinder Fleck. In der Hochbegabungsforschung beschäftigte man sich vorwiegend mit Begabungen von jüngeren Kindern, Schülern und Studenten im schulisch-akademischen Bereich (Perleth & Ziegler, 1994). Eine Verbindung zwischen Hochbegabung und beruflicher Bildung und die Notwendigkeit der Identifikation und Förderung beruflicher Begabung wurden kaum gesehen. Diese Situation wurde schon zu Anfang des Jahrhunderts durch Petersen (1916 b) in einer Publikation des „Deutschen Ausschuß für Erziehung und Unterricht" zum „Aufstieg der Begabten" beklagt: „Der Überschätzung und dem hohen Dünkel akademischer Bildung aber wird erst begegnet werden, wenn in Deutschland jeder Mann nach seiner Leistung, nicht nach seinem Titel eingeschätzt wird, wenn im ganzen Volke rechtes Verständnis und damit die rechte Achtung vor jedem Berufe, ob er weiche oder schwielige Hände schafft, ob er ein feines oder ein rußiges Kleid nötig macht, durchgedrungen sind. ... Die Umbiegung des Urteils wird den Zeitraum einer Generation gewiß nötig machen." (S. 6).

Obwohl in der heutigen Begabungsforschung Begabung nicht mehr (ausschließlich) durch die gezeigte Leistung definiert wird, ist Petersens Kritik - mehr als drei Generationen später - immer noch aktuell. Seit 1960 hat sich die Anzahl der Abiturienten verdreifacht, und es besteht eine deutliche Tendenz zur Gymnalisierung und Akademisierung. Die angestrebte Chancengleichheit und Gleichwertigkeit schulisch-akademischer und beruflicher Bildung durch die Öffnung des Bildungssystems hat eher zu einer Schieflage zwischen Studentenzahlen und Fachkräftenachwuchs als zu einem Ausgleich des Statusgefälles zwischen allgemeiner und beruflicher Bildung geführt (Manstetten, 1996 c). Zusätzlich fehlen in der Praxis nach wie vor ausreichend attraktive und differenzierte berufliche Bildungsmöglichkeiten für begabte Jugendliche. „Trotz höherer Bildungsvoraussetzungen der Auszubildenden und trotz gestiegener Berufsanforderungen im Beschäftigungssystem wird am Standardisierungs- und Einheitlichkeitsprinzip (aus tarifpolitischen Gründen) festgehalten." (Manstetten, 1996 c, S. 3).

An gleicher Stelle wie Petersen stellt Stern (1916) die Forderung an die deutsche Wissenschaft, „die Erkenntnis des geistigen Nationalschatzes in die Wege zu leiten und für die pädagogischen und die Berufseignungsfragen nutzbar zu machen: die moderne Psychologie muß Begabungsforschung und Begabungsdiagnose treiben.". Dieser Forderung wird in den letzten Jahren zunehmend nachgegangen und die Definition, Identifikation und die Förderung beruflicher Begabung gewinnen nicht nur theoretisch an Aufmerksamkeit. Auch die Anzahl praktikabler Identifikationsverfahren und Fördermaßnahmen hat sich erhöht. Der entscheidende Anstoß dieser Entwicklung kam jedoch weniger aus der Wissenschaft als vielmehr aus der Einrichtung des Programms *Begabtenförderung berufliche Bildung* 1991 durch die Bundesregierung Deutschlands, in dem besonders leistungsfähige junge Berufstätige durch Weiterbildungsstipendien gefördert werden. Das Konzept einer Zielgruppe beruflich hochbegabter und besonders leistungsfähiger Jugendlicher setzt sich langsam durch: Zwar zeitlich verzögert, jedoch durchaus vergleichbar mit der intellektuellen Hochbegabung oder den Spezialbegabungen, gewinnt die berufliche Hochbegabung an gesellschaftlicher Beachtung, und die Förderung vorhandener Potentiale erhält im Rahmen des internationalen Wettbewerbs einen zentralen Stellenwert. „Perspektivisch gilt: Wer an der Förderung von Begabten spart, spart sich arm." (Albrecht, 1992). Die Diskussion um eine Elitebildung wird gerade im Kontext beruflicher Bildung ad absurdum geführt. Wie Heinbokel (1992) darlegt, kann eher das Unterlassen von Förderung als elitärer Akt verstanden werden, da - wenn Förderung zur Privatsache wird - sie nur den Kindern und Jugendlichen zugute kommt, deren Umfeld bzw. Eltern die Mittel, die Aufmerksamkeit und die Motivation dazu haben. „Die Förderung von besonders begabten Jugendlichen im Beruf kann sowohl dazu beitragen, die berufliche Bildung an und für sich aufzuwerten als auch eine allgemeine Haltung gegenüber der Förderung besonderer Begabungen und Talente positiv zu beeinflussen." (Heinbokel, 1992, S. 197).

7.3.2   Zur Definition beruflicher Hochbegabung

Eine Definition beruflicher Hochbegabung kann auf verschiedenen Wegen gewonnen werden. Berufliche (Hoch-)Begabung kann durch Leistungsdaten definiert werden (wie das Götze 1916 tat): „Nur an Leistungen kann Begabung gemessen werden". Jedoch wird solch eine Konzeption den sog. underachievern nicht gerecht, die trotz nachgewiesener, hervorragender Fähigkeiten eher schwache Leistungen zeigen (s. Kap. 5.6). Weiterhin führt die Gleichsetzung von Begabung mit gezeigter Leistung (Performanz) dazu, daß Potentiale nicht erfaßt werden, was gerade für die Einstellung von Auszubildenden und für die Förderung von potentiell leistungsstarken Jugendlichen während der Berufsausbildung relevant ist. Die heutige Begabungsforschung setzt daher Begabung nicht mit Leistung gleich, sondern geht - wie auch schon Stern 1916 - von mehr oder weniger angeborenen allgemeinen und spezifischen Leistungsdispositionen aus, die in Kombination mit günstigen Persönlichkeitsmerkmalen und günstigen sozialen Faktoren in Leistung umgesetzt werden können. Inwieweit diese Definition auch die Praxis der Begabtenförderung in der beruflichen Bildung beeinflußt, ist eine andere Frage, denn nach wie vor „fällt auf, daß auch heute fast alle angeführten Fördermöglichkeiten für solche Auszubildende, Betriebsangehörige etc. vorgesehen sind, die durch gute oder herausragende Leistungen bei Prüfungen oder Wettbewerben aufgefallen sind." (Perleth & Ziegler, 1994).

7.3.2.1 Modelle beruflicher Hochbegabung

Wie auch bei allgemeiner Begabung geht man inzwischen davon aus, daß berufliche Begabung nicht lediglich mit Intelligenz gleichzusetzen ist, sondern daß mehrere Faktoren zusammenkommen. Bartenwerfer (1978) stellte nach Durchsicht der relevanten Literatur eine Liste von „Faktoren des Entstehens beruflicher Hochleistungen" zusammen, die die folgenden Komponenten umfaßt:

- Allgemeine Intelligenz,
- spezielle Formen von Intelligenz wie zum Beispiel soziale Intelligenz, logisch-schlußfolgernde Intelligenz,
- gutes Gedächtnis,
- Kreativität, originelles Denken, schöpferische Phantasie,
- spezielle 'Begabungen' wie zum Beispiel hohe Musikalität,
- 'Fähigkeit', günstige Lern- und Entwicklungsbedingungen aufzufinden oder selbst zu schaffen,

- 'Vitalität', 'Impulsivität', 'Aktivität', 'Temperament',
- Engagement, Zielstrebigkeit,
- Fleiß, Einstellung zum Fleiß, Ausdauer,
- Arbeitsmotivation, einschließlich Abwesenheit oder Abwehr rivalisierender (ablenkender) Motive,
- angemessen hohes Selbstvertrauen,
- angemessene Zielsetzung im eigenen Lebensplan,
- nicht-schulische Bildungsmenge, zum Beispiel aus familiärer Umgebung,
- schulische und universitäre Bildungsmenge,
- berufliche Bildungsmenge,
- eine gewisse Mindestdauer der Vorentwicklung, bevor es zu Hochleistungen kommen kann, Menge an praktischen Erfahrungen zum Beispiel auch bezüglich angemessener Kommunikation,
- günstige (Umwelt-) Bedingungen.

Diese Komponenten systematisiert Bartenwerfer weiterhin in vier Kategorien. Ein herausragendes Niveau in allen vier Kategorien betrachtet er dabei als Voraussetzung für die Annahme einer beruflichen Hochbegabung. Diese vier Kategorien sind:

- Die Befähigung durch Intelligenz und Persönlichkeit,
- die Arbeitsmotivation,
- die schulische und außerschulische Bildungsmenge und
- die Förderung der Hochleistung durch die Umwelt.

Mit diesen Kategorien kommt Bartenwerfer allgemeinen Begabungskonzepten sehr nahe, da die genannten Faktoren auch in Konzeptionen allgemeiner Begabung relevant sind. Die Konzepte der beruflichen Begabung und der allgemeinen Hochbegabung weisen damit eine große Schnittmenge an relevanten Variablen auf. Auch Bals (1991) lehnt ein Konstrukt „berufliche Begabung" als Gegenstück zur „allgemeinen Begabung" ab. Er weist darauf hin, daß jede herausragende Leistung bereichsspezifisch sei und daß Begabungskonzepte und -modelle diese Bereichsspezifität jeweils wiederspiegeln müßten.

Im Kapitel 3 wurden verschiedene Hochbegabungsmodelle vorgestellt. Eines dieser Modelle, das Münchener Hochbegabungsmodell von Heller, Perleth und Hany (1994), haben Perleth und Ziegler (1994) für den Bereich der beruflichen Hochbegabung modifiziert. In Übereinstimmung mit Bartenwerfer, der von schulischer und außerschulischer Bildungsmenge als einer Bedingung beruflicher Hochleistung spricht, und der Expertise-Forschung (Schneider, 1992) wird das Vorwissen einer Person als „zentrale Bedingung für außergewöhnliche Leistungen" berücksichtigt. Weiterhin werden in der neuen Variante des Münchener (Hoch-) Begabungsmodells die Umweltmerkmale und die möglichen Leistungen auf den beruflichen Kontext zugeschnitten (s. Abb. 16).

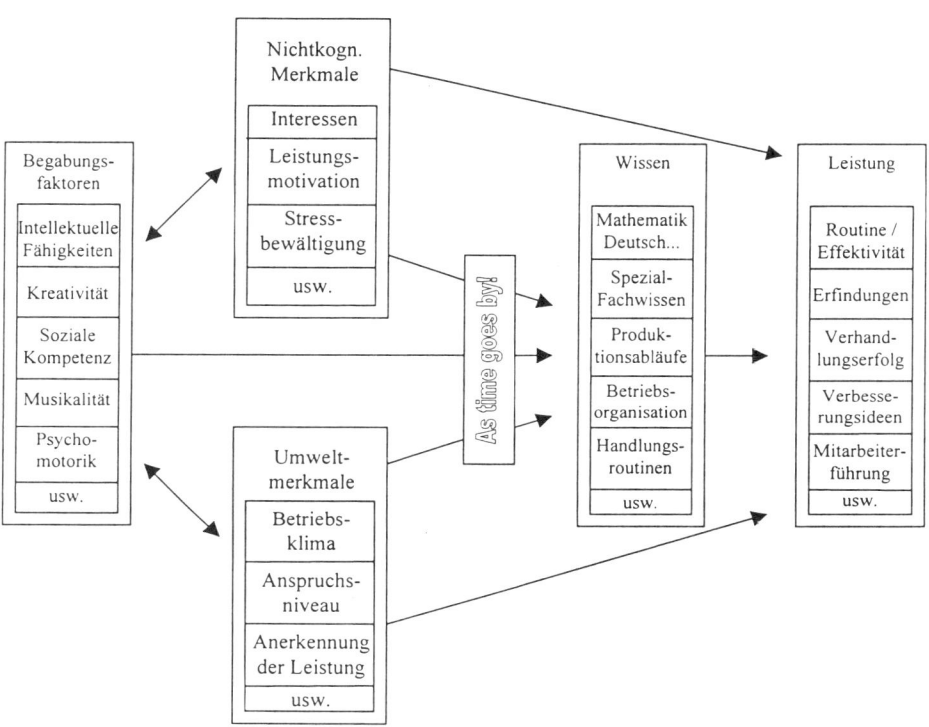

Abbildung 16: Neue Variante des Münchener (Hoch-) Begabungsmodells
(Perleth & Ziegler, 1994)

Die verschiedenen 'Begabungsfaktoren' bringen im Zusammenspiel mit verschiedenen 'nicht-kognitiven Merkmalen', 'Umweltmerkmalen' und dem erworbenen 'Wissen' 'Leistungen' in verschiedenen Bereichen hervor. Die Bezeichnung von Interessen, Leistungsmotivation oder Streßbewältigung als 'nicht-kognitive Merkmale' ist nach Holling, Wübbelmann und Geldschläger (1996) etwas unglücklich gewählt, da die angeführten Merkmale „kaum als (ausschließlich) *nicht-kognitive* Persönlichkeitsmerkmale aufzufassen sind, zum anderen legt die Bezeichnung einen Unterschied zu den 'Begabungsfaktoren' nahe, die somit leicht als *kognitive* Persönlichkeitsmerkmale mißverstanden werden können." (S. 105).

In Anlehung an Schneider (1992) kann das oben dargelegte Modell als Schwellenwertmodell aufgefaßt werden (Perleth & Ziegler, 1994): „Überschreitet der Fähigkeitsparameter eines Individuums einen im überdurchschnittlichen Bereich anzusetzenden Grenz- oder Schwellenwert, dann entscheiden im wesentlichen das Ausmaß an nicht-kognitiven Voraussetzungen wie Engagement, Ausdauer, Konzentration und extremer Erfolgsmotivation sowie Faktoren der Lernumwelt (z.B. elterliche Unterstützung oder ein maßgeschneidertes „coaching") darüber, ob Spitzenleistungen erbracht werden können." (Schneider, 1992, S. 119). *Je nach Berufsbereich* ist der Grenzwert des Fähigkeitsparameters für berufliche Spitzenleistungen unterschiedlich hoch und nach Schneider (1992) zum Teil erstaunlich niedrig anzusetzen (s.u.).

7.3.2.2 Spezifischere Definitionen beruflicher Hochbegabung

„Trotz der schon existierenden zahlreichen Definitionen muß für einzelne Berufsfelder neu definiert werden, was unter besonderer Begabung verstanden wird. Die existierenden Definitionen greifen in der beruflichen Bildung nicht." (Heinbokel, 1992, S. 197). Zudem bringt die Vielzahl von Ausbildungsrichtungen die Notwendigkeit mit sich, Begabungen berufsbereichspezifisch zu definieren (Perleth & Ziegler, 1994). Insgesamt existieren an die 400 anerkannte Ausbildungsberufe, die zum Teil sehr unterschiedliche Anforderungen an die Fähigkeiten einer Person stellen. Allgemeine, theoretische Modelle beruflicher Begabung können für die konkrete Berufspraxis nutzbar gemacht werden, indem pragmatisch vorgegangen wird: Die jeweiligen Anforderungen eines Tätigkeitsbereichs müssen analysiert werden, so daß Anforderungsdimensionen abgeleitet werden können (Holling, 1996; Rösler, 1992). Auf dieser Grundlage kann berufliche Hochbegabung für ein Arbeitsfeld in den jeweiligen relevanten Fähigkeitsdimensionen definiert werden, und es können dann bereichsspezifische Instrumentarien zur Identifikation Begabter entwickelt werden. Hochbegabt ist dann die Person, die die relevanten Fähigkeiten in besonderem Maße aufweist, woran deutlich wird, daß z.B. für den Beruf des Verkäufers und den des Metallfacharbeiters unterschiedliche Definitionen von Begabung resultieren werden.

Analyse der Anforderungsstruktur einer Tätigkeit
In Anforderungsanalysen werden Umgebungs- und Tätigkeitselemente, die die Ausübung eines Berufs bestimmen, identifiziert, beschrieben und in ihrer Bedeutung gewichtet. Die gewonnenen Daten gestatten es, zentrale Anforderungen an Personen, die diesen Beruf ausüben, zu benennen. Es kommt darauf an, diejenigen berufsbezogenen Vollzüge zu identifizieren, die für die Erfüllung von Aufgaben von erfolgskritischer Bedeutung sind. Weiterhin gilt es zu bestimmen, welche persönlichen Voraussetzungen auf seiten des Ausübenden eine erfolgreiche Erfüllung gewährleisten. Anforderungen können theoretisch, in Bezugnahme auf Modelle, oder empirisch durch Arbeitsablauf- und Tätigkeitsanalysen abgeleitet werden. Die empirische Analyse der Anforderungsstruktur einer Tätigkeit kann in drei Schritten erfolgen (Ulich, 1994):

-   Analyse der Arbeitsaufträge, der Erfüllungsbedingungen und der Oberflächenstruktur der Tätigkeit (d.h. Beschreibung der Art, Abfolge und Dauer der Aufgaben) durch Beobachtungsinterviews und systematische Tätigkeitsbeobachtungen.

- Analyse der psychischen Regulationsvorgänge und -grundlagen, durch Beobachtungsinterviews oder Fragebögen.
- Bewertung der Tätigkeiten, z.B. durch den Job Diagnostic Survey, JDS, nach Hackman und Oldham (1975) nach den Teilcharakteristika: Anforderungsvielfalt, Ganzheitlichkeit der Aufgabe, Bedeutsamkeit der Aufgabe, Autonomie und Rückmeldung aus der Tätigkeit.

Empirische Ableitungen sind aufwendig und schwer berufsgruppenübergreifend zu leisten. Holling, Wübbelmann und Geldschläger (1996) reanalysierten für eine Untersuchung im Rahmen des Programms *Begabtenförderung berufliche Bildung* des Bundesministeriums für Bildung und Forschung die Ergebnisse einer Anforderungsanalyse, bei der im Auftrag der Bundesanstalt für Arbeit über 7.300 Experten aus der betrieblichen Praxis befragt wurden. Hierbei ging es um ihre Einschätzung der Wichtigkeit verschiedener Eigenschaften und Fähigkeiten für den Erfolg in unterschiedlichen Berufen (Chaberny, Parmentier & Schnur, 1991). Den Experten wurde zu dem jeweiligen Beruf, für den sie kompetent waren, eine Liste von Eigenschaften und Fähigkeiten vorgelegt, zu der unter anderem die Frage gestellt wurde:

> *Wenn Sie neue Mitarbeiter für eine Tätigkeit als ..* [1] *auswählen: Wie wichtig sind die folgenden Eigenschaften bzw. Fähigkeiten?*

Jede der aufgelisteten Eigenschaften oder Fähigkeiten konnte als 'sehr wichtig', 'wichtig' oder 'weniger wichtig' eingestuft werden. Es ergaben sich damit Werte zwischen 1 bis 3, wobei 3 'sehr wichtig', 2 'wichtig' und 1 'weniger wichtig' bedeutet. Die so gewonnenen, anforderungsanalytischen Daten wurden daraufhin analysiert, welche Fähigkeiten und Persönlichkeitsmerkmale in bestimmten Berufsgruppen und idealerweise auch berufsgruppenübergreifend für die Leistung und Talententwicklung förderlich sind und daher als Kriterien der Begabung in Frage kommen. Die Ergebnisse der Auswertung der Daten über alle Berufsgruppen hinweg sind in der folgenden Tabelle dargestellt.

Bei der Auswertung nach Mittelwerten über alle Berufe hinweg wird deutlich, daß soziale Schlüsselqualifikationen wie 'Befähigung zum Umgang mit Menschen', 'Verschwiegenheit/Taktgefühl' und 'Bereitschaft und Fähigkeit zur Teamarbeit' im Vordergrund stehen. Darüber hinaus werden 'Denken in Zusammenhängen', 'Ausdauer' und 'Umstellungsfähigkeit', die eher in die Bereiche der Motivation und der Problemlösekompetenz fallen, im Mittel über alle Berufe hinweg als wichtig bis sehr wichtig eingestuft.

Im Vergleich der einzelnen Berufsgruppen zeigt sich, daß in den eher kaufmännischen Gruppen 'Handel/Verkauf/Kundenberatung' und 'Verwaltung/Bürowirtschaft' die sozialen Schlüsselqualifikationen als wichtiger eingeschätzt werden, während in den eher gewerblich-technischen und handwerklichen Berufsgruppen 'Metalltechnik' und 'Elektrotechnik' Komponenten der Motivation und effektiver Arbeitsstile von

---

[1] An dieser Stelle wurde der jeweilige Ausbildungsberuf eingefügt.

hoher Relevanz sind. Insgesamt bestätigt die Analyse für einzelne Berufsgruppen jedoch die zentralen Befunde der Auswertung über alle Berufsgruppen hinweg (Holling, Wübbelmann & Geldschläger, 1996).

Tabelle 1: Mittlere Wichtigkeitseinschätzungen für Fähigkeits- und Eigenschaftsdimensionen (über alle Berufsgruppen hinweg)

DIMENSIONEN	Mittelwert
- Befähigung zum Umgang mit Menschen (28 Berufe)	2,38
- Verschwiegenheit, Taktgefühl (28 Berufe)	2,35
- Denken in Zusammenhängen (88 Berufe)	2,30
- Bereitschaft und Fähigkeit zu Teamarbeit (88 Berufe)	2,29
- Ausdauer, Geduld (42 Berufe)	2,27
- Umstellungsfähigkeit (88 Berufe)	2,23
- Gepflegtes Äußeres (30 Berufe)	2,16
- Geschicklichkeit, Fingerfertigkeit (70 Berufe)	2,15
- Ertragen von Streß (88 Berufe)	2,14
- Akzeptieren von / Bereitschaft zur Alleinarbeit (73 Berufe)	2,07
- Einfallsreichtum, Improvisationsfähigkeit (67 Berufe)	2,06
- Einfühlungsvermögen in andere Menschen (81 Berufe)	2,03
- Daueraufmerksamkeit und Reaktionsschnelligkeit (47 Berufe)	2,00
- Sehvermögen, Wahrnehmungsgenauigkeit (61 Berufe)	2,00
- Fähigkeit zu planen und zu organisieren (88 Berufe)	1,92
- Räumliches Vorstellungsvermögen, Formauffassung (53 Berufe)	1,92
- Rechnerische Fähigkeiten (88 Berufe)	1,89
- Verhandlungsgeschick (25 Berufe)	1,78
- Gestalterische Fähigkeiten, Sinn für Form und Farbe (28 Berufe)	1,74
- Zeichnerisches Darstellungsvermögen (53 Berufe)	1,64
- Schriftliches Ausdrucksvermögen (28 Berufe)	1,62
- Sprachliches Ausdrucksvermögen (73 Berufe)	1,57
- Farbtüchtigkeit, Farbunterscheidungsvermögen (70 Berufe)	1,54
- Körperkraft (51 Berufe)	1,40

Ein Problem, das bei der Definition beruflicher Hochbegabung durch Anforderungsanalysen auftritt, ist, daß Veränderungen in diesen Anforderungen, die über die Zeit natürlich auftreten können, nur durch wiederholte Analysen zu erfassen sind. Während früher für den Beruf des technischen Zeichners das anschauungsgebundene Denken eine wichtige Rolle spielte, sind heute Computerkenntnisse und die Fähigkeit des logischen Denkens zentral. Weiterhin verändern sich berufliche Anforderungen durch Berufswechsel oder den Aufstieg. Das Einnehmen einer Führungspositionen verlangt möglicherweise soziale Kompetenzen, die in der vorhergehenden Position eine eher untergeordnete Rolle spielten. Theoretisch kann eine Person, die in ihrem Beruf zu einer bestimmten Zeit Höchstleistungen erbringt, nicht mehr hochbegabt sein, wenn sich die beruflichen Anforderungen ändern. Die Definitionen beruflicher Begabung weisen somit nur zeitlich begrenzte Gültigkeit auf. Kritisch zu beachten ist weiterhin, daß durch die Definition der Begabungskriterien mittels Anforderungen eine Abhängigkeit zwischen dem Inhalt der Begabung und den Erfordernissen der jeweiligen Tätigkeit hergestellt wird: Begabungen haben keinen Wert an sich, sondern zählen nur im Sinne der Verwertbarkeit. Diese Verbindung wertet im Arbeitskontext verwertbare Fähigkeiten und Eigenschaften auf und andere indirekt ab.

Die Definition beruflicher Hochbegabung befindet sich in einem Spannungsfeld von Theorie und Praxis: Um überhaupt für den Berufsalltag annehmbar zu sein, muß eine Definition pragmatisch vorgenommen werden (Heinbokel, 1992). Ein Arbeitnehmer, der den Anforderungen leistungsmäßig nicht gerecht wird, wird niemals als hochbegabt gelten. Natürlich sind auch intellektuelle Begabungen - genauso wie beruflich definierte - in einen Leistungskontext eingebettet. Jedoch gilt in der Forschung zur akademischen Hochbegabung ein Schüler mit einem IQ von z.B. 145 auch ohne herausragende Schulnoten als intellektuell hochbegabt.

Wie schon zuvor erwähnt, greifen für den Berufsbereich die herkömmlichen Hochbegabungsdefinitionen nicht. Neben dem IQ spielen etliche andere Begabungen und Fähigkeiten eine zentrale Rolle. Die aus Anforderungen abgeleiteten Fähigkeitsdimensionen sollten auf der Ebene psychologischer Konstrukte wie sozialer Kompetenz, Leistungsmotivation oder Problemlösefähigkeit und auf der Ebene sensumotorischer Fähigkeiten und des Vorwissens definiert werden. Diese sind ausreichend spezifisch, um auf eine konkrete Tätigkeit bezogen werden zu können, und weisen gleichzeitig einen breiteren Geltungsbereich auf, der sich auf Schlüsselqualifikationen beruflicher Leistungsfähigkeit bezieht. Zudem liegen für die Erfassung etlicher Fähigkeiten Verfahren der psychologischen Diagnostik vor, die objektiver als Abschlußnoten oder Ausbilderurteile sind (s.u.).

Definition beruflicher Begabung durch die Befragung von Stipendiaten

Holling, Wübbelmann und Geldschläger (1996) befragten in der oben erwähnten Untersuchung die Stipendiaten des Programms *Begabtenförderung berufliche Bildung* danach, was sie unter beruflicher Begabung verstehen. Dabei wurden die drei Bereiche 1. Allgemeine Fähigkeiten, 2. Spezielle berufliche Fertigkeiten und 3. Persönlichkeitseigenschaften vorgegeben und in freien Antworten die aus der Sicht der Stipendiaten relevanten Dimensionen erfaßt. Die Ergebnisse sind der Abbildung 17 zu entnehmen.

Es zeigen sich interessante Parallelen zu den wissenschaftlichen Begabungsmodellen. Zwar sind die klassischen Begabungsfaktoren (kognitive Fähigkeiten) kaum repräsentiert (Intelligenz wurde überhaupt nicht genannt), aber zentrale Merkmale wie Motivation, selbstregulative Fähigkeiten und insbesondere soziale Kompetenzen spielen im Begabungsverständnis der Stipendiaten ein wichtige Rolle.

soziale Kompetenz	kreatives Denken	Lernfähigkeit	Arbeitsdisziplin
• Freundlichkeit • sicheres Auftreten • Kritikfähigkeit • Anpassungsfähigkeit	• Kreativität • Problemlösefähigkeit • Denken in komplexen Zusammenhängen • Flexibilität	• Gedächtnis • Auffassungsgabe • Theorie-Praxis-Transfer	• Konzentration • Organisation / Planung • Zuverlässigkeit • Genauigkeit / Tempo • eigenständiges Arbeiten / Zielstrebigkeit
Teamfähigkeit • Kooperation • Hilfsbereitschaft • Wissensvermittlung	**Motivation** • positive Einstellung zum Beruf • Ehrgeiz • Einsatzbereitschaft • Interesse / Spaß am Beruf	**Lernbereitschaft** • Aufgeschlossenheit Neuem gegenüber • Wissensdurst	**Belastbarkeit** • Ausdauer • Streßresistenz • Ausgeglichenheit
Führungsfähigkeit • Durchsetzungsvermögen • Verantwortungsbewußtsein			**Kenntnisse / Fertigkeiten** • Allgemeinbildung • Fachkenntnisse • Geschicklichkeit

Abbildung 17: Umschreibung der Bedeutung von „beruflicher Begabung" durch Stipendiaten des Programms *Begabtenförderung berufliche Bildung*

7.3.3   Identifikation beruflich Hochbegabter: Merkmale und Verfahren

Die Einschätzung beruflicher Begabung findet in Bewerbungssituationen, bei der Auswahl zu Förderprogrammen und Stipendien oder im betrieblichen Alltag statt. In der Praxis fungieren die Schulnoten als eine Art „erster Filter", sind jedoch bei der Bewerberauswahl in der Regel nicht zentral (Pütz, 1998). In großen Betrieben werden häufig Auswahltests eingesetzt, die aus schriftlichen und mündlichen Prüfungseinheiten bestehen und die Allgemeinbildung und Schlüsselqualifikationen wie Teamfähigkeit oder Eigeninitiative erfassen sollen. Banken führen nicht selten Assessment-Center zur Bewerberauswahl durch. In kleineren Betrieben zählt der persönliche Eindruck stärker. Ebenso spielen Empfehlungen und Beziehungen eine nicht unwesentliche Rolle. Der Anteil der Leistungsstarken in der Gruppe der Auszubildenden wird von verschiedenen Experten auf 5-10 % eingeschätzt (Pütz, 1998; Trost & Sieglen, 1992).

7.3.3.1 Merkmale beruflich Begabter

Um Identifikation sinnvoll betreiben zu können, muß bekannt sein, nach welchen Fähigkeiten und Eigenschaften gesucht werden soll und in welcher Ausprägung diese jeweils vorliegen müssen, um erfolgsrelevant zu sein. Hieraus ergeben sich zusätzlich Ansatzpunkte für Trainingsinhalte in Ausbildungs- und Förderprogrammen.

Wie oben gezeigt wurde, setzt sich berufliche Begabung aus mehreren Faktoren zusammen. „Die Persönlichkeits-, Motivations-, Leistungs- und Schlüsselqualifikations-Faktoren sind von ausschlaggebender Bedeutung, neben denen Fachwissen und Fachkenntnisse sowie geschickter Umgang mit Problemen, Werkzeugen und Material eine auch wichtige, aber in der Ausbildung ergänzbare Rolle spielen." (Pütz, 1998, S. 22). Gemäß der Untersuchung des Bundesinstituts für Berufsbildung (BIBB) „Ansätze zur Erkennung und zur Förderung besonders befähigter Jugendlicher in der betrieblichen Ausbildung" zeichnen sich leistungsstarke Jugendliche durch besonderes Engagement, hohe Eigeninitiative und Lern- und Beteiligungsbereitschaft und durch genaues und konzentriertes Arbeiten aus (Pütz, 1998). Den Autoren der BIBB-Studie zufolge tauchen negative Auswirkungen der beruflichen Begabung wie Ausgrenzung, Unterforderung oder Konflikte, die sich aus ungleich entwickelter Leistungsstärke und Sozialverhalten ergeben, eher selten auf.

Holling, Wübbelmann und Geldschläger (1996) untersuchten Personen, die sich bereits als beruflich Begabte erwiesen haben - die Stipendiaten des Programms *Begabtenförderung berufliche Bildung*. Die Aufnahme von jungen Berufstätigen in das Stipendiatenprogramm erfolgt nach den Kriterien der Berufsabschlußnote (besser als „gut"), nach einem Erfolg bei einem berufsbezogenen Leistungswettbewerb oder nach einem Vorschlag des Betriebs oder der Berufsschule. Mit diesen Kriterien werden die 1% Besten erfaßt. Im Rahmen der Untersuchung wurden verschiedene psychometrische Testverfahren eingesetzt, um die Relevanz verschiedener Bestimmungstücke und Begabungskriterien für den Begriff der beruflichen Begabung zu klären. Die Stipendiaten wurden hinsichtlich der Variablen Intelligenz, Kreativität, Motivation, Aufmerksamkeit und Konzentration sowie grundlegender Persönlichkeitsvariablen untersucht. Bei der Auswahl dieser Variablen beziehen sich Holling, Wübbelmann und Geldschläger auf eine Übersicht von Trost (1993), in der häufig bzw. immer wiederkehrende Elemente aus vorhandenen Begabungsmodellen zusammengestellt werden. Die Ergebnisse dieser Untersuchung sollen im folgenden für die einzelnen Variablen gesondert dargestellt werden.

Intelligenz
Die Intelligenz von 80 in das Programm aufgenommenen Stipendiaten und 59 abgelehnten Bewerber wurde mit dem I-S-T 70 (Amthauer, 1970) erfaßt. Zusätzlich lagen I-S-T 70 Daten von 1753 jungen Berufstätigen aus einer Untersuchung von Schmidt-Atzert und Deter (1993) vor, so daß die folgenden Vergleiche vorgenommen werden konnten:
- Der Vergleich von Stipendiaten mit anderen jungen Berufstätigen,
- der Vergleich von Stipendiaten mit abgelehnten Bewerbern sowie

- der Vergleich von Stipendiaten aus dem Handwerksbereich mit denen aus Industrie und Handel.

Die Ergebnisse der Stipendiaten im Intelligenztest zeigen insgesamt eine auffallend große Streuung mit Prozenträngen zwischen 4 und 98. Nach Aufgaben differenziert liegen die Werte der Stipendiaten in räumlichen, mathematischen und Merkaufgaben höher als in sprachlichen und logischen Aufgaben (s. Abb. 18).

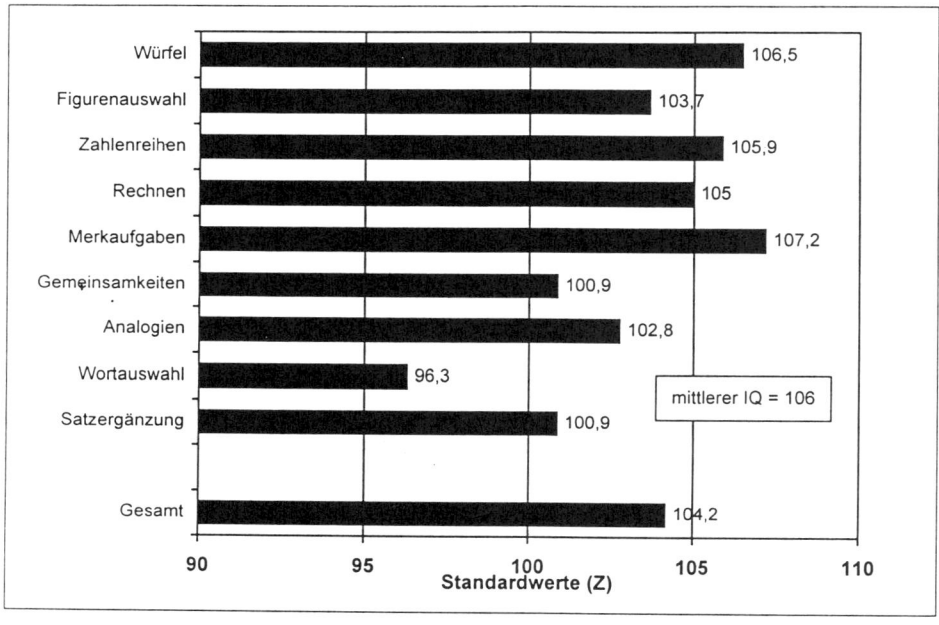

Abbildung 18: Intelligenztestergebnisse von Stipendiaten (Mittelwerte für Aufgabengruppen und Gesamtwert des I-S-T- 70, N = 80)

Der mittlere IQ aller Stipendiaten liegt bei 106; nur 3 Stipendiaten besitzen einen IQ von annähernd 130, der häufig als Kriterium allgemeiner bzw. akademischer Hochbegabung herangezogen wird. Damit unterscheiden sich die IQ-Werte der Stipendiaten nicht deutlich von den Normwerten ihrer Altersgruppe. Im Vergleich der abgelehnten Bewerber mit den Stipendiaten lassen sich keine deutlichen Unterschiede feststellen. Die Stipendiaten aus Industrie und Handel scheinen denen aus dem Handwerksbereich leicht überlegen zu sein. Insgesamt kommt man zu der Aussage, daß eine hohe Intelligenz, wie sie durch Tests erfaßt wird, kein notwendiger Bestandteil beruflicher Begabung zu sein scheint.

Kreativität

Es wurden 72 Stipendiaten mit einem Kreativitätstest, dem Test zum schöpferischen Denken (TSD-Z) von Urban und Jellen (1987, 1986), getestet. Dabei ergaben sich für die getesteten Stipendiaten keine herausragenden Testwerte zur Kreativität: 45% der Probanden erreichten im TSD-Z durchschnittliche Werte, 27% unterdurchschnittliche Wert und 28% überdurchschnittliche Werte. Bis auf eine leichte Verschiebung vom überdurchschnittlichen in den weit überdurchschnittlichen Bereich, entspricht die Werteverteilung der Stipendiaten weitgehend der Norm.

Motivation

Zur Erfassung der Motivation ziehen Holling, Wübbelmann und Geldschläger (1996) ein von Kuhl und Fuhrmann (1994) entwickeltes Testverfahren - die Volitional Components Checklist (V.V.C.) - heran, das auf einem breit angelegten Motivationskonzept beruht: Es werden Aspekte der Willensstärke, der Selbstregulation und der Handlungskontrolle berücksichtigt, die beschreiben, wie Menschen a) Ziele angesichts von 'Versuchungen' beibehalten und weiterverfolgen und b) sich von ihren Zielen lösen und alternative Handlungsstrategien initiieren, wenn die Ziele unerreichbar werden oder eine Veränderung der Situation eine Zieländerung erfordert.

Im Vergleich mit einer Referenzgruppe, die im wesentlichen aus Studierenden bestand, ergaben sich die folgenden Unterschiede:
- Die Stipendiaten vermeiden eine aktive Selbstregulation weniger,
- sie kontrollieren ihre Impulse zu alternativen Aktivitäten stärker und lassen sich weniger verführen,
- sie sind eher in der Lage, ihre Gefühle so zu kontrollieren oder zu nutzen, daß sie ihre Ziele erreichen,
- sie können konstruktiver mit Mißerfolgen umgehen,
- sie verweigern sich bei stärkerem Druck weniger und sind eher in der Lage, sich zu unangenehmen Tätigkeiten zu motivieren,
- sie rufen sich ihre Ziele stärker wieder ins Gedächtnis und
- sie sind bei der Erledigung von Aufgaben weniger auf Fremdkontrolle angewiesen.

Aufmerksamkeit / Konzentration

Die Fähigkeit, sich auf eine Aufgabe konzentrieren zu können und ihr die ungeteilte Aufmerksamkeit zu widmen, ist wohl für herausragende Leistungen in fast allen Berufen von entscheidender Bedeutung. Nach Brambring (1983) sind Konzentrationstests jedoch für verschiedene Berufe unterschiedlich geeignet, Berufsleistungen vorherzusagen. So ergeben sich für handwerkliche, Angestellten- und Büroberufe höhere Validitäten als für kaufmännische und Dienstleistungsberufe.

Zur Überprüfung der Konzentrationsfähigkeit von Stipendiaten des Programms *Begabtenförderung berufliche Bildung* wählten Holling, Wübbelmann und Geldschläger (1996) den Aufmerksamkeits-Belastungstest d2 (Brickenkamp, 1972), den im Bereich der Eignungsdiagnostik in Deutschland gebräuchlichsten Konzentrationstest (Brambring, 1983). Insgesamt 60 Stipendiaten nahmen an den Untersuchungen mit dem d2 teil. Sie erreichten mit 112,5 Standardpunkten im Mittel Werte, die etwas mehr als eine Standardabweichung über den Normwerten der Referenzgruppen liegen. Die Aufmerksamkeitsfähigkeit der Stipendiaten liegt somit zwar deutlich über entsprechenden Referenzwerten, aber nicht in einem Ausmaß von zwei oder mehr Standardabweichungen, das als Kriterium besonderer Begabung üblich ist.

Persönlichkeit

Um eventuelle Besonderheiten in der Persönlichkeit beruflich begabter Stipendiaten entdecken zu können, verwendeten Holling, Wübbelmann und Geldschläger (1996) das NEO - Fünf Faktoren Inventar (Borkenau & Ostendorf, 1993), das eine deutsche Übersetzung des ,NEO Five Factor Inventory' von Costa und McCrae (1992) darstellt. Dieses Modell nimmt an, daß Menschen sich auf fünf relativ breiten Persönlichkeitsdimensionen umfassend beschreiben lassen, die sich auch in alltäglichen Personenbeschreibungen identifizieren lassen. Diese Dimensionen sind:

1. Neurotizismus (bzw. emotionale Labilität),
2. Extraversion,
3. Offenheit (für neue Erfahrungen),
4. Verträglichkeit und
5. Gewissenhaftigkeit.

Neuere Untersuchungen beziehen sich im Zusammenhang der Frage nach der Validität von Persönlichkeitsvariablen als Prädiktoren verschiedener Kriterien des Berufserfolgs vor allem auf die ,Big Five' Persönlichkeitsfaktoren. Schmidt, Ones und Hunter (1992) fassen die Ergebnisse einiger neuerer Metaanalysen in der Schlußfolgerung zusammen, daß der im Rahmen des Fünf-Faktoren-Modells der Persönlichkeit beschriebene Faktor ,Gewissenhaftigkeit' als stabiler Prädiktor mit einer gewissen Validität gelten kann.

Abbildung 19 (s. S. 113) zeigt die mittleren Werte der Gesamtstichprobe. Interessanterweise erreicht die untersuchte Gruppe in der mit dem Berufserfolg am deutlichsten zusammenhängenden Dimension Gewissenhaftigkeit den höchsten mittleren Standardwert von 110,9 bei einer geringen Standardabweichung von 6,4. In den anderen Dimensionen sind die Abweichungen nicht so deutlich. Im Vergleich zur Referenzgruppe sind die Stipendiaten weniger neurotisch (oder positiv ausgedrückt: emotional stabiler), verträglicher, extravertierter und etwas weniger offen für neue Erfahrungen. Der geringe Wert in 'Offenheit' kann auf die Referenzgruppe zurückgeführt werden, die zum überwiegenden Teil aus Studierenden besteht.

Bei der Untersuchung der verschiedenen Eigenschaften und Merkmale der Stipendiaten entsteht insgesamt das Bild, daß eine hohe Intelligenz - anders als in der Begabungskonzeption im allgemein-akademischen Bereich - keine notwendige Voraussetzung beruflicher Begabung zu sein scheint. Im Sinne eines Schwellenwerts (s.o.) scheint der Grenzwert dieses Fähigkeitsparameters für berufliche Spitzenleistungen unterschiedlich hoch, und wie Schneider (1992) bemerkte, zum Teil erstaunlich niedrig anzusetzen zu sein. Die Werte der Intelligenztestung der Gesamtstichprobe liegen im durchschnittlichen Bereich und unterscheiden sich damit nicht deutlich von den Normwerten der entsprechenden Altersgruppe. Merkmale der Persönlichkeit wie emotionale Stabilität oder Gewissenhaftigkeit und Faktoren der Motivation wie Kontrolle von Emotionen, ein konstruktiver Umgang mit Mißerfolgen oder die Aufrechterhaltung der eigenen Ziele stehen eher im Vordergrund. Umweltfaktoren wurden hier nicht berücksichtigt.

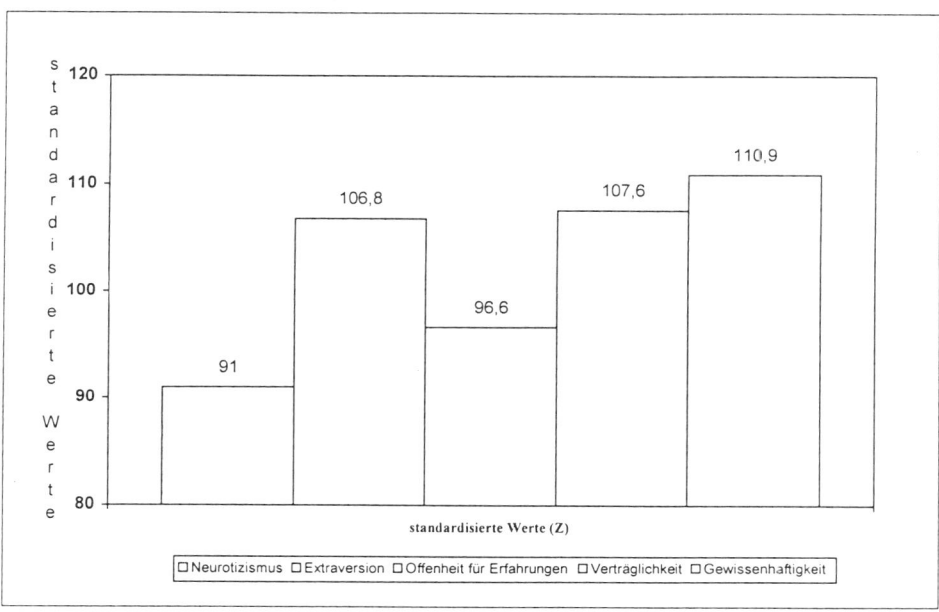

Abbildung 19: Persönlichkeitstestergebnisse von Stipendiaten der Begabtenförderung berufliche Bildung (N = 233, NEO-FFI)

7.3.3.2 Identifikationsverfahren

Die Identifikation beruflicher Eignung und Leistung kann über verschiedene Verfahren der Personalauswahl vorgenommen werden. Diese Verfahren sind mehr oder weniger dafür geeignet, berufliches Potential zu erfassen. Speziell für die Identifikation Begabter in der beruflichen Bildung konstruierte Verfahren liegen, bis auf wenige Ausnahmen, nicht vor. Herkömmliche Verfahren der Berufseignungsdiagnostik sind (Schuler & Funke, 1991):

- Auswertung von Bewerbungsunterlagen
- Einstellungsinterviews (mit unterschiedlichen Strukturierungsgraden)
- Biographische Fragebögen

- Psychologische Tests
- Computergestützte Eignungsdiagnostik
- Arbeitsproben
- Assessment Center
- Leistungsbeurteilungen (frei, Checklisten, Rangreihenbildung, etc.)
- Probezeit.

An dieser Stelle können die Verfahren im einzelnen nicht diskutiert werden. Der diagnostische Wert von Noten (Bewerbungsunterlagen), herkömmlichen Einstellungsinterviews und Leistungsbeurteilungen zur Erfassung beruflicher Begabung ist jedoch als eher gering einzuschätzen. Das momentan beste Verfahren zur Erfassung von relativ komplexen Merkmalen - wie sie berufliche Schlüsselqualifikationen darstellen - ist das Assessment Center. Dieses Verfahren ist in der Durchführung jedoch relativ aufwendig. Herkömmliche psychologische Tests wie kognitive Fähigkeitstests scheinen nicht ohne weiteres auf das Konstrukt der beruflichen Hochbegabung übertragbar zu sein: „Stipendiaten erzielen keine stark außergewöhnlichen Ergebnisse in psychometrischen Tests, die aus allgemeinen Begabungsmodellen abgeleitete Kriterien messen." (Holling, Wübbelmann & Geldschläger, 1996). Es besteht also - für die Erfassung beruflicher Begabung - die dringende Notwendigkeit, bestehende Verfahren auf ihre Eignung für diesen Bereich zu überprüfen, sie gegebenenfalls zu modifizieren oder neue Verfahren zu entwickeln.

In der jetzt schon mehrfach erwähnten Untersuchung von Holling, Wübbelmann und Geldschläger (1996) im Rahmen des Programms *Begabtenförderung Berufliche Bildung* entwickelten die Autoren auf der Grundlage der ermittelten Anforderungen (s.o.) und mit dem Ziel der einfachen und ökonomischen Handhabung Fragebögen zur Erfassung der verschiedenen Dimensionen der beruflichen Begabung. Um die noch allgemein gehaltenen Fähigkeits- und Eigenschaftsdimensionen wie soziale Schlüsselqualifikationen oder motivationale Faktoren für den beruflichen Kontext und die Lebenssituation der Stipendium-Bewerber zu spezifizieren, wurden schriftliche Befragungen der Bewerber und Expertenbefragungen durchgeführt. Diese Analysen dienten als Grundlage für die Entwicklung sogenannter situativer Items in den Fragebögen, d.h. die allgemeinen Fähigkeits- und Eigenschaftsdimensionen werden über Items gemessen, die sich auf spezifische Verhaltensweisen in bestimmten, relativ häufig in der Realität auftretenden Lebenssituationen richten. Solche situativen Items haben sich in jüngster Zeit als relativ valide Indikatoren im Rahmen der Entwicklung von Diagnoseverfahren erwiesen.

Im Verlauf der Projektarbeiten wurden in einem mehrstufigen Entwicklungs- und Selektionsprozeß aus insgesamt fünf Fragebögen, die zu Beginn erarbeitet worden waren, drei Instrumente entwickelt:

1. Der **'Situative Fragebogen zum Arbeitsverhalten'** (SFA) enthält Beschreibungen *sozialer* Situationen im Berufsalltag, zu denen jeweils vier in dieser Situation denkbare Verhaltensweisen als Antwortalternativen vorgegeben werden. Die Befragten sollen diejenige Verhaltensweise auswählen, die in dieser Situation am

ehesten ihrem eigenen Verhalten entsprechen würde. Dieser Fragebogen erfaßt vor allem die Befähigung zum Umgang mit Menschen, Teamfähigkeit und soziale Kompetenz.

2. Der **'Fragebogen zur beruflichen Motivation' (FBM)** dient zur Erfassung motivationaler Aspekte beruflichen Erfolges. In Expertendiskussionen wurden Items zusammengestellt, die jeweils die Form einfacher Aussagen haben. Mit diesem Verfahren werden vor allem Ausdauer, Arbeitsdisziplin und das Anspruchsniveau erhoben.

2. Im **'Fragebogen zu rhetorischen Kompetenzen' (FRK)** sind Aussagen zusammengestellt, die Verhaltensweisen in Situationen beschreiben, in denen sprachliche und kommunikative Fähigkeiten wichtig sind.

Die Ermittlung der Zusammenhänge zwischen Fragebogenergebnissen und Assessment-Center-Beurteilungen ermöglichte die Bestimmung der Güte für die einzelnen Fragebogen-Items. Es zeigte sich, daß die entwickelten Fragebögen die angezielten Schlüsselqualifikationen recht zuverlässig und valide erfassen können. Damit liegen einfach zu handhabende Meßinstrumente für einige Schlüsselqualifikationen vor, die eine wichtige Voraussetzung für eine hohe berufliche Begabung in einer Vielzahl von Berufen bilden. Weitere Anforderungen können durch zusätzliche Verfahren wie Arbeitsproben, Konzentrationstests oder sensumotorische Tests erfaßt werden. Insgesamt ist zur Identifikation beruflicher Begabung der Einsatz mehrerer unterschiedlicher Verfahren im Rahmen einer Testbatterie notwendig.

7.3.3.3 Prädiktoren beruflichen Erfolgs

Viele Förderoptionen stehen nur für Berufstätige offen, die schon durch besondere Leistungen wie hervorragende Abschlußnoten oder Preise in Wettbewerben aufgefallen sind. Um auch die Entwicklung beruflicher Begabungen und beruflichen Leistungspotentials in und vor der Ausbildung optimal unterstützen zu können und die Förderung und Definition beruflicher Begabung unabhängiger von bereits gezeigten Leistungen zu machen, müssen die Eigenschaften und Fähigkeiten bekannt sein, die schon frühzeitig auf eine besondere berufliche Leistungsfähigkeit hinweisen (Prädiktoren beruflichen Erfolgs). Diese Faktoren sind nur durch Längsschnittuntersuchungen zu erfassen, die in der Forschung zur beruflichen Bildung bis auf wenige Ausnahmen fehlen.

In einer Untersuchung von Trost und Sieglen (1992), in der die Autoren 9000 Abiturienten seit 1973 wiederholt befragten, wurden Querschnitt- und Längsschnittdaten kombiniert. Da die Untersuchung sich anfänglich nicht explizit auf die Thematik der beruflichen Hochbegabung bezog, wurden viele der dafür relevanten Daten erst retrospektiv durch Fragebögen gewonnen. Es wurden Untersuchungsteilnehmer mit besonderen beruflichen Leistungen mit solchen ohne besondere Leistungen verglichen.

Als Kriterien beruflicher Leistungen setzten die Autoren z.B. die Anzahl von Veröffentlichungen, die Gehaltshöhe, Beförderungen oder das Einnehmen von Führungspositionen fest. Insgesamt ergaben sich vier Gruppen von Merkmalen, in denen sich die beiden Gruppen schon frühzeitig unterschieden:

1. Motivationale Merkmale: Erfolgreiche Berufstätige nehmen Probleme aktiver in Angriff, zeigen ein größeres Erkenntnis- und Einflußstreben, zeigen mehr Initiative und sind konzentrierter und beharrlicher.
2. Schulnoten und intellektuelle Fähigkeiten: Hier ergab sich ein nur schwacher, aber dennoch deutlicher Unterschied in der erwarteten Richtung (bessere Noten bei den Erfolgreichen).
3. Umwelteinflüsse und Elternhaus: Es fanden sich Unterschiede zwischen beiden Gruppen bezüglich einer frühen Erziehung zu Aktivität und Selbständigkeit, einer vermehrten Förderung, bezüglich des Bildungsniveaus der Eltern und der Wertschätzung von Bildung im Elternhaus. Dieses Ergebnis wird durch Untersuchungen von Bloom (1985) unterstützt, die die zentrale Rolle des Elternhauses bei der Entwicklung außergewöhnlicher Leistungen im Bereich des Sports, der Musik und der Wissenschaft aufzeigen: „Die Untersuchung bringt sehr deutliche Beweise dafür, daß außergewöhnliche Leistungen in bestimmten Bereichen - unabhängig von den anfänglichen Begabungen eines Individuums - nicht ohne einen langen Prozeß der Ermutigung, der Förderung und Unterstützung, der Ausbildung und des Trainings erreicht werden." (Bloom, 1985).
4. Schulische und außerschulische Interessen und Aktivitäten: Die Gruppe der beruflich Erfolgreichen zeigte ein größeres und breiteres Interessenspektrum und verfolgte dieses über einen längeren Zeitraum.

Bei der Interpretation der Ergebnisse der Studie von Trost und Sieglen muß kritisch angemerkt werden, daß die Kriterien beruflichen Erfolgs durch die Autoren selbst definiert wurden und durchaus anfechtbar sind. Weiter ist der überwiegende Teil der Daten retrospektiv und wurde durch Befragungen gewonnen. Die Daten sind damit sehr anfällig für Verzerrungen durch Erinnerungseffekte und Selbst(fehl-)einschätzungen. Weiter beziehen sich die Daten vorwiegend auf den Bereich der akademischen Bildung und zwar in den Bereichen Naturwissenschaft, Technik und Wirtschaft. Angaben über die Geschlechterverteilung liegen nicht vor. Daher können die Ergebnisse nur als Hinweise auf potentielle Frühindikatoren der Leistungsentwicklung für einen eingeschränkten Bereich des Berufslebens verstanden werden. Es zeigt sich allerdings eine interessante Parallele zu den Ergebnissen von Holling, Wübbelmann und Geldschläger (1996): Auch hier spielen kognitive Fähigkeitsfaktoren relativ zu Faktoren der Motivation (etc.) eine untergeordnete Rolle.

Insgesamt wird jedoch deutlich, daß im Bereich der Vorhersage beruflicher Leistungen aufgrund bestimmter Persönlichkeits- und Umweltmerkmale ein noch großer Forschungsbedarf vorliegt. Auch die Daten der wohl berühmtesten Längsschnittstudie von Terman (1925-1929) geben diesbezüglich wenig Aufschluß, da die späteren Leistungen der untersuchten Personen insgesamt sehr unterschiedlich waren: „Tatsache ist, daß das Datenmaterial, das Terman und seine Kollegen in den frühen Lebensjahren der Teilnehmerinnen und Teilnehmer sammelten, wenig hilfreiche Informationen für die Voraussage gibt, welche der untersuchten Kinder im späteren Leben am erfolgreichsten sein würden." (Howe, 1982, S. 1071).

7.3.4   Förderung beruflicher Hochbegabung

„Menschen können sich in positiver Art und Weise verhalten, wenn sie genügend Selbstvertrauen und Mut haben, ihre Erfahrungen in neuen Gebieten einzusetzen: Formale Bildung ist nicht die einzige Möglichkeit, außergewöhnliche Leistungen und Expertise zu entwickeln. So lange die Förderung außergewöhnlicher Fähigkeiten und Talente auf wenige, ausgesuchte Gruppen beschränkt ist (unabhängig davon, wie gut die Auswahlprozedur ist), wird es begabte Personen geben, deren potentielle Beiträge zur Gesellschaft unentwickelt bleiben. Weiterhin ist es nicht möglich vorauszusagen, welche Begabungen und Fähigkeiten in der Zukunft am dringendsten benötigt werden." (Freeman, 1993, S. 44). Inhalt dieses Abschnittes wird daher sein, welche Fördermöglichkeiten und -angebote in der beruflichen Bildung bestehen. Manstetten (1996 b) führte 1993 eine schriftliche Befragung aller 16 Kultusministerien nach Bildungsangeboten für besonders begabte Berufsschüler durch und kam zu den folgenden fünf Kategorien:

1. **Spezialklassen:** Diese Klassen sind nach besonderen Kriterien wie den Lernvoraussetzungen (z.B. Abitur) und/oder dem angestrebten Bildungsabschluß zusammengesetzt. Diese Differenzierung ist in allen Bundesländern üblich.
2. **Leistungskurse:** Mit dieser Kategorie werden Maßnahmen beschrieben, die sich unabhängig vom formalen Bildungsabschluß der Berufsschüler an ihrer Leistungsfähigkeit orientieren. Im Rahmen der Ministerienbefragung wurde hierzu 1993 nur eine einzige Maßnahme genannt.
3. **Zusatzunterricht:** Damit werden Unterrichtsangebote beschrieben, die im Wahlpflichtbereich oder freiwillig in Form von Arbeitsgemeinschaften von Schülern gewählt werden können (z.B. Sprachkurse). Zusatzunterricht wurde 1993 in neun Bundesländern angeboten.
4. **Doppelqualifizierende Maßnahmen:** Hier kann zwischen Maßnahmen zur beruflichen und zur studienberechtigenden Doppelqualifizierung unterschieden werden: Maßnahmen zur beruflichen Doppelqualifizierung verbinden die berufliche Ausbildung mit einem weiteren beruflichen Abschluß. Maßnahmen der studienberechtigenden Doppelqualifizierung haben das Ziel, neben dem beruflichen Ausbildungsabschluß eine Studienberechtigung bzw. einen Fachhochschulzugang zu ermöglichen. In der Praxis überwiegt die Anzahl der studienberechtigenden Maßnahmen. Nach Manstetten (1996 b, S. 30) zeichnen sich Maßnahmen zur beruflichen Doppelqualifizierung dadurch aus, „daß sie sich nicht nur an der beruflichen Leistungsfähigkeit orientieren, sondern zugleich auch eine berufliche Höherqualifizierung ermöglichen, die geeignet ist, eine *Praktikerelite* zu fördern."

Die Ergebnisse der Maßnahme der studienberechtigenden Doppelqualifizierung ordnet Manstetten (1996 b) eher kritisch ein, da sich die Unterrichtsinhalte von Berufs- und der z.T. parallel zu absolvierenden Fachoberschule kaum decken und viele Schüler überfordert sind. Eine vorausgehende Begabungsdiagnose könnte dieses Problem lösen und die studienberechtigende Qualifizierung zu einer attraktiven Maßnahme für begabte Jugendliche machen.

5. **Sonstige Maßnahmen**: Unter diese Kategorie fallen Wettbewerbe, Auszeichnungen (z.B. in Form von Prämien) oder Ferienseminare.

Alle genannten Maßnahmen beziehen sich auf die äußere Differenzierung im rechtlich-organisatorischen Bereich der Bildungseinrichtungen. Möglichkeiten der inneren Differenzierung im didaktisch-methodischen Bereich der Unterrichtsgestaltung werden nicht genannt. Dieses Ergebnis zeigt, daß die Berücksichtigung der Leistungsfähigkeit des einzelnen, die eine individuelle Begabungsdiagnostik voraussetzt, im Bildungsangebot für Berufsschüler wenig Platz hat. Manstetten (1996 b) kommt daher zu folgenden Aussagen: „Berufliche Leistungsfähigkeit wird kaum als Differenzierungskriterium zugrunde gelegt. Als Zuweisungs- und Differenzierungskriterium für anspruchsvollere Bildungsmöglichkeiten gelten allgemeine Berufsabschlüsse (...)." (S. 31).

Das Programm *Begabtenförderung berufliche Bildung*

Seit 1991 fördert die Bundesregierung begabte Berufstätige, die eine Ausbildung erfolgreich abgeschlossen haben und unter 25 Jahren alt sind. Die Aufnahme erfolgt nach der Berufsabschlußnote (besser als „gut") oder durch den Erfolg bei einem berufsbezogenen Wettbewerb oder durch den Vorschlag des Betriebs oder der Berufsschule. Ziel des Programms ist, eine Gleichwertigkeit allgemeiner und beruflicher Bildung herzustellen und eine Leistungselite, unabhängig von Herkunft und Bildungsweg, zu fördern (BMBF, 1997).

1998 befanden sich 13.308 Stipendiaten aus 196 Ausbildungsberufen im Programm; das sind 0,94% eines Absolventenjahrgangs. Die Förderrate entspricht damit der der Studienförderung. Der Anteil der Frauen betrug bei den Neuaufnahmen 1997 44% (BMBF, 1999). Im Rahmen der *Begabtenförderung berufliche Bildung* werden eine Vielzahl verschiedener Maßnahmen durch Zuschüsse gefördert: Fachbezogene berufliche oder berufsübergreifende Maßnahmen oder Maßnahmen, die der Entwicklung fachübergreifender und allgemeiner beruflicher oder sozialer Kompetenzen oder der Persönlichkeitsentwicklung dienen (z.B. Sprachkurse oder Aufstiegsfortbildung). Zuschüsse von jährlich bis zu 3.000 DM werden über den Zeitraum von drei Jahren gewährt. Die Stipendiaten wählen ihre Maßnahme selbst aus. Über die Förderfähigkeit entscheidet die zuständige Kammer (BMBF, 1997).

Die in verschiedenen Bereichen geförderten Weiterbildungsmaßnahmen waren 1997 wie folgt vertreten: Maßnahmen zum Thema „Handwerk und Technik" mit 24%, Fremdsprachenkurse mit 21%, Maßnahmen zur Vermittlung kaufmännischer Kenntnisse mit 20%, Computer/EDV mit 12% und Planung/Organisation mit 7% (BMBF, 1999).

Im Rahmen einer Begleitforschung zu Wirkung und Nutzen des Programms wurden 1994 und 1997/98 Effizienzuntersuchungen vorgenommen, die sowohl kurz- als auch mittelfristige Auswirkungen berücksichtigen. Diese Erfolgskontrollen konnten vielfältige positive Konsequenzen der Begabtenförderung - vor allem mittelfristig - nachweisen: Über 75% der Stipendiaten berichten als positive Veränderungen von größerer Selbstsicherheit und einem größeren Selbstwertgefühl im Privat- und im Berufsleben, von größerer beruflicher Kompetenz, von mehr Autonomie und von erweiterter Zuständigkeit bei der täglichen Arbeit. Damit wirken sich die externen Weiterbildungsmaßnahmen auch innerbetrieblich auf die Arbeitsinhalte aus (Aufgabenenrichment). Über 30% der Stipendiaten erzielten durch die Förderung Status- oder Einkommensverbesserungen. Die Chancen günstiger Veränderungen nehmen jedoch mit wachsender Größe des Betriebs ab, da in Großbetrieben höhere Positionen meist Hochschulabsolventen vorbehalten sind. Die studienberechtigten Stipendiaten sehen in der Mehrheit auch ohne akademischen Abschluß günstige Entwicklungsmöglichkeiten und nehmen nur selten ein Studium auf. „Die Erfolgskontrolle zum Förderprogramm belegt, daß die Begabtenförderung berufliche Bildung erheblich zur Erweiterung der beruflichen und persönlichen Handlungskompetenz leistungsfähiger und leistungsbereiter junger Erwerbstätiger mit betrieblicher Berufsausbildung beiträgt. Ohne diese zusätzliche Qualifizierung hätten die meisten ehemaligen Stipendiatinnen und Stipendiaten ihren jetzigen beruflichen Entwicklungsstand nicht erreicht. Das Förderprogramm hat damit auch einen positiven Einfluß auf die Persönlichkeitsbildung gehabt." (Fauser & Schreiber, 1999, S. 11).

In dem Programm *Begabtenförderung berufliche Bildung* steht die Förderung nur denjenigen Personen offen, die bereits durch besondere Leistungen aufgefallen sind. Manstetten (1996a) schlägt vor, die Effizienz des Programms weiter dadurch zu steigern, „daß leistungs- und begabungsfördernde Maßnahmen bereits *während* der Berufsausbildung realisiert werden.". Eine Untersuchung des Bundesinstituts für Berufsausbildung (BIBB) zu Möglichkeiten der individuellen Förderung von Auszubildenden in verschiedenen Arbeitsbereichen (innere Differenzierung) kommt zu folgendem Ergebnis: „Betriebe verfügen über vielfältige didaktische Möglichkeiten, die Berufsausbildung den unterschiedlichen Lernvoraussetzungen der Jugendlichen anzupassen und den Ausbildungsprozeß binnendifferenziert zu gestalten, d.h. im selben Ausbildungsgang Leistungsschwache und Leistungsstarke gleichermaßen zu fördern. Diese Möglichkeiten werden allerdings nicht genügend genutzt." (Pütz, 1998, S. 15-16). Obwohl viele Betriebe daran interessiert sind, begabte Jugendliche zu fördern, unterliegt dieses Interesse etlichen Einschränkungen: Die Beschäftigungsmöglichkeiten im Betrieb können den potentiellen Ansprüchen leistungsstarker Jugendlicher auf berufliches Fortkommen und Karriere häufig nicht gerecht werden, Leistungsstarke müssen in das Team passen, denn „Solisten" sind nicht gefragt (Pütz, 1998), oder es fehlen Instrumente zur Erkennung beruflicher Begabung. Weitere Einschränkungen ergeben sich durch das gesellschaftliche Verständnis von Hochbegabung und die Erwartung, in welchen Bereichen Begabungen gefördert werden sollen. „Über die genannten konkreten betrieblichen Förderungsziele bei leistungsstarken Jugendlichen hinaus ist eine systematische Förderungsorientierung in den befragten Betrieben so gut wie nicht festzustellen." (Pütz, 1998, S. 36).

Eine weitere Möglichkeit der Förderung beruflicher Begabung stellt die Berufsberatung dar, die schon im Kapitel 6.5.1 vorgestellt wurde.

7.3.5   Zur Relativierung der Hochbegabungs-Forschung durch das Konzept „berufliche Hochbegabung"

Der Versuch, die beiden Bereiche der allgemein-akademischen und der beruflichen Hochbegabung aneinander anzunähern, führt zu interessanten Überlegungen. Während im schulischen Bereich ein Schüler, der in einem Intelligenztest einen IQ von über 130, jedoch keine herausragenden Noten erreicht, als hochbegabt gilt, wird ein begabter Auszubildender, der sein Potential nicht zugleich in seiner Leistung zeigt, wohl kaum als hochbegabt bezeichnet werden. Es gelten also für berufliche Begabung, die nach wie vor hauptsächlich durch Leistung definiert wird, und für allgemein-akademische Begabung andere Definitionsregeln. Wie in diesem Kapitel gezeigt wurde, liegen auch für den beruflichen Bereich einige Identifikationsverfahren vor, die Begabungen auf der Ebene psychologischer Konstrukte messen. So können frühzeitig auch Potentiale erkannt werden, die sich noch nicht in herausragenden Leistungen ausdrücken. Auf der einen Seite ist daher dem Konzept eines „beruflichen underachievers" mehr Aufmerksamkeit zu schenken. Probleme wie Anpassungsdruck oder asynchrone Entwicklung zwischen beruflichen und emotionalen Fähigkeiten, die sich mit einer Hochbegabung ergeben können, werden im beruflichen Bereich weitgehend vernachlässigt.

Andererseits ist zu überlegen, was passierte, wenn auch in dem Bereich der allgemeinen Hochbegabung die Definition von Begabung pragmatischer vorgenommen würde. Etwas sehr provokant spekuliert, könnte sich für den schulischen Bereich als eine Anforderungs- und damit Fähigkeitsdimension von Begabung „still sitzen und brav sein" ergeben. Ein hochbegabter Schüler wäre demnach jemand, der die Anforderungen der Schule optimal erfüllt. An dieser Stelle besteht die Gefahr, Begabung nach dem jeweiligen Verwendungszweck zu definieren. Jedoch könnte die Forschung der allgemein-akademischen Hochbegabung eventuell von einem pragmatischen Vorgehen profitieren. Dieses erforderte eine stärkere Orientierung an Lebensanforderungen und vor allem eine größere Deutlichkeit und Operationalisierung der Konstrukte, die eine gemeinsame Diskussionsgrundlage erleichtern. Sowohl im Bereich der allgemein-akademischen als auch der beruflichen Begabung besteht nach wie vor ein großer Klärungs- und Entwicklungsbedarf der Definitionen, der Identifikationsverfahren und der Ableitung der Implikationen für den jeweiligen Lebensabschnitt einer Person. Hier können beide Felder sehr voneinander profitieren.

8. Kritische Würdigung der bisherigen Forschung

Im folgenden geht es darum, vor allem die Defizite der bisherigen Forschung zu diskutieren. Hierbei kann leicht der fälschliche Eindruck entstehen, daß es nur Negatives zu berichten gäbe. De facto kommt dieses Bild jedoch nur dadurch zustande, daß die vielen positiven Ansätze nicht gesondert hervorgehoben, sondern gewissermaßen als „selbstverständlich" vorausgesetzt werden.

Ein erstes Problem der einschlägigen Forschung ergibt sich aus der Uneinigkeit im Hinblick auf die *Definition* dessen, was als „Hochbegabung" zu gelten hat. Die Forschung, aber auch die Diagnose und Förderung der Hochbegabung wird in starkem Maße davon beeinflußt, ob z.B. ausschließlich auf die Intelligenz oder zusätzlich auch noch auf Aspekte der Kreativität oder des Sozialverhaltens Wert gelegt wird. Der Schwerpunkt der Hochbegabungsforschung liegt eindeutig im Bereich der intellektuellen Leistungen. Leicht entsteht die Befürchtung, daß die häufige Betonung von Kreativität und auch der Hinweis auf die Bedeutung des Sozialverhaltens in verschiedenen Hochbegabungsmodellen (und Elternratgebern) eine Art „Alibifunktion" erfüllt. Man will nicht einseitig auf die „harte Leistung" intellektueller Natur setzen, sondern einem moralischen und gesellschaftlichen Anspruch nach „Ganzheitlichkeit" gerecht werden und betont daher, daß Hochbegabung ganz natürlich auch im Sozialverhalten zu finden sei. Überzeugende empirische Untersuchungen wird man in diesem Sektor wohl vergeblich suchen. Zumindest findet die immer wiederkehrende Akzentuierung dieses Themas in theoretischen Überlegungen keine entsprechende Gewichtung in der Forschung (und wahrscheinlich auch nicht in der Förderung). Auch hier würde man sich zunächst eine Entwicklung geeigneter *Diagnoseinstrumente* wünschen, die entsprechende Verhaltensweisen im oberen Extrembereich zufriedenstellend abbilden können. Haben sich erst einmal entsprechende Verfahren etabliert, so wird dies aller Wahrscheinlichkeit nach auch schnell eine aktivere Forschungstätigkeit nach sich ziehen. Hier verhält es sich ganz so wie bei der Erforschung intellektueller Hochbegabung: Das rege Forschungsinteresse in diesem Bereich ist sicherlich zu einem nicht unwesentlichen Teil auch dadurch zu erklären, daß die Messung der Intelligenz für jeden einzelnen Forscher vergleichsweise einfach ist. Hierzu muß er lediglich einen der existierenden Intelligenztests anwenden. Existieren entsprechende Verfahren auch für andere Bereiche der Hochbegabung, so wird der Zugang zur Durchführung empirischer Untersuchungen erheblich erleichtert. Diagnoseverfahren im Bereich der nicht-intellektuellen Hochbegabung setzen darüber hinaus automatisch eine tiefergehende Auseinandersetzung mit Konzepten

wie etwa „sozial kompetentes Verhalten" oder „Kreativität" voraus. Die Defizite im
konzeptionellen Bereich würden hierdurch offensiv thematisiert und bearbeitet.
Schließlich würde die Entwicklung entsprechender nicht-intelligenzbezogener Diagnoseinstrumente natürlich auch unmittelbar einen praktischen Nutzen für psychologische Untersuchungen in Beratungsstellen o.ä. nach sich ziehen.

Innerhalb der Erforschung intellektueller Hochbegabung hat sich als Standardde-
finition das Kriterium „IQ > 130" durchgesetzt (Winner, 1997). Dennoch gibt es
zahlreiche Studien, die eine Aufweichung dieses Kriteriums (z.B. IQ > 120) vornehmen, was inhaltlich durchaus gerechtfertigt sein kann, die Vergleichbarkeit der Ergebnisse jedoch erschwert. Sehr kritisch zu sehen sind solche Studien, die als Kriterium einen IQ größer 150 oder gar größer 180 verwenden, um sog. „Höchstbega-
bung" zu untersuchen. Gängige Testverfahren sind nicht in der Lage, in diesem Extrembereich der Leistung gültige und zuverlässige Messungen vorzunehmen. Je extremer der Leistungsbereich ist, desto unschärfer wird die Messung. Tatsächlich ist
nicht mehr genau zu bestimmen, ob eine Person, die in einer Testung einen Wert von
180 erreicht haben soll, signifikant intelligenter ist als eine Person, die vielleicht einen IQ von 140 erzielt hat. Es ist nicht eindeutig nachzuvollziehen, wie die Messungen im absolut extremsten Leistungsbereich überhaupt vorgenommen wurden oder
ob es sich hierbei vielleicht auch um Schätzungen der Diagnostiker handelt. In jedem
Falle ist für die Zukunft zu fordern, daß spezielle Intelligenztests konstruiert werden,
die den oberen Leistungsbereich (ab IQ 120) gezielt abdecken. Herkömmliche Test
sind immer für die gesamte Population, also für die Diagnose „durchschnittlicher"
Leistungen konzipiert. Eine ebenso genaue wie differenzierte Diagnose im Bereich
hoher intellektueller Leistung ist dabei keineswegs nur von wissenschaftlichem Interesse. Sie hilft auch dabei, spezifische Stärken und Defizite innerhalb der kognitiven
Fähigkeiten des Einzelnen exakt diagnostizieren zu können und bildet so die Basis
für eine wirklich gezielte intellektuelle Förderung des Individuums.

Für alle Formen der Hochbegabung gilt, daß eine Vereinheitlichung diagnostischer Instrumentarien, die noch dazu möglichst speziell für den oberen Leistungsbereich konzipiert sind, die Vergleichbarkeit diverser Forschungsergebnisse erheblich
vereinfachen würde. Erkenntnisse der Forschung könnten dann auch mit größerer
Sicherheit zur Beantwortung praxisrelevanter Fragestellungen herangezogen werden.
Aus den herrschenden Defiziten im diagnostischen Bereich leitet sich somit unmittelbar konkreter Forschungsbedarf ab.

Auf der Ebene der *Theorien und Modelle der Hochbegabung* läßt sich eine mangelnde Spezifizierung derjenigen Konzepte ausmachen, die neben der rein intellektuellen Leistung berücksichtigt werden. Viele Faktoren der Hochbegabung und Bedingungen ihrer Beeinflussung werden zwar genannt und weisen durchaus ein hohes
Maß an Plausibilität auf. Die Modelle versprechen jedoch mehr, als in der empirischen Forschung (und wohl auch in der alltäglichen Diagnostik) eingelöst wird. Dies
ist kein Vorwurf an die Adresse der „Theoretiker". Vielmehr verdeutlicht dieser Umstand das Entwicklungsniveau der Hochbegabtenforschung. Am Anfang stehen
Theorien, deren Explikation und Schlüssigkeit mit zunehmender Erforschung voran-
getrieben werden. Bleibt diese Forschung aus, so bleibt auch die Theorie in ihrem

ersten Entwicklungsstadium stecken. Eine fortlaufende Anpassung an die neuen Forschungsergebnisse bleibt aus, weil selbige gar nicht vorliegen. Der Wert der Theorie kann nicht adäquat gewürdigt werden, weil nicht klar ist, welche der plausiblen Annahmen denn nun tatsächlich der Realität entsprechen oder vielleicht eben nur plausibel sind.

So stellt sich z.B. die Frage, ob Hochbegabung tatsächlich - wie vielfach angenommen wird - im Regelfall auch mit einem hohen Maß an Moralität einhergeht. Weisen nicht vielleicht auch Diktatoren oder zumindest einige der durch kriminelles Verhalten auffällig gewordenen Menschen eine gewisse Form der Hochbegabung auf, die es ihnen ermöglicht, in ihrem speziellen Tätigkeitsfeld außergewöhnliche „Leistungen" zu erzielen, auch wenn diese außerhalb unserer Wertordnung stehen? Vielleicht ist hier ein wenig der Wunsch Vater des Gedankens, daß derjenige, der besonders schlau ist, auch primär Gutes tut. Ohne daß hier das Gegenteil behauptet werden soll, ist der Zusammenhang zwischen Hochbegabung und Moral doch ohne Zweifel eine wichtige Fragestellung. Die Beantwortung dieser Frage liefert ggf. Hinweise auf einen möglichen Förderungsbedarf, denn eine Gesellschaft, die ihren Fortschritt den intellektuellen Fähigkeiten besonders begabter Menschen anvertraut, muß sich gewiß sein, daß diese Fähigkeiten auch verantwortlich eingesetzt werden.

Der Mangel an konzeptbezogener Forschung ist kein Problem aus dem „Elfenbeinturm der Wissenschaft". Theorien stellen - so reduziert sie die Komplexität der Realität zwangsläufig auch abbilden müssen - immer den Versuch dar, die Gesetzmäßigkeiten menschlichen Verhaltens in ihren zentralen Strukturen und Bedingungsgefügen abzubilden. Bei hinreichender empirischer Absicherung fassen sie nicht nur den gegenwärtigen Erkenntnisstand einer Wissenschaft zusammen, sondern liefern hierdurch auch die Grundlage für ein wissenschaftlich fundiertes Handeln. Jede theoriegeleitete (Grundlagen-)Forschung kann somit letztlich auch erheblichen praktischen Nutzen in sich tragen. Im Bereich der Diagnose und Förderung von Hochbegabten ist dies unmittelbar einsichtig. Die zentrale Voraussetzung für die Nutzbarmachung ist allerdings, daß die wissenschaftliche Erkenntnis auch ihren Weg zu den Entscheidungsträgern und Praktikern vor Ort findet.

Wenden wir uns ganz konkreten Merkmalen der Hochbegabtenforschung zu, so fällt auf, daß die meisten Studien mit solchen Kindern durchgeführt werden, die bereits als hochbegabt klassifiziert sind und in der Regel zum *Klientel eines Fördervereines oder einer Beratungsstelle* gehören. Es handelt sich insofern also schon um eine selektierte Population, aus der dann eine Stichprobe gezogen wird. So verständlich ein solches Vorgehen aus forschungspraktischer Perspektive ist, so liegt in dieser Praxis doch auch die Gefahr, daß die Ergebnisse in systematischer Weise verzerrt werden. Zum einen ist damit zu rechnen, daß sich in der Population, aus der die Stichproben gezogen werden, überdurchschnittlich viele Kinder mit Schwierigkeiten bzw. Kinder, deren Eltern einen höheren sozioökonomischen Status haben, befinden. Erstere geben Anlaß, eine Beratungsstelle oder einen Förderverein aufzusuchen, letztere werden vergleichsweise leicht als hochbegabt erkannt, weil die Eltern der Tendenz nach eher sensibilisiert sind und ihren Kindern zumindest graduell bessere Entwicklungschancen bieten. Zum anderen kann die Kennzeichnung der Kinder als

„hochbegabt" zu einer systematischen Veränderung in ihrer Umgebung führen. Eltern, Lehrer und Mitschüler begegnen diesen Kindern höchstwahrscheinlich anders, nachdem das Kind erst einmal aus der „Masse" der übrigen Kinder hervorgehoben wurde. Die Förderung in einem entsprechenden Verein verändert darüber hinaus auch die Lebensumwelt der Kinder. Ohne daß an dieser Stelle eine spezifische Prognose über die Richtung des zu erwartenden Einflusses angestellt werden kann, erscheint ein prinzipiell bedeutsamer Einfluß doch zunächst einmal sehr wahrscheinlich. Will man allgemein etwas über Hochbegabte aussagen, so ist es daher notwendig, auf die unausgelesene Population zurückzugreifen, also - etwa analog zum Vorgehen in der Marburger Hochbegabtenstudie (Rost 1993) - durch Testung von großen Schülerzahlen hochbegabte Kinder erstmals zu identifizieren. Ein solches Vorgehen ist sehr aufwendig, erscheint aber durch den Gewinn an allgemeiner Aussagekraft der Ergebnisse oftmals gerechtfertigt. Dies bedeutet nicht, daß das zuvor beschriebene Vorgehen prinzipiell zu vermeiden wäre. Auf der einen Seite gibt es sicherlich viele Forschungsfragen, die sich gerade auf dieses Klientel beziehen. Auf der anderen Seite ist es z.T. möglich, die Einflüsse, die vom sozioökonomischen Status der Eltern oder veränderten Lebensumwelten ausgehen, auf der Ebene der Untersuchungsplanung bzw. der anschließenden statistischen Auswertung zu berücksichtigen.

So könnte z.B. der Status der Eltern als zusätzliche Untersuchungsvariable erhoben werden und der mögliche Einfluß derselben in der statistischen Analyse (etwa durch Kovarianzanalysen) „herausgerechnet" werden. Auch könnte man gezielt hochbegabte Kinder aus Beratungsstellen und bislang unentdeckt gebliebene Kinder mit weit überdurchschnittlichem IQ direkt miteinander vergleichen, um neben der eigentlich interessierenden Fragestellung auch den Effekt veränderter Lebensumwelten bestimmen zu können.

Ein weiteres Problem besteht in der *Größe der untersuchten Stichproben*. Oft sind die Stichproben zu klein, um eine differenzierte Analyse von spezifischen Subgruppen der Kinder vornehmen zu können. Ist die Ausgangsstichprobe schon recht klein, so wird eine Untersuchung von Teilgruppen oder gar Subgruppen dieser Teilgruppen mit jeder Teilung der Stichprobe mehr und mehr fragwürdig, da die Verallgemeinerungsmöglichkeit der Ergebnisse immer weiter sinkt. Die Folge ist entweder eine unzulässige Verallgemeinerung der Forschungsergebnisse von einer minimalen Zahl an Probanden auf große Populationen oder eine Wiederholung der Untersuchung mit einer größeren Stichprobe. Ersteres ist aus Gründen der Redlichkeit, letzteres aus ökonomischen Erwägungen heraus nicht wünschenswert.

Im Bereich der sozial- und persönlichkeitspsychologischen Untersuchungen kritisiert Tettenborn-Nebling (1991) darüber hinaus das häufige Fehlen von *Vergleichsgruppen*. Wenn nur hochbegabte Kinder in einer Studie untersucht werden, so ist es kaum möglich, gesicherte Aussagen über Besonderheiten dieser Population zu treffen. Hierzu ist immer ein Vergleich mit nicht hochbegabten Personen notwendig. Erst der Vergleich offenbart die Unterschiedlichkeit bzw. die Gemeinsamkeiten.

Eine gewisse Ausnahme bilden hierbei Untersuchungen, die sich ausschließlich mit Aspekten der Intelligenz beschäftigen. Hier besteht die Möglichkeit, einen Vergleich mit normalbegabten Kindern über die Normtabellen der Testverfahren vorzunehmen. Der Vergleich findet mithin statt, obwohl in der konkreten Untersuchung nicht auch noch andere Kinder getestet wurden. Ein weiterer Bereich in dem auf Vergleiche mit normalbegabten Kindern verzichtet werden kann, sind Untersuchungen, die sich ausschließlich mit Differenzen zwischen verschiedenen Subgruppen der Hochbegabtenpopulation beschäftigen. Generell bleibt aber festzuhalten, daß in aller Regel erst der Einsatz von Vergleichsgruppen den Boden für gesicherte Erkenntnisse bereitet.

Untersuchungen, die sich mit dem Sozialverhalten von hochbegabten Personen beschäftigen, verzichten in aller Regel auf eine direkte Erfassung des Verhaltens *mittels systematischer Beobachtung.* Stattdessen wird auf Einschätzungen der betroffenen Kinder oder ihrer Eltern und Lehrer zurückgegriffen. Da nie ganz sicher festzustellen ist, inwieweit diese Selbst- und Fremdbeschreibungen - die in aller Regel ja auf unsystematischen Beobachtungen beruhen - die Realität unverfälscht wiedergeben, wäre ein verstärkter Einsatz systematischer Verhaltensbeobachtungen wünschenswert. Beide Methoden, die Verhaltensbeobachtung und die Einschätzung des Verhaltens durch die Betroffenen selbst oder durch ihr soziales Umfeld, könnten einander vorteilhaft ergänzen.

Ein großes Defizit liegt ohne Zweifel im Bereich der *Evaluation von Beratungs- und Fördermaßnahmen.* Die besten Forschungsergebnisse nützen in der Praxis recht wenig, wenn sie nicht kontrolliert umgesetzt werden. Darüber hinaus ist der Erkenntnisstand in der Hochbegabtenforschung noch nicht so weit vorangeschritten, daß die wichtigsten Fragen eindeutig zu beantworten wären. Die praktische Förderung hochbegabter Menschen stellt daher selbst eine potentielle Quelle des Erkenntnisgewinns dar und sollte in der Forschung nicht unberücksichtigt bleiben.

Die eigentliche Aufgabe der Evaluation liegt jedoch in einem ganz anderen Bereich. Die Evaluation hilft dabei, ein an sich vielleicht schon funktionstüchtiges System zu optimieren. Sie fördert auf diesem Wege nicht nur einen ökonomische Einsatz finanzieller und sozialer Ressourcen, sondern liefert auch die Grundlagen für eine verbesserte Ausbildung der betroffenen Kinder.

Dabei sollte es sich von selbst verstehen, daß die Evaluation nicht von den gleichen Personen durchgeführt wird, die in die Planung und Umsetzung der Fördermaßnahmen involviert sind. Auch reicht es nicht aus, einfach nur die Experten vor Ort nach ihrer Einschätzung zu befragen. In unzähligen empirischen Studien konnte belegt werden, daß Laien und professionellen Kräften zahlreiche systematische Fehler bei der Beurteilung anderer Menschen unterlaufen. Hiergegen kann man sich letztlich nur durch eine systematische Untersuchung absichern.

9. Aufgaben für die Zukunft

In den vorangestellten Kapiteln ging es um die Analyse der bisherigen Forschung auf dem Gebiet der Hochbegabung sowie um die Praxis der Hochbegabtenförderung. Entwicklungen und Defizite wurden aufgezeigt, so daß sich nun die Frage nach möglichen Konsequenzen stellt.

In dem nunmehr letzten Kapitel unserer Abhandlung sollen Ideen und Wünsche vorgestellt werden, die sich fruchtbar auf die zukünftige Arbeit in diesem Feld auswirken können. Wir beginnen zunächst mit der Analyse wünschenswerter Aufgaben für die zukünftige Forschungspraxis, ehe in einem zweiten Schritt auf anzustrebende Veränderungen der praktischen Arbeit, also auf Diagnose und Förderung von hochbegabten Menschen eingegangen wird. Trotz der getrennten Behandlung beider Bereiche wird deutlich werden, daß Forschung und Praxis eng miteinander verzahnt sind bzw. sein sollten.

9.1. Aufgaben für die Forschung

- **Hochbegabung jenseits intellektueller Leistung**
  In der Hochbegabtenforschung dominiert sehr stark die Beschäftigung mit weit überdurchschnittlich intelligenten Kindern. Andere Formen der Hochbegabung, die z.B. sprachlicher oder kreativer Natur sein können, werden kaum untersucht. Hier mag ein ebenso interessantes wir nützliches Forschungsfeld der Zukunft liegen. Zum einen ist recht wenig über besondere Leistungen in diesem Bereich bekannt. Zum anderen muß auch die Gesellschaft ein Interesse daran haben, daß entsprechende Begabungen jenseits der Intelligenz gefördert werden. So sind Leistungen im Bereich der Wissenschaft sicherlich zu einem erheblichen Anteil auch durch das Kreativitätspotential des einzelnen Forschers zu erklären. Schon heute zeichnet sich darüber hinaus ab, daß Führungsaufgaben in Wirtschaft und Politik immer stärker die soziale Kompetenz der Entscheidungsträger fordert. Da unser Wissen viel zu schnell wächst, als daß ein einzelner in seinem Beruf alle relevanten Informationen auf sich vereinigen kann, wird mehr und mehr die soziale und organisatorische Kompetenz zu einer Schlüsselqualifikation werden, die es einem Manager erlaubt, die Kompetenz vieler Menschen zur Lösung eines komplexen Problems zu integrieren. Daß sprachliche Begabungen in dem uns unmittelbar bevorstehenden Kommunikationszeitalter von herausgehobener Relevanz sein dürften, versteht sich eigentlich von selbst. Um so erstaunlicher ist es, daß entspre-

chende Intitiativen in diesen Bereichen entweder nicht existieren oder aber quan-
titativ so unbedeutend sind, daß sie in Relation zur Forschung und Förderung intellektueller Hochbegabung kaum ins Gewicht fallen.

- **Hochbegabungsdiagnostik**
  Die seriöse Erforschung der Hochbegabung, aber auch die effektive Förderung
  von hochbegabten Kindern steht und fällt mit der Güte der zugrunde gelegten diagnostischen Verfahren. In der Regel hängt es von dem Ergebnis eines Intelligenztests ab, ob ein Kind als hochbegabt zu gelten hat und damit Gegenstand einer
  psychologischen Untersuchung wird. Gleiches gilt für die Auswahl förderungs-
  würdiger Kinder.
  Wie bereits dargelegt wurde, besteht das zentrale Problem der gebräuchlichen
  Testverfahren in ihrer Ausrichtung an der „normalen" Intelligenzleistung innerhalb einer Population. Die Verfahren sind so konstruiert, daß sie besonders genau
  im Bereich der mittleren Intelligenz messen. Dies ist für die alltägliche Diagnostik
  in Kliniken, Erziehungsberatungsstellen u.ä. auch sehr sinnvoll, da die Intelligenz
  der meisten Menschen gerade im mittleren Bereich liegt. Je extremer nun die Intelligenz einer zu testenden Person von den „durchschnittlichen" Werten ab-
  weicht, desto ungenauer wird die Messung. Während es aber im unteren Leistungsbereich - etwa für geistig behinderte Kinder - sehr wohl gesonderte Verfahren zur Intelligenzbestimmung gibt, existieren auf dem Markt keine gesonderten
  Testverfahren zur Messung außergewöhnlich hoher Intelligenz. Dies bereitet vor
  allem bei der Differenzierung zwischen verschiedenen Abstufungen der Hochbegabung große Schwierigkeiten. Zu fordern ist mithin in jedem Falle die Entwicklung eines entsprechenden Verfahrens, das nach entsprechenden Normierungsstu-
  dien übrigens auch weltweit Verwendung finden könnte.
  Zu empfehlen wäre in diesem Zusammenhang ein computergestütztes Verfahren. Dies entspricht nicht nur der langfristigen Entwicklung in der psychologischen Diagnostik, sondern birgt auch noch verschiedene Vorteile in sich: Zum einen wird hierdurch der Einfluß des Testleiters bei der Durchführung und Auswertung minimiert, wodurch sich die Objektivität der Messung vergrößert. Angesichts der offenbar sehr verbreiteten Unsitte, die Hochbegabung lediglich aufgrund einer einmalig vorgenommenen Intelligenzmessung „für alle Zeit" festzu-
  schreiben, erscheint dies um so bedeutsamer. Zum anderen eröffnet sich hiermit
  auch die Möglichkeit zum adaptiven Testen. Dies wiederum bedeutet, daß die zu
  lösenden Aufgaben durch den Einsatz des Rechners auf das individuelle Leistungsniveau jedes einzelnen Kindes abgestimmt werden können, was nicht nur
  der Motivation des Kindes, sondern auch der Qualität der Messung zugute kommt.
  Die Grundlage eines neu zu konstruierenden Diagnoseinstrumentes sollte nicht
  mehr durch die klassische Testtheorie, sondern durch moderne stochastische
  Testmodelle gebildet werden, die an dieser Stelle jedoch nicht ausführlich dargestellt werden können.
  Die Diagnostik sollte sich jedoch keineswegs ausschließlich auf die Intelligenzmessung beschränken (s.o.). Die in zahlreichen Theorien der Hochbegabung

aufgeführten Variablen, wie z.B. Kreativität, Leistungsmotivation oder Sozialverhalten, werden zukünftig nur dann in der Forschung und Praxis eine breite Verwendung finden, wenn auch auf diesen Gebieten geeignete Meßverfahren zur Verfügung stehen. Analog zur Intelligenzmessung ist auch hier ein Defizit festzustellen, wenn es um Messungen in Extrembereichen geht.

Insbesondere bei der Messung des Sozialverhaltens wäre zu überlegen, inwieweit einfache fragebogengestützte Untersuchungen durch direkte Verhaltensmessungen ersetzt werden können. Es erscheint nicht unwahrscheinlich, daß hochbegabte Kinder aufgrund ihrer ausgeprägteren intellektuellen Fähigkeiten auch sehr viel schneller erkennen, welche Antworten in einer schriftlichen Befragung ihnen zum Vorteil gereichen und dementsprechend auch verstärkt sozial erwünschte Selbstschilderungen abgeben. Eine absichtlich gesteuerte Veränderung des eigenen Verhaltens im Rahmen einer „Verhaltensprobe", die z.B. in einem Rollenspiel bestehen könnte, ist da schon sehr viel schwieriger. Hinzu kommt, daß die Verhaltensbeobachtung in realen Situationen näher an dem interessierenden Phänomen liegt, als dies bei einer (schriftlichen) Befragung der Fall ist.

- **Hochbegabung versus beruflicher Erfolg**
Wie Winner (1997) verdeutlicht, ist der Zusammenhang zwischen der Intelligenz eines Menschen und seiner Position im beruflichen Leben nicht besonders hoch. Viele hochbegabte Menschen bleiben offenbar im Laufe ihrer (beruflichen) Sozialisation auf halber Strecke liegen und können ihre Fähigkeiten nicht adäquat einbringen. Wie ist dieser Umstand zu erklären? Liegt es daran, daß die Betroffenen nur sehr einseitig begabt und daher im beruflichen Alltag - der, wie das Leben selbst, vielfältige Aufgaben an das Individuum stellt - zum Scheitern verurteilt sind? Verhindern Neid und Mißgunst ihrer Mitmenschen den beruflichen Aufstieg oder ist Intelligenz vielleicht gar eine Fähigkeit, die in den meisten Berufen nicht nur unbedeutend, sondern gar hinderlich ist?

All diese Fragen können zum gegenwärtigen Zeitpunkt nicht gesichert beantwortet werden. Dies hat vor allem damit zu tun, daß hochbegabte Erwachsene offenbar fast nie Gegenstand einschlägiger Studien sind. Viel zu selten werden darüber hinaus Längsschnittstudien - also Untersuchungen, die über mehrere Jahre hinweg immer wieder die gleichen Personen befragen - durchgeführt, die einen tiefergehenden Blick in die Sozialisation hochbegabter Menschen ermöglichen würden.

- **Sozioökonomische Bedingungen der Hochbegabung**
Wie vielfach belegt werden konnte, besteht ein enger Zusammenhang zwischen der diagnostizierten Hochbegabung eines Kindes und dem sozioökonomischen Status seiner Eltern. Unklar ist bislang, wie dieser Zusammenhang genau zu erklären ist: Liegt es an genetischen Faktoren, an einer besseren Förderung, welche Eltern mit höherem Bildungsgrad ihren Kindern schon von der Geburt an zukommen lassen, oder beobachten derartige Eltern ihre Kinder vielleicht nur aufmerksamer und führen sie schneller einer professionellen Diagnostik und Förderbera-

tung zu? Zumindest die zuletzt genannten Faktoren erscheinen recht plausibel. Gesicherte empirische Erkenntnisse liegen jedoch noch nicht vor.

Die gezielte Erforschung des Zusammenhangs zwischen sozioökonomischem Status und Hochbegabung ist keineswegs nur von grundlagenwissenschaftlichem Interesse. Eine systematische Untersuchung - die natürlich auch einen Vergleich mit hochbegabten Kindern aus Familien mit geringem Status einschließen muß - kann dabei helfen, in Zukunft schon frühzeitig Hochbegabung zu erkennen. Dies gilt besonders für Kinder aus bildungsfernen Familien, denen eine besondere Aufmerksamkeit gelten sollte. Dies gebietet schon der Anspruch auf Chancengleichheit. Man kann nicht widerspruchsfrei einerseits Hochbegabung mit dem Argument der Chancengleichheit fördern und andererseits dann innerhalb der Gruppe der Hochbegabten gerade diejenigen vernachlässigen, die der Förderung des Staates in besonderer Wiese bedürfen.

Die Analyse der Bedingungen, die dazu beitragen, daß ein hochbegabtes Kind als solches auch erkannt wird, darf sich dabei selbstverständlich nicht auf gesellschaftsstrukturelle Variablen beschränken. Sie muß vielmehr in komplexer Weise verschiedene Faktoren der (sozialen) Lebensumwelt, wie z.B. Erwartungshaltung und Erziehungsstil der Eltern oder den Grad der intellektuellen Anregung durch Eltern, Verwandte und Spielsachen berücksichtigen.

- **Vergleichende Untersuchung des Klientels von Beratungsstellen und Vereinen**

Die meisten Untersuchungen zur Hochbegabung greifen auf Kinder zurück, deren Hochbegabung schon seit einiger Zeit bekannt ist. Sehr oft handelt es sich dabei um Kinder, die zum Klientel von Beratungsstellen und Fördervereinen gehören. Es ist nicht zweifelsfrei geklärt, ob diese Kinder nicht eine spezifische Subgruppe innerhalb der Population der Hochbegabten darstellen (s.o.). Ein direkter Vergleich zwischen den „betreuten" Kindern und den übrigen Hochbegabten könnte Klarheit darüber schaffen, inwieweit Forschungsergebnisse von der ersten Gruppe auf die Gesamtpopulation der Hochbegabten übertragen werden dürfen. Diese Frage ist von großer Bedeutung, da im Falle einer fehlenden Übertragbarkeit sehr leicht gewichtige Fehlschlüsse gezogen werden könnten, die ggf. ja auch praktische Konsequenzen nach sich ziehen.

Hiermit eng verbunden ist die Frage nach möglichen Einflüssen von Erwartungseffekten. Untersuchungen aus dem Bereich der Pädagogischen Psychologie zeigen, daß die Erwartungen der Lehrer bezüglich der Leistungspotentiale einzelner Schüler einen gewichtigen Einfluß auf deren tatsächliche Leistungen nehmen können. Im Sinne einer „sich selbst erfüllenden Prophezeiung" fördert der Lehrer - ohne dies zu merken - die entsprechenden Kinder so lange in besonderer Weise, bis sie schließlich tatsächlich besondere Leistungen zeigen. In spiegelbildlicher Weise verhält es sich bei Kindern, von denen der Lehrer nur schwache Leistungen erwartet. Sozialpsychologische und soziologische Studien zeigen, daß vergleichbare Prozesse auch in anderen Lebensbereichen ablaufen. Zusammenfassend kann festgehalten werden, daß die Erwartungen, die das soziale Umfeld an eine Person heranträgt, auf deren Verhalten einwirkt. Übertragen wir diese Erkenntnis auf den Bereich der Hochbegabung, so stellt sich die Frage danach, inwieweit die Diagnose „Hochbegabung" die Lebensumwelt und damit auch das Verhalten der betroffenen Kinder ändert. Auch hier geht es um die Vergleichbarkeit von Kindern aus Beratungsstellen/Vereinen, „unbetreuten" hochbegabten Kindern und solchen Kindern, deren Hochbegabung bislang noch im Verborgenen liegt.

- **Minderleistung trotz intellektueller Hochbegabung**
  Eng verknüpft mit den beiden zuvor diskutierten Punkten ist das Thema der Minderleistung trotz vorliegender Hochbegabung. Auch bei den „underachievern" gebietet der Anspruch der Chancengleichheit - ähnlich wie bei den Kindern aus bildungsfernen Familien - eine intensivere Beschäftigung mit den betroffenen Kindern.

  Bislang ist nicht klar, wie groß eigentlich der Anteil derjenigen Kinder ist, die trotz Hochbegabung nur durchschnittliche oder gar unterdurchschnittliche Schulleistungen erbringen. Dies ließe sich aber vergleichsweise einfach durch eine repräsentativ angelegte Untersuchung von Schulkindern mit entsprechenden Auffälligkeiten klären. Weniger hilfreich wäre hingegen eine differentialdiagnostische Untersuchung von solchen Kindern, die bereits als hochbegabt gelten, denn es liegt ja gerade im Wesen der interessierenden Gruppe der „underachiever", daß ihre besondere Begabung nur schwer erkannt wird. Zu überlegen wäre auch eine Befragung von Schul- und Erziehungsberatungsstellen. Zu klären wäre hier, wie hoch in diesen Einrichtungen unter verhaltensauffälligen bzw. schulschwachen Kindern der Anteil von intellektuell Hochbegabten ist. Einen weiteren Ansatzpunkt stellen z.B. Legasthenie-Verbände dar, in deren Klientel sich höchstwahrscheinlich ebenfalls hochbegabte Kinder finden lassen.

  Im Zuge entsprechender Untersuchungen wäre auch näher zu erforschen, welche Faktoren dieses Phänomen bedingen. Die neu gewonnenen Erkenntnisse können dann Hinweise auf mögliche Interventionsmaßnahmen liefern.

- **Sozial- und persönlichkeitspsychologische Aspekte**
  Zahlreiche Studien beschäftigen sich mit sozial- und persönlichkeitspsychologischen Aspekten intellektueller Hochbegabung. Auf die verschiedenen methodischen Mängel, die hierbei zu verzeichnen sind, wurde bereits eingegangen. Wünschenswert wären neben den gebräuchlichen Befragungen von Angehörigen, Lehrern etc. systematische Verhaltensbeobachtungen, die z.B. in Schulklassen ohne großen Aufwand zu bewerkstelligen wären. Befragungen von Beobachtern eines Verhaltens setzen, ebenso wie die Erhebung von Selbstbeschreibungen, stillschweigend voraus, daß die Beobachtungen die Realität im wesentlichen unverfälscht wiedergeben. Die psychologischen Forschungsergebnisse auf dem Gebiet der Personenwahrnehmung und Urteilsbildung stimmen hier jedoch eher skeptisch. Allzusehr unterliegt unsere Informationsverarbeitung im Alltag systematischen Verzerrungen. Eine seriöse Beurteilung setzt eine entsprechende Schulung in Beobachtungsmethoden zur Vermeidung von Beobachtungsfehlern voraus.

Selbst bei professionellen Beobachtern, wie z.B. Lehrern, kann eine solche Schulung jedoch keineswegs vorausgesetzt werden.

Ebenfalls sinnvoll erscheinen Längsschnittstudien (vgl. Subotnik & Arnold, 1993). Die Kombination beider Methoden - die systematische Verhaltensbeobachtung über lange Zeiträume hinweg - ermöglicht ein besseres Verständnis der Wechselwirkungen, die zwischen dem hochbegabten Individuum und seiner sozialen Umwelt bestehen. Auch aus diesen Erkenntnissen ließen sich Hinweise auf eine gezielte Förderung der gesamten Persönlichkeit hochbegabter Kinder ableiten, sofern sich hierzu die Notwendigkeit ergeben sollte.

- **Evaluation von Beratungsstellen und Fördermaßnahmen**
Von sehr großer Bedeutung ist die Evaluation der Arbeit von Beratungsstellen sowie die Effekte spezifischer Fördermaßnahmen für hochbegabte Kinder. Welche Chance besteht für ein hochbegabtes Kind in einer normalen Beratungsstelle, die sich nicht auf die Betreuung Hochbegabter spezialisiert hat, als solches erkannt zu werden? Welche Fördermaßnahmen sind den Mitarbeitern bekannt? Welche werden tatsächlich umgesetzt? Dies sind einige wichtige Fragen, deren Beantwortung eine systematische Studie gerechtfertigt erscheinen läßt. Zielrichtung einer solchen Untersuchung wäre die Qualitätssicherung innerhalb der entsprechenden Einrichtungen. Aber auch in Einrichtungen, die sich gezielt mit hochbegabten Menschen auseinandersetzen, stellt sich die Frage nach dem konkreten Vorgehen. Unklar ist z.B., welche Meßverfahren neben dem Intelligenztest zum Einsatz kommen.

Zahlreiche Schulen, aber auch private Vereine bieten inzwischen ein vielfältiges Angebot an Fördermaßnahmen für hochbegabte Kinder an. Es entspricht einer nahezu unverantwortlichen Verschwendung von materiellen und sozialen Ressourcen, wenn derartige Programme nicht von einer systematischen Evaluation begleitet werden. Dabei geht es nicht darum - wie sicherlich nicht wenige der betroffenen Pädagogen befürchten werden - dem Personal in erster Linie Fehlverhalten nachweisen zu können. Im Gegenteil, die Evaluation sucht nach einer Optimierung der aufgewendeten Mittel und wird im Zuge dessen auch die besonders effektiven Methoden der Praktiker vor Ort als solche erkennen und fördern. Das zentrale Ziel einer wissenschaftlichen Evaluation wäre es, möglichst spezifisch festzulegen, welche Kombination unterschiedlicher Fördermaßnahmen für welche Subgruppe hochbegabter Kinder einen wie hoch zu beziffernden Erfolg erwarten läßt. Eine andere wichtige Aufgabe läge z.B. in der Analyse der Bedingungen, die dazu führen, daß einzelne Kinder eine Fördermaßnahme vorzeitig abbrechen. Die Evaluation dient dabei allen beteiligten Personen in gleicher Weise, denn auch ein Lehrer kann kein Interesse daran haben, daß ein Großteil seiner Anstrengungen vergebens ist. Im Interesse der betroffenen Kinder und der Geldgeber liegt die Evaluation ohnehin.

- **Analyse bislang ungenutzter Datensätze**

  Wie bereits erwähnt wurde, verfügen verschiedene Institutionen, wie z.B. die Christophorusschulen, über mitunter sehr umfangreiche Datensätze, von denen viele bislang statistisch nicht aufbereitet wurden. In der Analyse dieser Daten liegt eine wichtige Forschungsaufgabe für die Zukunft. Bedenkt man, daß in herkömmlichen Studien zunächst einmal hochbegabte Kinder identifiziert werden müssen, die dann u.U. umfangreichen Untersuchungen unterzogen werden, so liegt in der Aufarbeitung der bestehenden Datensätze eine einmalige Chance, vergleichsweise schnell und sehr kostengünstig zu Erkenntnissen zu gelangen. Unter dem Gesichtspunkt der Repräsentativität ist hier vor allem die Größe der Stichproben hervorzuheben.

  In diesem Zusammenhang ist auch an eine Institution zu denken, deren Datensätze besonders groß sind, bislang jedoch wohl nicht systematisch unter dem Gesichtspunkt der Hochbegabtenforschung analysiert wurden. Die Rede ist von Leistungsmessungen, die bei der Bundeswehr im Zuge der Wehrpflichtigenmusterung durchgeführt werden. Angesichts der sehr großen Zahl wehrpflichtiger junger Männer, die sich solchen Messungen unterziehen müssen, ist hier mit einem nennenswerten Anteil hochbegabter Menschen zu rechnen. Die Identifizierung dieser Personen und anschließende Befragung sowie ggf. weitergehende Testung kann z.B. Erkenntnisse im Bereich der „underachiever" oder der Lebensbedingungen und Lebensläufe hochbegabter Menschen liefern. Auch hier gilt, daß die Daten mit vergleichsweise geringem Aufwand kostengünstig erhoben werden könnten.

9.2. Aufgaben für die Praxis

- **Fortbildung von Lehrern und Beratern**

  Es ist davon auszugehen, daß die meisten Lehrer bislang kaum in Aus- und Weiterbildung mit dem Thema Hochbegabung konfrontiert wurden, obwohl - rein statistisch betrachtet - fast jeder von Ihnen schon einmal ein hochbegabtes Kind in der Klasse hatte. Hier gibt es zweifellos einen deutlichen Nachholbedarf, zumal den Lehrern - gerade bei „underachievern" und Kindern aus bildungsfernen Familien - oft eine Schlüsselfunktion bei der „Entdeckung" außergewöhnlicher Begabung zukommt.

  Da das Netz an Fördermaßnahmen immer noch sehr durchlässig ist, kommt man auch nicht umhin, die „normalen" Lehrer didaktisch weiterzubilden. Es ist nicht möglich - und oftmals von den Betroffenen auch gar nicht gewünscht - daß jedes hochbegabte Kind gleich an einen Speziallehrer für Hochbegabung weitergereicht wird. Wahrscheinlich ist dies auch nicht einmal notwendig, wenn das vorhandene pädagogische Potential besonders interessierter Lehrer durch gezielte Weiterbildung entsprechend genutzt würde.

- **Diagnostik**
  Im Bereich der Diagnostik ist kritisch zu prüfen, welche Verfahren in der Praxis zum Einsatz kommen und wie es um die Qualität derselben bestellt ist. Angesicht der hinlänglich beschriebenen Probleme bei der Bestimmung des exakten IQ im extremen Leistungsbereich wäre zu überlegen, ob den Eltern überhaupt ein konkreter Zahlenwert mitgeteilt werden sollte. Diese Praxis ist um so fragwürdiger, wenn - wie dies wohl vielfach üblich ist - nur eine einzige Messung erfolgt ist. Bedenkt man, welches Gewicht später der Intelligenzmessung zukommt, so ist dringend zu raten, mehrfache Testungen mit verschiedenen Verfahren an unterschiedlichen Tagen und möglichst auch von verschiedenen Diagnostikern vornehmen zu lassen.

- **Fördermaßnahmen für besonders junge Kinder**
  Wenn es um die flächendeckende Förderung besonders begabter Kinder insgesamt betrachtet eher schlecht bestellt ist, so gilt dies für Kinder im Vorschulalter in besonderem Maße. Generell erscheint es vielversprechend, wenn die Entdeckung einer besonderen Begabung möglichst früh im Leben des Kindes erfolgt und dann auch bereits eine professionelle Förderung zur Verfügung steht. Hierdurch wird nicht nur das vorhandene Potential genutzt, sondern auch der Entwicklung zum „underachiever" frühzeitig vorgebeugt.

- **Gezielte Suche nach unentdeckten Hochbegabten & „underachievern"**
  Die Frage der Chancengleichheit für hochbegabte Kinder ist auf das Engste verknüpft mit der Suche nach Hochbegabten, die ohne fremde Hilfe als solche niemals erkannt und gefördert werden. Hochbegabung findet sich nicht nur im Gymnasium, privaten Internaten oder Akademikerfamilien. Wenn aber hochbegabte Kinder aufgrund ungünstiger Lebensbedingungen und/oder psychischer Probleme an der offenen Entfaltung ihrer Potentiale gehindert werden, dann sollte es die Aufgabe von Erzieherinnen, Lehrern und Beratern aus dem psycho-sozialen Bereich sein, dem offensiv entgegenzuwirken.

10 Literatur

Albert, R.S. (1980). Exceptionally gifted boys and their parents. *Gifted Child Quaterly, 24,* 174-179.

Albrecht, G. (1992). Begabtenförderung unter berufspädagogischem und beschäftigungs-politischem Aspekt. In R. Manstetten (Hrsg.). *Begabung im Spannungsfeld von Bildung und Beruf* (S. 215-237). Bad Heilbrunn/Obb.: Klinkhardt.

Amelang, M. & Zielinski, W. (1997). *Psychologische Diagnostik und Intervention.* Berlin: Springer.

Amthauer, R. (1955). *Der Intelligenz-Struktur-Test (IST).* Göttingen: Hogrefe.

Amthauer, R. (1970). *Intelligenz-Struktur-Tests (I-S-T 70).* Göttingen: Hogrefe.

Bals, Th. (1991). Perspektiven der Begabungsforschung und Begabtenförderung in der beruflichen Bildung. In R. Manstetten & G. Albrecht (Hrsg.). *Begabungsforschung und Begabtenförderung in der Berufsbildung* (S. 37-45). Frankfurt/Main: Lang.

Bartenwerfer, H.G. (1978). Identifikation von Hochbegabten. In K.J. Klauer (Hrsg.). *Handbuch der Pädagogischen Diagnostik, Bd. 4* (S. 1059-1069). Düsseldorf.

Bastian, H.G. (1989). *Leben für Musik. Eine Biographie-Studie über musikalische (Hoch-) Begabungen.* Mainz: Schott.

Bastian, H.G. (1991). *Jugend am Instrument. Eine Repräsentativstudie.* Mainz: Schott.

Bastian, H.G. (1994). Interdisziplinäre Aspekte der Hochbegabtenförderung in der Musik. *Leistungssport, 24,* 47-52.

Becker, P., Schaller, S. & Schmidtke, A. (1980). *Raven-Matrizen-Test. Coloured Progressive Matrices* (CPM). Weinheim: Beltz.

Belmont, L. & Marolla, F.A. (1973). Birth order, family size and intelligence. *Science, 182,* 1096-1101.

Benbow, C.P. & Stanley, J.C. (1980). Intellectually talented students: Family profiles. *Gifted Child Quaterly, 24,* 119-122.

Benbow, C.P. & Stanley, J. C. (1984). Gender and the science major: a study of mathematically precocious youth. In M. W. Steinkamp & M. L. Maehr (Eds.). *Women in science* (pp. 165-196). Grennwich, CT: Jai Press.

Binet, A. & Simon, T. (1908). Le developpement de l'intelligence chez les enfants. *Annual Psychology, 14,* 1-94.

Binet, A. & Simon, Th. (1911). La mésure du développement de l'intelligence chez les jeunes entfants. *Bull. Soc. libre p. Létude ps. de l'entfant 10/11:187.*

BMW AG in Kooperation mit der Hochbegabtenförderung e.V. (Hrsg.) (1997). *Hochbegabtenföderung. Angebote für eine unbeachtete Minderheit.* Projektbericht.

Boring, E.G. (1923). Intelligence as the tests test it. *New Republic, 34,* 35-37.

Borkenau, P. & Ostendorf, F. (1993). *NEO-Fünf-Faktoren Inventar (NEO-FFI).* Göttingen.

Braggett, E.J. (1993). Programs and practices for identifying and nurturing giftedness and talent in Australia and New Zealand. In K.A. Heller, F.J. Mönks & A.H. Passow (Eds.). *International Handbook of Research and Development of Giftedness and Talent* (pp. 815-832). Oxford: Pergamon.

Brambring, M. (1983). Spezielle Eignungsdiagnostik. In K.J. Groffmann & L. Michel (Hrsg.). *Intelligenz- und Leistungsdiagnostik* (S. 414-481). Enzyklopädie der Psychologie B/II/2. Göttingen.

Brickenkamp, R. (1972). *Test d2. Aufmerksamkeits-Belastungs-Tests* (4. Aufl.). Göttingen.

Brickenkamp, R. (1997). *Handbuch psychologischer und pädagogischer Tests*. Göttingen: Hogrefe.

Brockhaus Enzyklopädie (1993). *Deutsches Wörterbuch*. Mannheim: Brockhaus.

Bundesministerium für Bildung und Forschung (Hrsg.) (1997). Begabtenförderung berufliche Bildung: Infobroschüre. Bonn.

Bundesministerium für Bildung und Forschung (1999). *Förderprogramm Begabtenförderung berufliche Bildung*. Internes Infomaterial, Blatt 215. Bonn.

Bund-Länder-Kommission für Bildungsplanung und Forschungsförderung (1990). *Top 10 des Protokolls des Ausschusses „Bildungsplanung"* vom 31. Mai 1990. Bonn: BLK.

Butler-Por, N. (1995). Gifted children: Who is at risk for underachievement and why? In M.W. Katzko & F.J. Mönks (Eds.). *Nurturing talent: Individual needs and social ability* (pp. 252-261). Assen: Van Gorcum.

Cattell, R. B. (1963). Theory of fluid and crystallized intelligence: A critical experiment. *Educ. psychol. 54:1.*

Chaberny, A., Parmentier, K. & Schnur, P. (1991). Beschäftigungsaussichten und berufliche Anforderungen in anerkannten Ausbildungsberufen. In Institut für Arbeitsmarkt- und Berufsforschung der Bundesanstalt für Arbeit (Hrsg.). *Beiträge zur Arbeitsmarkt- und Berufsforschung 146*. Nürnberg.

Chapman, J.W. & McAlpine, D.D. (1988). Students' perception of ability. *Gifted Child Quaterly, 32*, 222-225.

Cicirelli, V.G. (1976). Sibling structure and intellectual ability.*Developmental Psychology, 12*, 369-370.

Colangelo, N. & Assouline, S. (1995). Self-concept of gifted students: Patterns by self-concept domain, grade, level, and gender. In M.W. Katzko & F.J. Mönks (Eds.). *Nurturing talent: Individual needs and social ability* (pp. 66-74). Assen: Van Gorcum.

Costa, P.T. & McCrae, R.R. (1992). *Revised Neo Personality Inventory (NEO PI-R) and NEO Five Factor Inventory. Professional Manual*. Odessa, FL: Assessment Ressources.

Czeschlik, T. (1991). Temperamentsfaktoren hochbegabter Kinder. In D.H. Rost (Hrsg.). *Lebensumweltanalyse hochbegabter Kinder* (S. 138-158). Göttingen: Hogrefe.

Dauber, S.L. & Benbow, C.P. (1990). Aspects of personality and peer relations of extremely talented adolescents. *Gifted Child Quaterly, 34*, 10-14.

Davis, G.A. & Rimm, S.B. (1985). *Education of the gifted und talented*. Englewood Cliffs, NJ: Prentice-Hall.

Deutsche Gesellschaft für das hochbegabte Kind e. V. (1994). *Satzung der Deutschen Gesellschaft für das hochbegabte Kind e.V.*

Deutsche Gesellschaft für das hochbegabte Kind e. V. (o. J.). *„Hochbegabte Kinder" - Informationsblatt der Deutschen Gesellschaft für das hochbegabte Kind e. V.*

Deutsche Gesellschaft für das hochbegabte Kind e. V. (1995). *Bildungspolitische Forderungen - „Frankfurter Papier"*. Gemeinsame Resolution des wissenschaftlichen Beirats und des Vorstands der Deutschen Gesellschaft für das hochbegabte Kind e.V.

Deutsche Gesellschaft für das hochbegabte Kind e. V. (1998a). *Leben mit hochbegabten Kindern*. Informationsbroschüre. Berlin.

Deutsche Gesellschaft für das hochbegabte Kind e. V. (1998b). *Labyrinth, 57* (21).

Deutsche Gesellschaft für das hochbegabte Kind e. V. (1999). *Homepage der Deutschen Gesellschaft für das hochbegabte Kind e.V.* (www document). URL http://www. dghk.de.

Deutsche Lehrer Zeitung - Special (1997). Begabung - Glück oder Strafe? *Deutsche Lehrerzeitung*: Berlin.

Dörner, D. (1976). *Problemlösen als Informationsverarbeitung*. Stuttgart: Kohlhammer.

Dörner, D., Drewes, U. & Reither, F. (1975). Über das Problemlösen in sehr komplexen Realitätsbereichen. In W.H. Track (Hrsg.). *Bericht über den 29. Kongreß der DGPs* (S. 339-340). Göttingen: Hogrefe.

Dörner, D. & Kreuzig, H.W. (1983). Problemlösefähigkeit und Intelligenz. Psychologische Rundschau, *34*, 185-192.

Dörner, D., Kreuzig, H.W., Reither, F. & Stäudel, T. (1983). *Vom Umgang mit Unbestimmtheit und Komplexität*. Stuttgart: Huber.

Eckstaedt, C. (1996). *„...mit Klavier hab' ich dann auch aufgehört." Instrumentalspiel, Musikalität und Leistungsanspruch*. Bochum: Augemus Musikverlag.

Elbing, E. & Heller, K.A. (1996). Beratungsanlässe in der Hochbegabtenberatung, Psychologie in Erziehung und Unterricht, *43*, 57-69.

Fauser, R. & Schreiber, N. (1999). *Wirkung und Nutzen der Begabtenförderung berufliche Bildung*. Bonn: BMBF

Fay, E. (1996). Tests unter der Lupe. *Aktuelle Leistungstests - kritisch betrachtet, Band 1*. Heidelberg: Asanger.

Feger, B. (1980). Identifikation von Hochbegabten. In Klauer, K.J. & Kornadt, H.-J. (Hrsg.). *Jahrbuch für Empirische Erziehungswissenschaft* (S. 87-112). Düsseldorf: Schwann.

Feger, B. (1988). *Hochbegabung: Chancen und Probleme*. Stuttgart: Huber.

Feger, B. & Prado, T.M. (1998). *Hochbegabung: die normalste Sache der Welt*. Darmstadt: Primus Verlag.

Feldmann, S. & Holling, H. (1996). Streß bei jungen begabten Musikern. In H.G. Bastian (Hrsg.). *Interdisziplinäre Aspekte und praktische Probleme der Begabungsforschung und Begabtenförderung*. Mainz: Schott.

Fischer, C. (in Vorbereitung). *Hochbegabung und Lese-Rechtschreibschwierigkeiten*. Dissertation Universität Münster.

Fisseni, H.-J. (1997). *Lehrbuch der psychologischen Diagnostik*. Göttingen: Hogrefe.

Freeman, J. (1993). Thinking in the head and thinking in the world. In E A. Hany & K.A. Heller (Eds.). *Competence and Responsibility* (pp. 43-44). Göttingen: Hogrefe.

Funke, J. (1986). *Komplexes Problemlösen. Bestandsaufnahme und Perspektiven*. Berlin: Springer.

Flammer, A. (1990). *Erfahrung der eigenen Wirksamkeit*. Bern: Huber.

Gagné, F. (1985). Giftedness and talent: reexamining a reexamination of the definitions. *Gifted Child Quarterly, 29*, 103-112.

Gagné, F. (1989). Peer nominations as a psychometric instrument: Many questions asked but few answered. *Gifted Child Quarterly, 30*, 53-58.

Gagné, F. (1993). Constructs and models pertaining to exceptional human abilities. In K. A. Heller, F.J. Mönks & A.H. Passow (Eds.). *International Handbook of Research and Development of Giftedness and Talent* (pp. 69-87). Oxford: Pergamon.

Gagné, F. (1995). Learning about the nature of gifts and talents through peer and teacher nominations. In M.W. Katzko & F.J. Mönks (Eds.). *Nurturing Talent: Individual needs and social ability.* (pp. 20-30) Assen: Van Gorcum.

Gardner, H. (1991). *Abschied vom IQ. Die Rahmen-Theorie der vielfachen Intelligenzen.* Stuttgart: Klett-Cotta.

Götze, C. (1916). Schulbegabung und Lebensbegabung. In P. Petersen (Hrsg.). *Der Aufstieg der Begabten, Vorfragen* (S. 9-16). Berlin: Teubner.

Gordon, E. (1986). Musikalische Begabung. Beschaffenheit, Beschreibung, Messung und Bewertung. *Musikpädagogik, Band 25.* Mainz: Schott.

Greenberg Lake Analysis Group & American Association for University Women (1991). *Shortchanging girls, shortchanging America.* Washington, DC: American Association for University Woman.

Guilford, J.P. (1967). *The Nature of Human Intelligence.* New York: McGraw Hill.

Guthke, J. (1996). *Intelligenz im Test: Wege der psychologischen Intelligenzdiagnostik.* Göttingen: Vandenhoeck & Ruprecht.

Haase, H. (1982). Psychodiagnostische Aspekte des Leistungssports. In M. Löcken & R. Dietze (Hrsg.). *Das Betreuungssystem im modernen Hochleistungssport.* Münster.

Hackman, J.R. & Oldham, G.R. (1975). Development of the job diagnostic survey. *Journal of Applied Psychology, 60,* 159-170.

Häcker, H. & Stapf, K.H. (1998). *Dorsch Psychologisches Wörterbuch.* Göttingen: Huber.

Hanses, P. & Rost, D.H. (1998). Das „Drama" der hochbegabten Underachiever - „Gewöhnliche" und „außergewöhnliche" Underachiever? *Zeitschrift für Pädagogische Psychologie, 12,* 53-71.

Hany, E.A. (1987). Psychometrische Probleme bei der Identifikation Hochbegabter. *Zeitschrift für Differentielle und Diagnostische Psychologie, 8,* 173-191.

Hany, E.A. (1990). Entwicklung der Hochbegabungsforschung in der BRD (1970-1990). In K. Ingenkamp, R.S. Jäger, H. Petillon & B. Wolf (Hrsg.). *Empirische Pädagogik 1970-1990. Eine Bestandsaufnahme der Forschung in der Bundesrepublik Deutschland, Band II* (S. 623-630). Mannheim: Deutscher Studien Verlag.

Hany, E.A. (1991). Sind Lehrkräfte bei der Identifikation hochbegabter Schüler doch besser als Tests? Eine Untersuchung mit neuen Methoden. *Psychologie, Erziehung und Unterricht, 38,* 37-50.

Hany, E.A. & Heller, K.A. (1993). *Competence and Responsibility.* Göttingen: Hogrefe.

Hany, E.A. & Heller, K.A. (1991). Gegenwärtiger Stand der Hochbegabungsforschung. Replik zum Beitrag Identifizierung von Hochbegabung. *Zeitschrift für Entwicklungspsychologie und Pädagogische Psychologie, 23,* 241-249.

Heinbokel, A. (1992). Übertragung von Erkenntnissen aus der Hochbegabtenforschung auf die berufliche Bildung? In R. Manstetten (Hrsg.). *Begabung im Spannungsfeld von Bildung und Beruf.* Bad Heilbrunn/Obb.: Klinkhardt.

Heinbokel, A. (1996a). *Hochbegabte. Erkennen, Probleme, Lösungswege.* Baden Baden: Nomos Verlagsgesellschaft.

Heinbokel, A. (1996b). 12 Thesen zum Überspringen von Klassen, *Beipiele, 14,* 64.

Heller, K.A. (1987). Einführung in das Themenheft zur Hochbegabungsdiagnostik. *Zeitschrift für Differentielle und Diagnostische Psychologie, 8,* 155-157.

Heller, K.A. (1990). Zielsetzung, Methode und Ergebnisse der Münchner Längsschnittstudie zur Hochbegabung. *Psychologie in Erziehung und Unterricht, 37,* 85-100.

Heller, K.A. (1992). *Hochbegabung im Kindes- und Jugendalter.* Göttingen: Hogrefe.

Heller, K.A. (1995). Evaluation of programs for the gifted. In M.W. Katzko & F.J. Mönks

(Eds.). *Nuturing Talent: Individual needs and social ability* (pp. 264-268). Assen: Van Gorcum.

Heller, K.A., Perleth, Ch. & Hany, E.A. (1994). *Hochbegabung - ein lange Zeit vernachlässigtes Forschungsthema*. Einsichten - Forschung an der Ludwig-Maximilians-Universität München, 1, 18-22.

Herrmann, T. (1987). *Lehrbuch der empirischen Pesönlichkeitsforschung*. Göttingen: Hogrefe.

Hesse, H. (1972). *Unterm Rad*. Frankfurt: Suhrkamp.

Hochbegabtenförderung e.V. (1998). *Das hochbegabte Kind in der heutigen Schule und im Elternhaus*: Eine Information für Lehrer und Eltern. Düsseldorf: Aouane Verlag.

Hochbegabtenförderung e.V. (1999). *Homepage der Hochbegabtenförderung e.V.* (www document). URL http://www.hbf.geonet.de/index.html.

Holling, H. (1996). Kriterien und Diagnose beruflicher Begabung und Leistungsfähigkeit. Berufsbildung: Zeitschrift für Praxis und Theorie in Betrieb und Schule, *50*, 35-37.

Holling, H., Wübbelmann, K. & Geldschläger, H. (1996). Kriterien und Instrumente zur Auswahl von Begabten in der beruflichen Bildung. In R. Manstetten (Hrsg.). *Begabtenförderung in der beruflichen Bildung*. Göttingen: Hogrefe.

Hollinger, C.L. (1991). Facilitating the career developmet of gifted young women. *Roeper Review*, *13*, 135-139.

Horn, W. (1983). *Leistungsprüfsystem (LPS)*. (2. Erw. und verb. Aufl.). Göttingen: Hogrefe.

Howe, M.J.A. (1982). Biographical evidence and the development of outstanding individuals. *American Psychologist*, *37*, 1071-1082.

Ingenkamp, K. (1997). *Lehrbuch der Pädagogischen Diagnostik*. Weinheim: Beltz.

Jäger, A.O. (1982). Mehrdimensionale Klassifikation von Intelligenztestleistungen. Experimentell kontrollierte Weiterentwicklung eines deskriptiven Intelligenzstrukturmodells. *Diagnostica*, *28*, 145-226.

Jäger, A.O. (1984). Intelligenzstrukturforschung: Konkurrierende Modelle, neue Entwicklungen, Perspektiven. *Psychologische Rundschau*, *35*, 21-35.

Jäger, A.O., Süß, H.-M. & Beaducel, A. (1996). *Berliner Intelligenzstruktur - Test*. Göttingen: Hogrefe.

Jäger, R.S. & Petermann, F. (Hrsg.) (1992). *Psychologische Diagnostik* Weinheim: Psychologie Verlags Union.

Jellen, H.G. (1989). *Differentielle Erziehung besonders Begabter*. Köln: Böhlau Verlag.

Kalinowski-Czech, M. (1988). Beratungsstelle für Hochbegabten-Probleme Hamburg: Abschlußbericht über ein Modellprojekt. Unveröffentlichtes Manuskript: Bundesministerium für Bildung und Wissenschaft.

Kanning, U.P. (1997). *Selbstwertdienliches Verhalten und Soziale Konflikte*. Münster: Waxmann.

Kanning, U.P. (1999). *Die Psychologie der Personenbeurteilung*. Göttingen: Hogrefe.

Kerr, B. & Maresh, S.E. (1994). Career Counselling for Gifted Women. In W.B. Walsh & S.H. Osipow (Eds.). *Career Counselling for Women* (pp.197-235). Hillsdale, New Jersey: Lawrence Erlbaum Associates, Hove and London.

Kratzmeier, H. (1980). *Raven-Matrizen-Test. Advanced Progressive Matrices* (APM). Weinheim: Beltz.

Kratzmeier, H. & Horn, R. (1979). *Raven Matrizen-Test. Standard Progressive Matrices (SPM)*. Weinheim: Beltz.

Kubinger, K.D. und Wurst, E. (1991). *Adaptives Intelligenz-Diagnosticum (AID)*. Weinheim: Beltz.

Kuhl, J. & Fuhrmann, A. (1994). *Volitional Components Checklist, Version 3.3.1*. Universität Osnabrück.

Lilli, W. & Frey, D. (1993). Die Hypothesentheorie der sozialen Wahrnehmung. In D. Frey & M. Irle (Hrsg.). *Theorien der Sozialpsychologie (Bd. 1)*. (S. 49-80). Bern: Huber.

Manstetten, R. (1992). *Begabung im Spannungsfeld von Bildung und Beruf*. Bad Heilbrunn/Obb.: Klinkhardt.

Manstetten, R. (1992 c). Zu Grundfragen der Begabtenförderung und Begabungsforschung in der beruflichen Bildung. In R. Manstetten (Hrsg.). *Begabtenförderung in der beruflichen Bildung* (S. 1-21). Göttingen: Hogrefe.

Manstetten, R. (1996a). *Begabtenförderung in der beruflichen Bildung*. Göttingen: Hogrefe.

Manstetten, R. (1996 b). Strukturelle, institutionelle und innovative Aspekte der Begabtenförderung in der beruflichen Bildung. In R. Manstetten (Hrsg.). Begabtenförderung in der beruflichen Bildung (S. 21-86). Göttingen: Hogrefe.

McGuire, L. & Yewchuk, C. (1995). Gifted learning disabled students' knowledge of metacognitive reading strategies. In M.W. Katzko & F.J. Mönks (Eds.). *Nurturing talent: Individual needs and social ability* (pp. 239-251). Assen: Van Gorcum.

Meissner, T. (1991). *Wunderkinder*. Frankfurt: dtv.

Melchers, P. & Preuß, U. (1991). *Kaufman-Assessment Battery for Children – Deutschsprachige Fassung*. Amsterdam: Swets & Zeitlinger.

Mensa in Deutschland e.V. (1995). *Grußwort des Internationalen Vorsitzenden*. (www document) URL http://www.de.mensa/org/chairman.html.

Mensa in Deutschland e.V. (1996). *Informationsbroschüre. Ein internationaler Verein stellt sich vor*.

Mensa in Deutschland e.V. (1997). *Special Interest Groups*. (www document) URL http://www.de.mensa/org/sig-info.html.

Mensa in Deutschland e.V. (1998). *Mind-Magazin, 7*.

Mensa in Deutschland e.V. (1999). *Willkomen bei - Welcome to - Bienvenue à Mensa in Deutschland e.V.* (MinD). (www document) URL http://www.de.mensa/org/.

Mönks, F.J. (1963). Beiträge zur Begabtenforschung im Kindes- und Jugendalter. *Archiv für die gesamte Psychologie, 115*, 362-382.

Mönks, F.J. (1987). Einzelfallanalyse in der Hochbegabtendiagnostik. *Zeitschrift für Differentielle und Diagnostische Psychologie, 8*, 235-240.

Mönks, F.J. (1990). Hochbegabtenförderung als Aufgabe der Pädagogischen Psychologie. *Psychologie in Erziehung und Unterricht, 37*, 243-250.

Mönks, F.J. (1991). Kann wissenschaftliche Argumentation auf Aktualität verzichten? Replik zum Beitrag Identifizierung von Hochbegabung. *Zeitschrift für Entwicklungspsychologie und Pädagogische Psychologie, 23*, 232-240.

Mönks, F.J. (1992). Ein interaktionelles Modell der Hochbegabung. In E.A. Hany & H. Nickel (Hrsg.). *Theoretische Konzepte, empirische Befunde, praktische Konsequenzen* (S. 17-22). Bern: Huber.

Mönks, F.J. & Mason, E.J. (1993). Development of gifted children. In T. Husén & T.N. Postlethwaite (Eds.). *The International Encyclopedia of Education* (pp. 2492-2495). Exeter: BPC Wheatons.

Mönks, F.J. & Ypenburg, I.H. (1993). *Unser Kind ist hochbegabt*. Ein Leitfaden für Eltern und Lehrer. München: Ernst Reinhardt Verlag.

Montgomery, D. (1995). Social ability in highly able disabled learners and the consequences for remediation. In M.W. Katzko & F.J. Mönks (Eds.). *Nurturing talent: Individual needs and social ability* (pp. 226-238). Assen: Van Gorcum.

Niedersächsisches Kultusministerium (1996). Hochbegabung. *Beispiele, 14.* Hannover: Friedrich Verlag.

Oberauer, K., Süß, H.-M., Schulze, R., Wilhelm, O. & Wittmann, W.W. (1996). *Working memory capacity: Facets of a cognitive ability construct.* Mannheim: Berichte des Lehrstuhls Psychologie II Universität Mannheim.

Olszewski-Kubilius, P.M., Kulieke, M.J. & Karsney, N. (1988). Personality dimensions of gifted adolescents: A review of the empirical literature. *Gifted Child Quaterly, 32,* 345-352.

Perleth, Ch. & Ziegler, A. (1994). *Überlegungen zur Begabungsdiagnose und Begabtenförderung in der Berufsaus- und Weiterbildung.* Beitrag zum Workshop „Begabtenförderung in der beruflichen Aus- und Weiterbildung" auf den „Hochschultagen Berufliche Bildung '94". München.

Peters, W., Ma, H., Mönks, F.J, & Ye, G. (1995). Self-concept of chinese and dutch gifted and non gifted children. In M.W. Katzko & F.J. Mönks (Eds.). *Nurturing talent: Individual needs and social ability* (pp. 84-95). Assen: Van Gorcum.

Petersen, P. (1916 a). *Der Aufstieg der Begabten. Vorfragen.* Berlin: Teubner.

Petersen, P. (1916 b). In P. Petersen (Hrsg.). *Der Aufstieg der Begabten. Vorfragen* (S. 1-8). Berlin: Teubner.

Prado, T.M. & Wieczerkowski, W. (1990). Mädchen und Jungen in einer Beratungsstelle für Hochbegabtenfragen. Ergebnisse, Beobachtungen und Erfahrungen. In W. Wieczerkowski & T.M. Prado (Hrsg.). *Hochbegabte Mädchen* (S. 59-80). Bad Honnef: Bock.

Pütz, H. (1998). *Selten sind die „Überflieger": Erkennung und Förderung leistungsstarker Jugendlicher in der betrieblichen Ausbildung.* Bundesinstitut für Berufsbildung. Bielefeld: Bertelsmann.

Putz-Osterloh, W. (1981). *Problemlöseprozesse und Intelligenzleistung.* Stuttgart: Huber.

Putz-Osterloh, W. & Schroiff, M. (1987). Komplexe Verhaltensmaße zur Erfassung von Hochbegabung. *Zeitschrift für Differentielle und Diagnostische Psychologie, 8,* 207-216.

Rauchfleisch, U. (1994). *Testpsychologie.* Göttingen: Vandenhoeck & Ruprecht.

Regnier, G., Salmela, J.H. & Alain, C. (1982). Strategie für die Bestimmung und Entdeckung von Talenten im Sport. *Leistungssport, 12,* 431-440.

Renzulli, J.S. (1979). *What makes giftedness: A reexamination of the definition of the gifted and talented.* Ventura CA.

Renzulli, J.S. (1993). Ein praktisches System zur Identifizierung hochbegabter und talentierter Schüler. *Psychologie, Erziehung und Unterricht, 40,* 217-244.

Renzulli, J.S., Smith, L.H., White, A.J., Callahan, C.M. & Hartman, R.K. (1976). *Scales for rating the behavioral characteristics of superior students.* Mansfield Center, CT: Creative Learning Press.

Renzulli, J.S. & Delcourt, M.A.B. (1986). The legacy and logic of research on the identification of gifted persons. *Gifted Child Quarterly, 30,* 20-23.

Richert, E.S., Alvino, J.J. & McDonnel, R.C. (1982). *National report on identification: assessment and recommendation for comprehensive identification of gifted and talented youth.* Sewell, NJ: Educational Improvement Center-South.

Rösler, F. (1992). Personalauslese, Training und Personalentwicklung in Organisationen (S. 65-91). In D. Frey, C. Graf Hoyos & D. Stahlberg (Hrsg.). *Angewandte Psychologie: Ein Lehrbuch.* Weinheim: PVU.

Rosenthal, R. & Jacobson, L. (1971). *Pygmalion im Unterricht.* Weinheim: Beltz.

Rost, D.H. (1991a). „Belege", „Modelle", Meinungen, Allgemeinplätze. Anmerkungen zu den Repliken von E.A. Hany & K.A. Heller und F. Mönks. *Zeitschrift für Entwicklungspsychologie und Pädagogische Psychologie, 23,* 250-262.

Rost, D.H. (1991b). Identifizierung von „Hochbegabten". *Zeitschrift für Entwicklungspsychologie und Pädagogische Psychologie, 23,* 197-231.

Rost, D.H. (1993a). *Lebensumweltanalyse hochbegabter Kinder.* Göttingen: Hogrefe.

Rost, D.H. (1993b). Persönlichkeitsmerkmale hochbegabter Kinder. In D.H. Rost (Hrsg.). *Lebensumweltanalyse hochbegabter Kinder* (S. 105-137). Göttingen: Hogrefe.

Rost, D.H. & Albert, H.T. (1985). Expensive homes; clever children? On the relationship between giftedness and housing quality. *School Psychology International, 6,* 5-12.

Rost, H.D. & Albrecht, H.T. (1988). Hochbegabung. In R. Asanger & G. Wenninger (Hrsg.). *Handwörterbuch der Psychologie* (S. 294-300). München-Weinheim: Psychologie-Verlags-Union.

Rost, D.H. & Czeschlik, T. (1990). Überdurchschnittlich intelligente Zehnjährige: Probleme mit der psycho-sozialen Anpassung? *Zeitschrift für Entwicklungspsychologie und Pädagogische Psychologie, 22,* 289-295.

Rost, D.H. & Hanses, P. (1994). Besonders begabt: besonders glücklich, besonders zufrieden? Zum Selbstkonzept hoch- und durchschnittlich begabter Kinder. *Zeitschrift für Psychologie, 202,* 379-403.

Rost, D.H. & Hanses, P. (1997). Wer nichts leistet ist nicht begabt? Zur Identifikation hochbegabter Underachiever durch Lehrkräfte. *Zeitschrift für Entwicklungspsychologie und Pädagogische Psychologie, 29,* 167-177.

Rost, D.H. & Hoberg, K. (1998). Besondere Jugendliche mit besonderen Interessen. *Zeitschrift für Entwicklungspsychologie und Pädagogische Psychologie, 30,* 183-199.

Rüppell, H. (1991). Der QI-Test - Dante. In H. Schuler & U. Funke (Hrsg.). *Eignungsdiagnostik in Forschung und Praxis* (S. 91-96). Stuttgart: Verlag für Angewandte Psychologie.

Schallberger, U. (1991). *Das Ausmaß des „IQ"-Gewinns im deutschen Sprachraum von 1956 bis ca. 1983. Zur Diskussion um die HAWIK-Normen.* Universität Zürich, Psychologisches Institut.

Schlichte-Hiersemenzel, B. (1996). Zur psychosozialen Situation hochbegabter Kinder. *Beispiele, 14,* 58-63.

Schmidt, F.L., Ones, D.S. & Hunter, J.E. (1992). Personnel Selection. *Annual Review of Psychology, 43,* 627-670.

Schmidt-Atzert, L. & Deter, B. (1993). Intelligenz und Ausbildungserfolg: Eine Untersuchung zur prognostischen Validität des I-S-T 70. *Zeitschrift für Arbeits- und Organisationspsychologie, 37,* 52-63.

Schneider, W. (1992). Erwerb von Expertise: Zur Relevanz kognitiver und nichtkognitiver Voraussetzungen. In E.A. Hany & H. Nickel (Hrsg.). *Begabung und Hochbegabung: Theoretische Konzepte, empirische Befunde, praktische Konsequenzen* (S. 105-124). Bern: Huber.

Schuler, H. & Funke, U. (1991). *Eignungsdiagnostik in Forschung und Praxis. Psychologische Information für Auswahl, Beratung und Förderung von Mitarbeitern.* Göttingen: Hogrefe.

Sekowski, A. (1995). Metacognition and achievement of gifted students. In M.W. Katzko & F.J. Mönks (Eds.). *Nurturing talent: Individual needs and social ability* (pp. 114-119). Assen: Van Gorcum.

Spearman, C. (1927). *The abilities of man.* London: Macmillan.

Stern, W. (1911). *Die Differentielle Psychologie in ihren methodischen Grundlagen.* Leipzig.

Stern, W. (1912). *Die psychologischen Methoden der Intelligenzprüfung und deren Anwendung an Schulkindern.* 5. Kongr. Exp. Psychol. Berlin.

Stern, W. (1916). Psychologische Begabungsforschung und Begabungsdiagnose. In P. Petersen (Hrsg.). *Der Aufstieg der Begabten. Vorfragen* (S. 94-105). Berlin: Teubner.

Sternberg, R.J. (1979). The nature of mental abilities. *American Psychologist, 34,* 214-230.

Sternberg, R.J. (1981). A componential theory of intellectual giftedness. *Gifted Child Quaterly, 25,* 86-93.

Sternberg, R.J. (1982). Lies we live by: Misapplication of tests in identifying the gifted. *Gifted Child Quarterly, 26,* 157-161.

Sternberg, R.J. (1993). Procedures for identifying intellectual potential in the gifted: A perspective on alternative „metaphors of mind". In K.A. Heller, F J. Mönks & A.H. Passow (Eds.). *International Handbook of Research and Development of Giftedness and Talent* (pp. 185-207). Oxford: Pergamon.

Stoyanova, F. (1995). Intelligence, gender and self-esteem. In M.W. Katzko & F.J. Mönks (Eds.). *Nurturing talent: Individual needs and social ability* (pp.75-83). Assen: Van Gorcum.

Subotnik, R.F. & Arnold, K.D. (1993). Longitudinal studies of giftedness: Investigating the fulfillment of promise. In K.A. Heller, F.J. Mönks & A.H. Passow (Eds.). *International Handbook of Research and Development of Giftedness and Talent* (pp. 149-160). Oxford: Pergamon.

Taylor, C.A. (1993). Programs and practices for identifying and nurturing giftedness and talent in Africa. In K.A. Heller, F.J. Mönks & A.H. Passow (Eds.). *International Handbook of Research and Development of Giftedness and Talent* (pp. 833-847). Oxford: Pergamon.

Terman L.M. (1925). *Genetic studies of genius: Vol. 1. Mental and physical traits of a thousand gifted children.* Stanford, CA.: Stanford University Press.

Tewes, U. (1985). *Hamburg-Wechsler-Intelligenztest für Kinder - Revision 1983 (HAWIK -R).* Göttingen: Hogrefe.

Tewes, U. (1991). *Hamburg-Wechseler-Intelligenztest für Erwachsene - Revision 1991 (HAWIE-R)* (2. Korr. Aufl.). Göttingen: Hogrefe.

Tettenborn-Nebling, A. (1991). Familien mit hochbegabten Kindern. In D.H. Rost (Hrsg.). *Lebensumweltanalyse hochbegabter Kinder* (S. 34-74). Göttingen: Hogrefe.

Thomas, M. (1989). *Zentralität und Selbstkonzept.* Bern: Huber.

Todt, E. (1990). Entwicklung des Interesses. In H. Hetzer, E. Todt, I. Seiffge-Krenke & R. Arbinger (Hrsg.). *Angewandte Entwicklungspsychologie des Jugendalters* (S. 213-264). Heidelberg: Quelle & Meyer.

Trost, G. (1993). Prediction of excellence in school, university and work (pp. 325-336). In K.A. Heller, F.J. Mönks, & A.H. Passow (Eds.). *International Handbook of Research and Development of Giftedness and Talent.* Oxford: Pergamon.

Trost, G. & Sieglen, J. (1992). Biographische Indikatoren herausragender beruflicher Leistungen. In E.A. Hany & H. Nickel (Hrsg.). *Begabung und Hochbegabung: Theoretische Konzepte, empirische Befunde, praktische Konsequenzen* (S. 95-104). Bern: Huber.

Ulich, E. (1994). *Arbeitspsychologie* (3. Aufl.). Stuttgart: Schäffer-Poeschel.

Urban, K.K. (1980). Hochbegabte Kinder - eine Herausforderung. *Bildung und Erziehung.
Beiheft 6*, 150-172.

Urban, K.K. (1996). *Förderung besonderer Begabungen, Demokratischer Anspruch - Pädagogische Herausforderung*. Rodenberg: Klausur-Verlag.

Urban, K.K. & Jellen, H.G. (1986). Assessing creative potential via drawing production:
The Test for Creative Thinking - Drawing Production (TCT-DP). In A.J. Cropley, K.K.
Urban, H. Wagner & W. Wieczerkowski (Eds.). *Giftedness: A continuing worldwide
challenge* (pp. 163-169). New York: Trillium Press.

Urban, K.K. & Jellen, H.G. (1987). *Test zum Schöpferischen Denken - Zeichnerisch (TSD-
Z). Handanweisung für Durchführung und Auswertung*. Universität Hannover.

Van Lieshout, C.F.M. (1995). Development of social giftedness and gifted personality in
context. In M.W. Katzko & F.J. Mönks (Eds.). *Nurturing talent: Individual needs and
social ability*. (31-42). Assen: Van Gorcum.

Van Rossum, J.H. (1995). Talent in sport: Significant others in the career of top-level
Dutch athletes. In M.W. Katzko & F.J. Mönks (Eds.). *Nurturing talent: Individual
needs and social ability* (43-57). Assen: Van Gorcum.

Wechsler, D. (1955). *Die Messung der Intelligenz Erwachsener*. Bern: Huber.

Wechsler, D. (1964). Die Messung der Intelligenz Erwachsener. Textband zum Hamburg-
Wechsler-Intelligenztest für Erwachsene (HAWIE). Hrsg. von C. Bondy. Stuttgart: Huber.

Weiß, R.H. (1997). *Grundintelligenztest Skala 2 (CFT 20) mit Wortschatztest (WS) und
Zahlenfolgetest (ZF)*. (4. überarb. Aufl.). Göttingen: Hogrefe.

Wiecerkowski, W. & Prado, T.M. (1992). Begabung und Geschlecht. In: E.A. Hany & H.
Nickel (Hrsg.). *Theoretische Konzepte, empirische Befunde, praktische Konsequenzen*
(S. 39-57). Bern: Huber.

Wieczerkowski, W. & Wagner, H. (1985). Diagnostik von Hochbegabung. In R.S. Jäger,
R. Horn & K. Ingenkamp (Hrsg.). *Tests und Trends 4 - Jahrbuch der Pädagogischen
Diagnostik* (S. 109-134). Basel: Beltz.

Wild, K.-P. (1991). *Identifikation hochbegabter Schüler. Lehrer und Schüler als Daten-
quellen*. Heidelberg: Roland Asanger Verlag.

Winner, E. (1997). Exceptionally high intelligence and schooling. *American Psychologist,
52*, 1070-1081.

Zajonc, R.B. (1976). Family configuration and intelligence: Variations in scholastic aptitude scores parallel trends in family size and the spacing of children. *Science, 192*, 227-
192.

Zixiu, Z. (1993). Programs and practices for identifying and nurturing giftedness and talent
in the People's Republic of China. In K.A. Heller, F. J. Mönks & A.H. Passow (Eds.).
International Handbook of Research and Development of Giftedness and Talent (pp.
809-814). Oxford: Pergamon.

11.   Anhang

11.1   Wissenschaftliche Einrichtungen & Fachvereinigungen

Arbeitskreis Begabungsforschung und
Begabtenförderung e.V.
Geschäftsstelle: c/o Universität Rostock
August-Bebel-Straße 28
18055 Rostock
Tel.: (0381) 2 70 67
Fax.: (0381) 4 98 26 65

European Council for High Ability (ECHA)
Sekretariat: c/o Bildung und Begabung e.V.
Wissenschaftszentrum
Postfach 20 14 48
53144 Bonn
Tel.: (0228) 3 02 - 2 66
Fax.: (0228) 3 02 - 2 70

Forschungsstelle für informationstechnische Bildung
(Begabtenforschung in der beruflichen Bildung)
Dr. Richard Fauser
Wallgutstr. 9
78462 Konstanz
Tel.: (07531) 91 46 45

Institut für die Pädagogik der Naturwissenschaften (IPN)
an der Universität Kiel
(Internationale Olympiaden für Physik,
Chemie und Biologie, Bundesumweltwettbewerb)
Olshausenstr. 62
24098 Kiel
Tel.: (0431) 8 80 31 21

Staatsinstitut für Schulpädagogik und Begabungsforschung
Allg. Wissenschaften
Referat Pädagogik II
Dr. Valentin Reitmajer
Arabellastr. 1
81925 München
Tel.: (089) 92 14 - 31 16

World Council for Gifted
and Talented Children Inc.
Sekretariat: c/o International Center for Gifted Education
and Talented Development
University of Iowa
210 Lindquist Center
Iowa City, Iowa 52242-1529
Tel.: 001 319 / 3 35 61 96
Fax.: 001 319 / 3 35 51 51

11.2   Wissenschaftliche Publikationsorgane

Periodika

Zeitschriften, in denen ausschließlich Artikel zum Thema Hochbegabung publiziert werden:

- Gifted Child Quarterly
- High Ability Studies
- Journal for the Education of the Gifted

Zeitschriften, in denen u.a. Artikel zum Thema Hochbegabung publiziert werden:

- Psychologie in Erziehung und Unterricht
- Zeitschrift für Entwicklungspsychologie und Pädagogische Psychologie

Wichtige Monographien ab 1990

Hany, E.A & Nickel, H. (1992). Begabung und Hochbegabung. Theoretische Konzepte, empirische Befunde, praktische Konsequenzen. Bern: Huber.
Heinbokel, A. (1996). Hochbegabte. Erkennen, Probleme, Lösungswege. Baden Baden: Nomos Verlagsgesellschaft.

Katzko, M.W. & Mönks, F.J. (1995). Nurturing talent. Individual needs and social ability. The fourth conference of the European Council for High Ability. Assen: Van Gorcum.

Heller, K.A. (1992). Begabungsdiagnostik in der Schul- und Erziehungsberatung. Bern: Huber.

Heller, K.A. (1992). Hochbegabung im Kindes- und Jugendalter. Göttingen: Hogrefe.

Heller, K.A. & Hany, E.A. (1994). Competence and responsibility. Göttingen: Hogrefe.

Heller, K.A., Moenks F.J. & Passow, A.H. (1993). International handbook of research and development of giftedness and talent. Oxford: Pergamon Press.

Klein, P.S. & Tannenbaum, A.J. (1991). To be young and gifted. Norwood, NJ: Ablex.

Mönks, F.J & Peters, W.A.M. (1992). Talent for the future: Social and personality development of gifted children: Proceedings of the Ninth World Conference on Gifted and Talented Children. Assen: Van Gorcum.

Rost, D.H. (1993). Lebensumweltanalyse hochbegabter Kinder. Göttingen: Hogrefe.

Subotnik, R.F., Arnold K.D (1994). Beyond Terman: Contemporary longitudinal studies of giftedness and talent: Norwood: Ablex.

Waldmann, M. & Weinert, F.E. (1990). Intelligenz und Denken: Perspektiven der Hochbegabungsforschung Göttingen: Hogrefe.

11.3   Kongresse

Conference of the European Council for High Ability (ECHA)

Kongress der Deutschen Gesellschaft für Psychologie

World Conference on Gifted and Talented Children

11.4   Beratungsstellen und Vereine

Arbeitskreis Begabungsforschung und Begabtenförderung e.V.
Geschäftsstelle: c/o Universität Rostock
August-Bebel-Str. 28
18055 Rostock
Tel.: (0381) 4 93 47 82
Fax: (0381) 4 98 26 65

Begabungspsychologische Beratungsstelle
am Institut für pädagogische Psychologie
der Universität München
Leopoldstraße 13
80802 München
Tel.: (089) 21 80 - 63 33
Fax.: (089) 21 80 - 51 53

Beratungsstelle für besondere Begabungen (BbB)
Lt.: Dr. Helmut Quitmann
Winterhuder Weg 11
22085 Hamburg
Tel.: (040) 4 28 63 - 29 29
Fax: (040) 4 28 63 - 29 23

Bildung und Begabung e.V.
Wissenschaftszentrum
Postfach 20 14 48
53144 Bonn
Tel.: (0228) 3 02 - 2 66
Fax: (0228) 3 02 - 2 70

Brandenburgischer Landesverein zur Förderung
mathematisch-naturwissenschaftlich-technisch
interessierter Schüler e.V.
c/o Dr. habil. Hans-Jürgen Sprengel
Käthe-Kollwitz-Str. 12
14478 Potsdam
Tel.: (0331) 87 82 26

Bundesvereinigung kulturelle Jugendbildung e.V.
Küppelstein 34
42857 Remscheid
Tel.: (02191) 79 43 90
Fax: (02191) 79 43 89

Deutsche Aktionsgemeinschaft Bildung - Erfindung - Innovation e.V. (DABEI)
(technische Kreativität, Erfindungen)
Burgstraße 126
53177 Bonn
Tel.: (0228) 31 79 80
Fax: (0228) 31 34 54

Deutsche Gesellschaft für das hochbegabte Kind e.V
Bundesgeschäftsstelle: c/o Dorothea Karcher
Sondershauser Straße 80
12249 Berlin
Tel.: (030) 7 11 77 18
mit zahlreichen Regionalverbänden

Elterngruppe „Das hochbegabte Kind"
Beratungs- und Koordinationsgruppe für Selbsthilfegruppen
Selbsthilfezentrum
Lindenstr. 12
26123 Oldenburg

ESCA MENTIS e.V.
Verein zur Förderung von besonders begabten und
hochbegabten Kindern und Jugendlichen
Prinzipalmarkt 5 (Petzoldhaus)
48143 Münster
Tel.: (0251) 4 29 16

Hochbegabtenförderung e.V.
Frau Jutta Billhard
Am Pappelbusch 45
44803 Bochum
Tel.: (0234) 9 35 67 - 0

Initiative zur Förderung hochbegabter
Kinder e.V.
-Stuttgarter Gruppe-
Geschäftsstelle: Eva Kern
Donnersbergstr. 26
70469 Stuttgart
Tel.: (0711) 85 38 71

Institut für Begabungsforschung und
Begabtenförderung in der Musik
Dir.: Prof. Dr. Hans Günther Bastian
Bahnhofstraße 64
33102 Paderborn
Tel.: (05251) 30 01 11
Fax.: (05251) 31 00 13

Stiftung Jugend forscht e.V.
Beim Schlump 58
20144 Hamburg
Tel.: (040) 4 10 60 06

Kindernetzwerk e.V.
Hanauer Str. 15
63739 Aschaffenburg
Tel.: (06021) 1 20 30
Fax: (06021) 1 24 46

Mensa in Deutschland e.V.
Münzstraße 6
51063 Köln
Tel.: (0221) 9 61 90 75
Fax.: (0221) 9 61 90 74

Prof. Dr. Ing. Erich-Müller Stiftung
im Stifterverband der Deutschen Wissenschaft e.V.
Postfach 16 44 60
45224 Essen
Tel.: (0201) 84 01-1
Fax: (0201) 8 40 14 31

Münsteraner Zentrum für Begabungsförderung
c/o Frau Dipl.-Psych. Zimet
Coerdestr. 53
48147 Münster
Tel.: (0251) 29 51 63
Fax: (0251) 2 56 58

Nürnberger Elterninitiative
Familie Eul
Tel.: (0911) 36 73 82
Dr. Christian Spahn
Tel.: (0911) 36 36 68

Stiftung Begabtenförderungswerk
berufliche Bildung GmbH
Adenauerallee 12 - 14
53113 Bonn
Tel.: (0228) 10 44 20
Fax: (0228) 10 44 27

Stiftung deutsche Sporthilfe SdbR
Otto-Fleck-Schneise 4
60528 Frankfurt a.M.
Tel.: (069) 67 00-0
Fax: (069) 67 65 68

Stiftung für Bildung und Behindertenförderung
Heidehofstr. 33
70184 Stuttgart
Tel.: (0711) 46 69 12

Synapse e.V.
Gemeinnütziger Verein zur Förderung besonders
begabter Kinder und Jugendlicher
Rasenallee 25d
34128 Kassel
Tel.: (0561) 6 38 61
Fax: (0561) 3 01 45 21

William-Stern-Gesellschaft für
Begabungsforschung und Begabtenförderung e.V.
(Uni-Hamburg, Psychologisches Institut)
Postfach 13 03 87
20103 Hamburg
Tel.: (040) 41 23 - 54 64

11.5 Schulen mit Förderprogrammen für hochbegabte Kinder

Landkreisgymnasium
(Schwerpunkt Sport)
Pestalozzistr. 9
09456 Annaberg-Buchholz
Tel.: (03733) 2 26 17

Heinrich-Hertz-Gymnasium
Rigaer Str. 81-82
10247 Berlin
Tel.: (030) 23 24 29 71

Jugenddorf-Christphorusschule Braunschweig
Georg-Westermann-Allee 76
38104 Braunschweig
Tel.: (0531) 70 78-0
Fax: (0531) 70 78-88

Georgius-Agricola-Gymnasium (Schwerpunkt Sprachen)
Park der OdF 2
09111 Chemnitz
Tel.: (0371) 7 16 41

Johannes-Kepler-Gymnasium (MNT)
Hans-Ziegler-Str. 6-8
09127 Chemnitz
Tel.: (0371) 7 16 41

Sportgymnasium (Schwerpunkt Sport)
Reichenhainer Str. 210
09125 Chemnitz
Tel.: (0371) 5 08 46

Max-Steenbeck Gymnasium (MNT)
Rudolf-Rothkegel-Str. 72
03042 Cottbus
Tel.: (0355) 71 40 61

Kreuzschule (Schwerpunkt Musik)
Eisenacher Str. 21
01277 Dresden
Tel.: (0351) 3 43 21

Romain-Rolland-Gymnasium
(Schwerpunkt Sprachen)
Weintraubenstr. 3
01099 Dresden
Tel.: (0351) 57 06 56

Gymnasium Dresden-Blasewitz (MNT)
(Außenstelle Nexö)
Kretschmerstr. 27
01309 Dresden
Tel.: (0351) 3 57 95
Fax: (0351) 3 57 95

Spezialschule für Musik „Carl-Maria-von-Weber"
Mendelssohnallee 34
01309 Dresden
Tel.: (0351) 3 09 01

Sportgymnasium (Schwerpunkt Sport)
Parkstr. 4
01069 Dresden
Tel.: (0351) 4 96 72 17

Albert Schweitzer-Gymnasium (MNT)
-Spezialschulteil-
Vilniuser Str. 17a
99089 Erfurt
Tel.: (0361) 7 92 11 63
Fax: (0361) 7 45 85 22

Anna-Schmidt-Schule (Montessori)
Frankfurt/Main

Carl-Friedrich-Gauß-Gymnasium (MNT)
Gartenstr. 2
15230 Frankfurt/Oder
Tel.: (0335) 2 23 54
Fax: (0335) 2 23 55

Gymnasium St. Augustin zu Grimma (Schwerpunkt Sprachen)
Klosterstr. 1
04668 Grimma
Tel.: (03437) 91 13 09

Georg Cantor Gymnasium (MNT)
Muldestr. 3
06122 Halle
Tel.: (0345) 64 50 75
Fax: (0345) 64 00 08

Jugenddorf Hannover
Gundelachweg 7
30519 Hannover
Tel.: (0511) 8 78 39 - 0
Fax.: (0511) 86 28 88

Lessing-Gymnasium (Schwerpunkt Musik)
Pestalozzistr. 1
02977 Hoyerswerda
Tel.: (03571) 84 36

Goetheschule Ilmenau
Herderstr. 44
98693 Ilmenau
Tel.: (03677) 20 25 01
Fax: (03677) 20 25 01

Carl Zeiss-Gymnasium (MNT)
Erich-Kuithan-Str. 5
07743 Jena
Tel.: (03641) 42 52 05

Gymnasium Klingenthal (Schwerpunkt Sport)
Am Schulplatz 5
08248 Klingenthal
Tel.: (037467) 2 38 22

Jugenddorf-Christphorusschule Königswinter
Cleethorpeser Platz 12
53638 Königswinter
Tel.: (0223) 9 22 20

Gymnasium „A. Ph. Reclam" (Schwerpunkt Sprachen)
Tarostr. 4
04103 Leipzig
Tel.: (0341) 2 21 43 86

Sportgymnasium (Schwerpunkt Sport)
Marschnerstr. 30
04109 Leipzig
Tel.: (0341) 47 42 21

Thomasschule Gymnasium (Schwerpunkt Musik)
Pestalozzistr. 9
04107 Leipzig
Tel.: (0341) 20 07 17

Wilhelm Ostwald Gymnasium (MNT)
Willi-Bredel-Str. 15
04279 Leipzig
Tel.: (0341) 33 64 40
Fax: (0341) 3 36 44 35

Werner-von-Siemens-Gymnasium
Pablo-Neruda-Str. 13
39126 Magdeburg
Tel.: (0391) 22 24 25
Fax: (0391) 22 21 06

Rudolf-Hildebrand-Schule (Schwerpunkt Musik)
Robert-Blum-Str. 14b
04416 Markkleeberg
Tel.: (0341) 31 06 15

Petsalozzi-Gymnasium (Schwerpunkt Musik)
Eduard-Schmid-Str. 1
81541 München
Tel.: (089) 8 28 60

F.-Schiller-Gymnasium (Schwerpunkt Sprachen)
Nicolaistr. 3
01796 Pirna
Tel.: (03501) 52 85 12

Werner-Heisenberg-Gymnasium (MNT)
Friedrich-Ebertplatz 6a
01591 Riesa
Tel.: (03525) 73 12 46
Fax: (03525) 73 37 97

Jugenddorf-Christophorusschule Rostock
Groß Schwaßer Weg 11
18057 Rostock
Tel.: (0381) 8 07 11 01
Fax: (0381) 8 07 11 03

Musikgymnasium Belvedere
Schloß Belvedere
99425 Weimar
Tel.: (03643) 86 63 10
Fax: (03643) 86 63 20

Matthias-Grünewald Gymnasium (Schwerpunkt Musik)
Zwerchgraben 1
97074 Würzburg
Tel.: (0931) 7 04 81

Clara-Wieck-Gymnasium (Schwerpunkt Musik)
Schloßplatz 1
08064 Zwickau
Tel.: (0375) 78 11 02

11.6   Forschungs- & Förderungseinrichtungen in Nachbarländern

Belgien

Bekina
Begaafde Kinderen & Adolescenten
Sekretariat: J. Olieslagerstraat 36
B-2100 Deurne

England

NACE National Research Centre
Westminster College
Oxford OX2 9AT
Tel.: 0044 1865 / 24 56 57
Fax: 0044 1865 / 24 56 58

Frankreich

Association Francaise pour les Enfants Précoces (AFEP)
13 bis, rue Albert Joly
78110 Le Vésinet
Tel.: 0033 34 80 / 03 90
Fax: 0033 30 53 / 68 20
(Präsidentin: Sophie Cote)

Association Nationale pour les Enfants intellectuellement Précoces (ANPEIP)
Region Est: Roselyne Donat (Präsidentin)
Avenue Mendès France
67300 Schiltigheim

Liechtenstein

Stiftung zur Förderung
körperbehinderter Hochbegabter
Buchenweg 1
Fl-9490 Vaduz
Tel.: 0041 75 / 2 32 84 24
Fax.: 0041 75 / 2 33 16 24

Niederlande

Centrum voor begaaftheidsonderzoek (CBO)
Katholieke Universiteit Nijmegen
Postbus 9104
6500 Nijmegen
Tel.: 0031 24 / 361 61 46
Fax: 0031 24 / 361 54 80

Pharos
Sekretariat: Postbus 448
9200 AK Drachten
Tel.: 0031 512 / 544330
Fax: 0031 512 / 541430

Talent Support Foundation
<Stichting Talent Support>
Vors.: Prof. Dr. P. Span
Sekretariat: Oudorpweg 14
3062 RC Rotterdam
Tel.: 0031 10 / 4 52 16 88

Österreich

Österreichischer Verein für hochbegabte Kinder
c/o Dr. Roswitha Bergsmann
Rudolf Plebanstr. 15
3021 Preßbaum-Pfalzau
Tel.: 0043 2233 / 27 24

Verein zur Förderung hochbegabter Schüler in Salzburg
Mozartplatz 10
5010 Salzburg

Kontaktstelle für Begabtenförderung
am Pädagogischen Institut
Erzabt-Klotz-Str. 11
5020 Salzburg
Tel.: 0043 662 / 84 03 22 36

Zentrum für das Schulpraktikum der Universität Wien
Maria-Theresien-Str. 3/18
1090 Wien
Tel.: 0043 222 / 319 9908 bis 11

Schweiz

Elternverein hochbegabter Kinder
Sekretariat: Wolfgang Stern   Präsidentin: Christina Weiss
Emil-Frey-Str. 117   Hügelweg 19
CH-4142 Münchenstein   CH-8400 Winterthur
Tel.: 0041 61 / 4 11 56 29   Tel.: 0041 52 / 2 12 48 32

Schule für kognitiv begabte Kinder
getragen vom „Verein zur Förderung überdurchschnittlich begabter Kinder"
Kontakt: Xaver Heer
Eichenweg 6
CH-5036 Oberentfelden
Tel.: 0041 62 / 7 23 17 46

Autorenregister

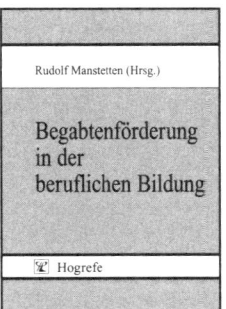

Enzyklopädie der Psychologie
Serie «Pädagogische Psychologie»

Hogrefe - Verlag für Psychologie

Rohnsweg 25, 37085 Göttingen • Tel. 0551/49609-0 • http://www.hogrefe.de • verlag@hogrefe.de